Beyond Violence & The Flight of the Eagle

자기로부터의 혁명
③

크리슈나무르티 지음 | 권동수 옮김

범우사

자기로부터의 혁명 ③ * 차 례

▨이 책을 읽는 분에게 · 5
제1부　산타모니카에서
　제1장　살아 있다는 것 · 9
　제2장　자유에 대하여 · 24
　제3장　정신 혁명 · 39
　제4장　참된 경건이란? · 55
제2부　샌디에이고 주립대학에서
　제5장　공포란 무엇인가? · 74
　제6장　폭력에 대하여 · 85
　제7장　명　상 · 100
제3부　런던에서
　제8장　제어와 질서 · 114
　제9장　진　리 · 125
　제10장　경건한 마음이란? · 141

차　례 * 자기로부터의 혁명 ③

제4부　　불록우드 파크에서
　제11장　자유로운 마음 ·160
　제12장　모순과 조화 ·173
제5부　　로마에서
　제13장　정신 변혁 ·186
제6부　　자유에의 길
　제14장　자　유 ·204
　제15장　단편화에 대하여 ·224
　제16장　명상에 대하여 ·241
제7부　　대화편
　제17장　쏙　력 ·262
　제18장　근원적인 자기 변혁에 대하여 ·287
　제19장　응시의 방법 ·302
　제20장　미지의 세계로 들어가는 것 ·319

■이 책을 읽는 분에게

 이미 우리 나라 독자들에게도 낯익은 이름이 된 이 책의 저자 지두 크리슈나무르티(Jiddu Krishnamurti)는 인도 태생의 세계적인 철인(哲人)이다. 올해(1983년) 나이 88세의 고령에도 불구하고 세계 각지에서 강연을 계속해나가며 전세계인을 대상으로 그의 가르침(teaching)을 펼치고 있다.
 잘 알려지지 않은 사실이지만, 그는 1982년 3월 27일과 28일에는 뉴욕 카네기 홀에서 강연하기도 했으며, 특히 1980년 11월에는 스리랑카 정부로부터 국빈(國賓)으로 초대되어 이 나라의 대통령을 비롯하여 정부 고관 및 국민으로부터 열렬한 환영을 받았다고 한다. 이때 그곳의 각 신문들은 크리슈나무르티에 관해서 호의적인 기사를 실었으며, 11월 10일자 ≪실론 데일리 뉴스≫지는 다음과 같은 타이틀로 그에 관한 기사를 실었다고 한다.
 "신도 종교를 믿지 않는다"
 크리슈나무르티는 그 자신 요가나 선(禪)에 통달해 있으면서도 절대로 일정한 틀의 수행(修行)을 강요하지 않으며 스스로 '세계의 자유인'임을 공언하고 있다. 이리하여 그는 절대로 권위 같은 것은 내세우지 않는다. 이것은 바꾸어 말하면 인간은 모든 단면(斷面)에 대하여 준엄한 눈으로 깊은 통찰을 해야 하며 자기 응시를 해야 한다는 것을 말하는 것이다.

1926년경부터 독자적인 길을 걷기 시작한 크리슈나무르티는 마침내 1929년, 그의 나이 34세 때 그가 거느리고 있던 제자들 앞에서 신지협회(神智協會)에서의 지위를 포기하고 자유인이 될 것을 선언하였다. 그때의 성명서 속에서 그는 진리라는 것은 '길이 없는 길'이라고 강조하며, 편협과 종파에 속박되지 않고 단지 있는 그대로를 관찰함으로써만이 공포와 폭력과 번뇌로부터 해방될 수 있다고 말했다. 따라서 그는 누구를 개심(改心)시키려 한다든지 새로운 종교를 만들려 하지 않는다. 또한 스스로 자신은 전도사도 설교가도 아니라고 말하고 있다.

크리슈나무르티는 "나는 진리를 이해하였다. 그래서 나는 그것을 사람들에게 말하고 있는 것이다"고 말하며, 자신이 이해한 진리란 '사랑'과 '자비(慈悲)'의 진리라고 말한다.

그는 넘칠 정도로 많은 교양을 지니고 있으면서도 학자라고 불리는 것을 싫어하며 단 한 가지만을 끈질기게 말한다. 체제적(體制的)인 인간으로부터 탈출하여 새롭고 완전한 자유를 획득하라.

이 책은 크리슈나무르티의 주요 저서 중의 하나인 ≪Beyond Violence≫ 전체와 ≪The Flight of the Eagle≫ 일부를 우리 말로 옮긴 것이다. 크리슈나무르티의 저서는 거의 모두 청중을 대상으로 강연하고 대화한 것을 테이프 리코더에 녹음해두었다가 책으로 낸 것임을 감안하여, 그러한 대화의 분위기가 독자에게 그대로 전달될 수 있도록 대화체로 옮겼음을 덧붙인다.

1983년 9월

옮 긴 이

제1부 산타모니카에서

왜 이 세상에 폭력이 만연되어 있는가 하면 우리 자신이 인간으로서 폭력적이기 때문이다. 즉 우리가 살고 있는 이 사회는 우리 자신의 몸부림, 고통, 노력, 야만성의 결과인 것이다. 따라서 우리에게 있어 가장 큰 문제는 '자기 자신의 폭력성을 완전히 소멸시킬 수 있을까?' 하는 것이다.

우리는 폭력적이다. 옛날도 지금도 우리 인간은 폭력적이다. 나는 인간으로서 이 폭력성을 초월할 수 있는 길, 이것을 뛰어넘을 수 있는 길을 알고 싶다. 이 폭력성이 지금까지 사람들을 파괴하고 괴롭혀왔음을 나는 알고 있다. 그런 까닭에 나는 어떠한 폭력도 존재하지 않고, 사랑으로 넘치는 참된 평화의 생활을 보내고 싶어하는 것이다. 그렇다면 나는 어떻게 해야 하는가?

제1장 살아 있다는 것

> 우리 인간은 기술적으로 상당히 진보했음에도 불구하고 아직도 전쟁이나 욕망, 선망, 폭력, 슬픔 등을 짊어진 채 살아가고 있다.

　나는 이제부터 살아 있다는 것 전체에 대하여 말하려고 합니다. 여러분도 현재 세계에서 일어나고 있는 많은 혼란과 무질서, 폭력, 야만적 행위, 전쟁으로 발전해가는 폭력 등에 대하여 잘 알고 있을 것입니다. 오늘날 우리의 육체적 내부는 물론이고 우리 주위의 환경까지도 혼란과 모순으로 대단히 복잡해져가고 있으며 또한 완전히 파괴되어가고 있습니다. 세계의 어느 곳을 막론하고 모든 가치관이 시시각각으로 변해가고 있으며, 사람들은 서로 존경할 줄 모르고 어떤 인물도 신뢰하지 않으며, 누구든 종교나 철학이나 사회체제 등 모든 것에 대하여 불신감을 갖고 있지 않습니까? 그러므로 우리는 이 혼란한 세상에서 무엇을 해야 하는가를 자기 스스로 발견하지 않으면 안됩니다. 바른 행동(만일 그런 것이 있다면)이란 무엇일까요?
　여러분도 틀림없이 그런 의문을 갖고 있을 것입니다. 이것은 참으로 절실한 문제입니다. 그러므로 여기에 있는 여러분은 참으로 진지한 분들이기를 나는 바라고 있습니다. 왜냐하면 우리는 지금부터 철학이나 종교의 연회(宴會)를 열려고 하는 것이 아니기 때문입니다. 우리는 어떤 철학적 이론에 열중하려는 것도 아니며 동양의 신비 사상을 설명하려는 것도 아닙니다. 우리는 지금부터 사실을 있는 그대로 세밀하게 객관적으로, 또한 감상이나 감정에 좌우됨이 없이 조사해보려고 하고 있는 것입니다. 그러나 그와 같은 탐구를 하기 위해서는 우리는 모든 선입관이나 주어진 조건, 철학이나 신앙 같은 것에서 자유로워지지 않으면 안됩니다. 요컨대 우리는 이제부터 천천히, 참을성 있게 또한 조심스럽게 탐구하며 이해하려고 하고 있는 것입니다. 이것은 마치 현미경으로 표본을 관찰하는 과학자와 같은 태도입니다. 그들은 자기가 관찰한 것을 다른 과학자에게도 관찰시키면서 서로 그 '존재하는 것'을 정확히 확인하고 있습니다. 이제 우리도 그와 같은 일을 하려고 하는 것입니다. 우리는 개인적인 현미경을 버리고 우리 공통의 정확한 현미경을 통해서 관찰하고 배우려고 하고 있습니다. 즉 우리들 각자가 자신의 버릇이나 주어진 조건, 신앙 등을 버리고 현실적으로 '존재하고 있는 것'을 함께 관찰하며 배우려는 것입니다. 그리고 그렇게 배우는 사이에 행동이 생겨납니다──즉 학습과 행동이 하나가 되는 것입니다.

그러므로 우선 '의지를 전달한다'는 의미를 이해하는 것에서부터 시작해보도록 합시다. 우리는 말을 사용할 필요가 있지만 그것보다는 '말을 초월한다'고 하는 쪽이 훨씬 중요합니다. 따라서 우리는 지금부터 '우리는 대체 어디에서 항상 의지를 서로 전하고 있는가?' 하는 것을 탐구해보려고 합니다. 즉 함께 탐구하고 관찰하고 공유하려는 것입니다. 왜냐하면 '의지를 서로 전한다'는 것은 '서로 나누며 공유한다'는 의미이기 때문입니다. 따라서 이 경우에는 어떠한 선생도 제자도 강연자도 없으며, 또한 서로가 하는 말에 대해 동의나 반대를 해서도 안됩니다──그렇게 하지 않는다면 그것은 잘못된 것입니다. 만일 우리가 의지를 서로 전달하게 되면 '동의'나 '반대' 같은 문제는 일어나지 않게 됩니다. 왜냐하면 그때 우리는 개인적인 견해를 버리고 함께 관찰하며 조사하게 되기 때문입니다.

따라서 어떤 사실도 비뚤어지지 않게 하기 위해서는 '어떻게 관찰할 것인가?', '어떻게 맑은 눈으로 볼 것인가?', '어떻게 들을 것인가?' 하는 것을 이해하는 것이 대단히 중요합니다. 문제를 공유한다는 것은 당신의 책임이기도 하고 나의 책임이기도 합니다 ──우리는 함께 일하려고 하고 있는 것입니다. 따라서 여러분도 지금 우리는 감정적이거나 감상적이 되어서는 안된다는 것을 확실히 이해해야만 합니다.

  자기 자신의 선입관이나 신념, 주어진 조건이나 지식에 속박되지 않는 사람은 자유롭게 탐구할 수 있다는 것을 명백하게 알게 되면 우리는 탐구를 계속할 수 있습니다. 즉 우리는 한 개의 정확한 관측 기계(현미경)를 사용하면서 서로가 같은 것을 보는 것입니다. 그렇지 않으면 서로의 의지를 전달할 수가 없게 될 것입니다. 이것은 참으로 절실한 문제이므로 자유롭게 조사해야 할 뿐만 아니라 그것을 일상 생활에서도 자유롭게 응용하며 시험해나가야 합니다. 즉 지금 우리가 서로 말하고 있는 것을 자기 자신의 행위를 바로잡기 위한 단순한 구실이나 어떤 주의(主義)로 내세워서는 안됩니다.

  그러면 이 세상에서 일어나고 있는 일을 관찰해보도록 합시다. 우리 주위의 환경은 물론이고 인간 관계까지 많은 폭력으로 가득 차 있습니다. 사람들은 국가별이나 종교별로 분열하고 있으며, 한 국가 안에서도 정당간의 분열이 있고, 개인들도 그 사이가 갈라져 있습니다. 이런 처참한 혼란과 비참한 상태를 둘러볼 때 당신은 어떤 행동을 취합니까? 조언해줄 사람(목사나 정신분석가)에게 도움을 청합니까? 그러나 그들은 지금까지 사람들에게 평화도 행복도 기쁨도 자유로운 생활도 가져다주지 못했습니다. 이미 외부의 권위(나는 지금 특별한 의미로 '권위'라는 말을 사용하고 있습니다)를 신뢰하지 않게 된 당신은 대체 무엇을 찾고 있습니까? 자신의 마음속에 있는 최후의 권위에 도움을 청할 것입니까?

  개성(individuality)이라는 말의 의미는 단편(斷片)이 아니라 '분할할 수 없는 것(indivisible)'이라는 뜻입니다. '개성'이란 '종합',

'전체'라는 뜻이며 '전체(whole)'란 '신성(holy)', '건전(healthy)'이라는 뜻입니다. 그러나 여러분의 정신은 파괴되어 있고 단편적이기 때문에 여러분은 '개인'도 아니고 '건전한 마음의 소유자'도 아닙니다. 우리는 모두 분열되어 있으며 모순되어 있습니다. 그렇다면 당신은 그 단편적인 정신 속에서 '하나의 단편이 다른 많은 단편을 억누르고 최고의 권위자인 체한다'는 것을 어떻게 하면 알 수 있을까요?

이 점을 확실히 이해해주십시오. 우리는 그것을 조사하고 있는 것입니다. 왜냐하면 우리는 이미 교육이나 과학이나 종교나 정치가 쇠퇴하고 있다는 것을 알기 때문입니다. 인간은 기술적으로는 상당히 진보하였을지 모르지만 아직 평화는 가져오지 못했습니다. 그와 반대로 우리는 전쟁, 욕망, 선망, 폭력, 슬픔 같은 것을 몇천 년 동안이나 계속 갖고 있었으면서도 아직도 그 상태로 남아 있습니다. 이것은 나의 상상이 아니고 사실입니다.

혼란과 야만과 불행으로 차 있는 이 세계에서 무엇을 해야 할 것인가를 찾아내기 위해서는 자신의 있는 그대로의 생활을 조사해야 할 뿐만 아니라 사랑과 죽음에 대해서도 이해해야 합니다. 그리고 또한 인류가 수천 년 동안 알려고 한 '모든 사고(思考)를 초월한 진실성이라는 것이 있는가 없는가?' 하는 문제에 대해서도 이해해야 합니다. 우리가 이 문제 전체의 복잡성을 이해할 수 있을 때까지는 이른바 '마음속의 하나의 단편에 대해서 어떻게 해야 좋은가?'라는 의문은 아무 의미도 없는 것입니다. 아무리 당신이 인생의 부분적인 문제로 고민하든 지루하게 생각하든 또는 야만적이라고 느끼든 우리는 인생의 전체상(사랑에 대하여, 명상에 대하여, 신이 있느냐 없느냐에 대하여, 그리고 산다는 의미에 대하여)을 알 필요가 있습니다. 우리는 이 존재 현상을 전체적으로 이해해야 합니다. 그럴 때에만 '어떻게 해야 좋은가?'라는 의문을 정말로 가지게 되며, 그래서 이 전체

모습을 알게 되면 아마 당신은 그와 같은 의문을 품지 않게 될 것이고 바른 행위를 바탕으로 하는 생활을 하게 될 것입니다.

그러므로 우선 '살아 있다는 것은 무엇인가?' 그리고 '살아 있지 않다는 것은 무엇인가?'에 대하여 탐구해보도록 합시다. 그러나 그러기 위해서는 '관찰한다'는 말의 뜻을 이해해야 합니다. 본다는 것, 듣는다는 것, 배운다는 것의 의미를 ——'본다'는 것은 어떤 의미일까요? 우리가 함께 무엇인가를 보고 있을 때, 그것은 엄밀히 말해서 '함께' 보고 있는 것이 아니라 각자 '보려고 하고 있을' 뿐인 것입니다. 그러면 '본다'는 것은 어떤 것일까요? '주시한다'는 것은 대단히 어려운 일입니다. 따라서 우선 그 요령을 알아야겠습니다. 아마 여러분은 지금까지 진정한 나무를 본 일이 없을 것입니다. 왜냐하면 나무를 보는 순간 여러분의 머릿속에 들어 있는 식물학의 지식이 나무를 있는 그대로 관찰하는 것을 방해하기 때문입니다. 그리고 또한 여러분은 자기의 아내나 남자 친구나 여자 친구를 볼 때에도 지금까지 여러분 자신이 만들어낸 이미지를 통해서 볼 것이므로, 결국 그 사람들을 진정하게 보지 못할 것입니다. 당신이 만들어낸 그 여자나 그 남자 또는 자기 자신에 관한 이미지가 그 관찰을 방해할 것입니다. 따라서 여러분이 무엇인가를 보고 있을 때에는 반드시 곡해와 모순이 있게 됩니다. 그러므로 거기에는 반드시 '관찰자'와 '관찰물'이라는 관계가 있게 됩니다. 이 점을 잘 들어주십시오. 왜냐하면 이것은 상당한 주의력을 필요로 하기 때문입니다. 아시는 바와 같이 무엇인가에 주의를 돌리기 위해서는 그것을 잘 관찰해야 합니다. 즉 관찰하기 위해서는 애정이 필요합니다. 그래야만 관찰이 가능해집니다.

요컨대 '함께 본다'는 것은 '주의 깊게 애정을 가지고 관찰한다'는 것입니다. 그렇게 하면 우리는 함께 같은 것을 볼 수 있습니다. 그러나 그러기 위해서는 우리는 자기 자신에 관한 이미지에 속박되어서는 안됩니다. 부디 이 말대로 하십시오. 왜냐하면 지금 지껄이고 있는 나는 여러분의 단순한 거울〔鏡〕이기 때문입니다. 그러므로 지금 당신이 보고 있는 것은 이 거울 속에 있는 당신 자신인 것입니다. 따라서 중요한 것은 내가 아니고 당신이 이 거울 속에서 보고 있는 것입니다. 그러니까 명확하고 정확하게 아무런 왜곡됨이 없이 보기 위해서는 당신은 자신이 가지고 있는 모든 이미지를 버려야 합니다. '미국 사람', '카톨릭 신자', '돈있는 사람', '가난한 사람'과 같은 당신의 선입관을 모두 버려야 합니다. 그리고 당신이 자기 앞에 있는 것을 명확하게 보게 되면 당신의 선입관은 모두 소멸됩니다. 왜냐하면 당신이 사실을 보고 '이렇게 해야 한다'고 생각한 것보다 당신이 실제로 '본 것' 쪽이 훨씬 중요하기 때문입니다. 당신이 명확하게 본다면 그 순간 아주 맑아진 상태에서 당신은 행동하게 될 것입니다.

'어떻게 해야 좋은가?' 하고 망설이는 것은 혼란스럽고 이것저것을 선택하는 마음 때문입니다. 예를 들어 사람들이 그에 따라 분열하고 있는 국가라는 위험한 것이 있습니다. 이 세상이 여러 나라로 분열되어 있으면 그에 따라 전쟁이나 불화, 불안정한 상태가 생겨납니다. 따라서 그것은 대단히 위험한 것입니다. 그러나 당신의 마음이 그 분열의 위험성을 명확하게 ──이지적이거나 감정적이 아니라 진정으로 ──깨닫는다면 당신의 행동은 완전히 달라질 것입니다.

따라서 보기 위해서나 관찰하기 위해 배운다는 것은 대단히 중요합니다. 그런데 우리는 지금 외부의 현상뿐만 아니라 인간의 정신 상태까지도 관찰하고 있는 것입니다. 왜냐하면 혼(인간 존재의 근원)의 근본적인 혁명이 일어나기 전에는 그저 환경을 바꾼다든지 법률을 제정한다든지 한들 거의 의미가 없기 때문입니다. 우리는 지금 '인간은 있는 그 상태에서 근본적인 변화를 일으킬 수 있을까?' 하는 문제와 씨름하고 있습니다──그것도 특정한 이론이나 철학을 따르는 것이 아니고 있는 그대로의 자기를 주시하면서 말입니다. 현재 있는 그대로의 자신을 자각하는 일이 당신에게 근본적인 변화를 가져오는 것입니다. 따라서 상상을 통한 자신이나 타인이 본 자신을 아는 것보다 있는 그대로의 자신을 아는 것이 가장 중요합니다.

가령 타인이 '당신은 배가 고프다'고 말했을 때와 실제로 자신이 배고플 때는 전혀 다른 것입니다. 왜냐하면 전자의 경우는 타인으로부터 '당신은 배고프지 않은가?'라는 말을 듣고 나서 행동하는 상태이며, 후자의 경우는 자기 자신의 직접적 지각에 의하여 배고프다는 것을 알고 행동하는 것이기 때문입니다. 그리고 우리는 그와 같이 실제로 있는 그대로의 자기를 스스로 관찰하여 알아야만 합니다. 즉 우리는 지금 '자기 자신을 안다'는 문제를 탐구하고 있는 것입니다. "자기 자신을 아는 자가 최고의 현자다"라는 옛말도 있지만 그런 사람은 극히 적었습니다. 우리는 있는 그대로의 자기를 발견하기 위한 인내력도 추진력도 정열도 가지고 있지 않습니다. 실상 여러분에게도 에너지가 있지만 그 에너지를 타인이 말해주는 충고에다 소비해 버리고 있는 것입니다.

우리는 지금 자기 자신을 관찰하면서 그 에너지를 발견하려고 하고 있습니다. 왜냐하면 있는 그대로의 우리가 근본적으로 변화하게 되면 우리는 반드시 이 세상에 평화를 가져와 자유롭게 살 수 있기 때문입니다(그것은 자기 멋대로 산다는 것이 아니라 행복과 즐거움 속에서 사는 것을 의미합니다). 즐거움으로 넘치는 사람은 어떠한 원한도 폭력도 가지고 있지 않으며 누구도 파괴하지 않습니다. '자유'란 있는 그대로의 자신을 비난하지 않는다는 것을 의미합니다. 대부분의 사람들은 자기 자신을 비난하거나 변명하거나 정당화하면서 관찰하고 있습니다——즉 우리는 자기 자신을 정당화하지 않거나 비난하지 않고 관찰한 적이 없습니다. 따라서 우선 해야 할 일은——그리고 이것은 아마 최후의 행동이기도 할 것이지만——어떤 비난도 하지 않고 자기 자신을 관찰하는 것입니다. 그러나 그와 같이 자기 자신을 관찰하는 일은 점점 어려워져가고 있습니다. 왜냐하면 우리 주위의 사회나 전통이 있는 그대로의 자신을 타인과 비교하거나 또는 정당화하거나 비난하도록 만들어가고 있기 때문입니다. '이것은 옳다', '이것은 나쁘다', '이것은 사실이다', '이것은 틀렸다', '이것은 예쁘다'와 같은 생각들은 있는 그대로의 자기를 관찰할 때 방해가 됩니다.

  부디 잘 들어주십시오. 있는 그대로의 당신은 대단히 생기 넘쳐 있습니다. 그리고 그 있는 그대로의 당신을 비난할 때에는 사실은 당신의 '기억'(과거의 경험, 죽어 있는 것)이 당신을 비난하고 있는 것입니다. 즉 그때엔 당신 안에서 '살아 있는 것'과 '과거'가 대립하고 있는 것입니다. 따라서 그 '살아 있는 것'을 이해하기 위해서는 과거를 소멸시켜야 합니다. 그렇게 하면 '살아 있는 것'을 볼 수 있게 됩니다. 우리는 지금 이 말대로 행동하고 있는 것이며, 집에 돌아가서 이 문제에 대하여 생각해보려고 하고 있는 것이 아닌 것입니다. 만일 당신이 이 문제를 나중에 생각해보려고 한다면 이미 당신은 탐구를 그만둔 것입니다. 이것은 단체 요법도 아니고 참회회(懺悔會)도 아닙니다――그런 것은 유치한 것입니다. 우리는 누구에게도 의존하지 않고 과학자와 같은 태도로 자기 자신을 탐구해야 합니다. 정신분석가나 목사의 의견 또는 자기의 기억이나 경험 같은 것에 의존하게 되면 더욱 갈팡질팡하게 될 뿐입니다. 왜냐하면 그것은 모두 과거이기 때문입니다. 과거의 눈으로는 그 '살아 있는 현재'를 결코 이해할 수가 없습니다.

  그러면 그 '살아 있는 현재'――또는 '자기 자신'이나 '생명'――에 대하여 함께 알아보기로 합시다. 즉 우선 우리의 내부에 있는 폭력 현상을, 그리고 그 다음으로 우리의 외부에 있는 폭력 현상을 관찰해보기로 합시다. 그러나 자기 자신의 정신적 폭력을 이해하게 되면 외부의 폭력은 관찰할 필요도 없습니다. 왜냐하면 외부의 상태는 우리 내부의 정신 상태가 투영된 것이기 때문입니다. 우리 인간은 유전이나 진화에 의하여 자연히 자신들의 내면에서 폭력성을 길러온 것입니다. 우리 인간은 야만적인 존재입니다. 이것은 사실입니다. 왜 인간이 야만적인가에 대해서는 많은 의견이 있습니다. 그러나 우리는 지금 그런 의견에 귀를 기울이고 있는 것은 아닙니다. 전문가들의 의견을 일일이 듣다가는 우리는 더욱 헛갈리게 될 뿐입니다. 사람들은 여러 가지 의견을 들으면 이해할 수 있다고 생각하지만, 실제로 그렇게 해서는 문제가 해결되지 않습니다. 그러므로 묘사한 말은 '사실 자체'가 아니며, 설명은 '존재하는 그 자체'가 아니라는 것을 언제나 명심해주십시오.

'거리에 사람이 너무 많기 때문에', '인간이 남아도니까', '유전이기 때문에' 등등 많은 의견이 있지만, 우리는 그런 의견은 모두 버리도록 합시다. 그렇게 되면 '우리는 야만적이다'는 사실만이 남게 됩니다. 우리는 어릴 적부터 타인과 경쟁하면서 폭력적인 인간으로 길러져왔습니다. 우리는 지금까지 그러한 사실에는 전혀 직면한 적이 없습니다. 우리는 지금까지 '폭력에 어떻게 대처하면 좋을까?' 하는 것만을 생각해왔습니다.

부디 여러분도 주의 깊게 애정을 가지고 들어주십시오. '폭력에 어떻게 대처하면 좋을까?' 하는 의문을 가지는 순간 우리는 과거의 경험에 따라서 해답을 얻으려고 합니다. 왜냐하면 우리는 과거의 것밖에 모르기 때문입니다. 당신의 전존재는 과거에 기인하고 있습니다. 당신의 생명은 과거인 것입니다. 당신 자신을 정확히 주시해보십시오. 그러면 당신이 어떻게 과거 속에서 살고 있는지를 알게 될 것입니다. 사고——우리는 이제부터 그것을 탐구해나갈 것입니다만——라는 것은 자신의 모든 과거(기억, 지식, 경험한 것)가 반영된 것입니다. 따라서 사고는 결코 새로운 것이 아니며 또한 자유로운 것도 아닙니다. 우리는 이러한 사고의 작용을 지닌 채 인생을 보고 있는 것입니다. 따라서 '폭력에 어떻게 대처하면 좋을까?'라는 의문을 품는 순간 우리는 이미 그 사실로부터 도망치고 있는 것입니다.

우리는 폭력이 무엇인가를 배우고 관찰할 수 있을까요? 여러분은 어떻게 폭력을 관찰하십니까? 폭력을 비난합니까? 폭력을 정당화합니까? 그렇지 않다면 당신은 어떻게 폭력을 관찰합니까? 이것은 대단히 중요한 것이므로 여러분도 이 말을 자신의 것으로 해주기 바랍니다. 당신은 '국외자'로서(그 대상물로부터 떨어져 있는 자로서) 그 내면 현상──자신의 폭력성──을 보고 있습니까? 또는 '국외자'도 '검열관'도 없이 자신을 보고 있습니까? 만일 당신이 국외자로서 자신의 폭력성을 관찰하며 '나는 폭력적은 아니지만 이 폭력성을 초월하고 싶다'고 생각한다면, 그러한 당신은 당신 속에 있는 여러 가지 단편 중에서 가장 잘난 체하고 있는 하나의 단편에 불과한 것입니다.

이와 같이 당신이 하나의 단편을 사용해서 다른 단편들을 볼 때에는 그 하나의 단편이 제일 잘난 체하며 모순과 갈등을 일으키게 됩니다. 어떠한 단편도 없이 관찰한다면 당신은 '관찰자' 없이 그 전체를 관찰하게 될 것입니다. 아시겠습니까? 아셨으면 그렇게 하십시오! 그렇게 되면 당신에게 굉장한 일이 일어날 것입니다. 그리고 당신은 이미 어떠한 갈등도 느끼지 않게 될 것입니다. 우리 자신이 갈등 그 자체며, 우리는 갈등 속에서 살아가고 있습니다. 집에서도 회사에서도 자고 있을 때에도 우리는 언제나 몸부림치며 살아가고 있습니다. 우리 인간은 투쟁과 모순 속에서 살아가고 있습니다.

따라서 이 모순의 근원을 타인의 의견에 의해서가 아니라 자기 스스로 이해하게 될 때까지는 우리는 평화롭고 행복하며 기쁨으로 찬 생활을 보낼 수 없습니다. 그러므로 갈등(즉 모순)의 원인을 이해하는 것이 본질적으로 중요합니다. 갈등이 일어나는 것은 '관찰자'와 '관찰되는 것' 사이에 분리가 있기 때문입니다. '관찰자'는 그 자신이 폭력적임에도 불구하고 '나는 이 폭력성을 초월해야 한다' 또는 '나는 비폭력적으로 살아가고 있다'는 식으로 말하고 있습니다──즉 그것은 '허영'이고 '위선'입니다. 따라서 이 분리의 원인을 발견하는 일이 가장 중요합니다.

  지금 여러분에게 말하고 있는 나는 '권위자'도 아니고 '선생'도 아닙니다. 왜냐하면 우리는 지금 갈등이 없는 생활을 발견하려고 하는 '인간'이기 때문입니다. 우리는 지금 완전하게 살려고 하며 사랑으로 살려고 하는 '인간'인 것입니다. 지금 이곳에는 정신적 지도자도 제자도 없습니다. 만일 여러분이 누군가를 따른다면 여러분 자신은 물론, 그 사람까지도 파괴시키고 있는 것입니다. (박수) 제발 박수 같은 것은 치지 말아주십시오. 나는 여러분을 즐겁게 하려는 사람도 아니고 박수를 바라고 있는 사람도 아닙니다. 중요한 것은 여러분도 나도 지금까지의 우둔한 생활과는 완전히 다른 생활을 이해하고 사는 것입니다. 그러므로 박수나 동의나 반대를 해도 사실은 달라지지 않습니다.

  '관찰자'와 '관찰되는 것' 사이에 분열이 있는 한, 내면의 갈등은 영원히 없어지지 않는다는 것을 자기 스스로 (자신의 관찰에 의해) 이해하는 것이 대단히 중요합니다. 당신의 내면에는 남과 떨어져 있으려고 하는 '자기(자아)'라는 분열이 있습니다. 이것을 확실히 알겠습니까? '확실히 안다'는 것은 자신의 힘으로 그것을 알게 되었다는 말입니다. 그것은 정리된 의견을 듣고 이해했을 때의 '이론적으로 안다'는 것이 아니라 '관찰자'와 '관찰되는 것' 사이의 분열이 어떻게 해서 사회악이나 혼란이나 슬픔을 만들어내고 있는가를 자기 스스로 분명히 안다, 확실히 안다는 것입니다. 그러면 당신은 자신이 폭력적일 때 그에 관한 아무런 기억도 정당화도 없이 또한 '폭력적이어서는 안돼'라는 의견도 없이 자신 안에 있는 그 폭력성을 단순히 관찰할 수 있습니까? 그렇게 하려면 과거에 속박되어서는 안됩니다. 관찰하기 위해서는 대단히 많은 에너지, 즉 정열이 필요합니다. 우리는 정열적이어야 합니다. 그렇지 않으면 확실하게 볼 수 없기 때문입니다. 정열적이고 강렬한 정신을 가지고 있지 않으면 저 구름이나 언덕의 아름다움을 볼 수 없습니다. 이와 마찬가지로 '관찰자' 없이 자기 자신을 보기 위해서는 대단한 에너지와 정열이 필요합니다. 그러나 이 정열은 자기 자신을 비난한다든지 정당화한다든지 하면, 즉 '하지 않으면 안된다' 든지 '나는 비폭력적으로 살아가고 있다'고 생각한다든지 또는 비폭력적인 체한다든지 하면 파괴되어 버립니다.

그러므로 '관념'이라는 것이 가장 파괴적인 것입니다. 인도에서는 옛날부터 '비폭력'이라는 것을 말해왔습니다. 인도 사람들은 자신들은 비폭력을 실천하고 있다고 말하지만, 그들도 실상은 다른 나라 사람들과 같이 폭력적인 인간들인 것입니다. 그들이 가지고 있는 비폭력이라는 관념은 그들이 폭력적이라는 사실로부터 그들을 도피시키는 '위선적인 감각'에 불과합니다. 그러나 만일 그와 같은 관념이나 주의(主義)를 모두 버리고 그 사실에만 직면한다면, 공상이나 구실이 아닌 '실제로 존재하는 것'과 관계할 수 있게 될 것입니다.

따라서 우리가 최초로 해야 할 일은 '관찰자' 없이 관찰하는 것——즉 어떠한 이미지도 갖지 않고 자기의 아내나 자식을 주시하는 것입니다. 그러나 이미지는 표면적인 것뿐만 아니라 우리의 보다 깊은 곳에 있는 것도 있습니다. 따라서 우리는 자신의 표면에 있는 이미지뿐만 아니라 자기 내부의 깊은 곳에 있는 이미지(민족적 이미지, 그 문화가 만들어낸 이미지, 그때까지의 경험이 집결된 '자기'라는 이미지)도 관찰해야 합니다. 즉 자기의 의식적인 부분뿐만 아니라 깊숙이(마음속 깊숙이) 숨어 있는 부분까지도 관찰해야 한다는 것입니다.

당신이 자신의 무의식적인 부분을 관찰한 일이 있는지 어떤지는 모르겠습니다. 여러분은 그런 것에 흥미가 있습니까? 그리고 그 어려움을 알겠습니까? 정신분석가나 전문가의 말을 앵무새처럼 반복하는 것은 간단합니다. 그러나 그런 책을 읽지 않고 스스로 발견한다는 것은 대단히 어렵습니다. 자신의 무의식을 관찰하는 길을 발견하는 것도 명상의 일부분입니다. 그것도 꿈이나 직감에 의하지 않고 관찰하는 것입니다. 왜냐하면 그 직감은 당신의 의지나 욕구 또는 숨어 있는 희망의 산물일지도 모르기 때문입니다. 따라서 우리는 지금까지 자신들이 만들어낸 '자기'라는 표면적 이미지(상징)뿐만 아니라 자기 자신 속의 깊숙한 곳을 관찰하는 길을 발견하지 않으면 안 됩니다.

   우리는 외견상의 사물뿐만 아니라 생명의 내면적인 움직임(실망, 동기, 걱정, 공포, 슬픔과 같은 내면적인 움직임)도 지각해야 합니다. '선택하지 않고 지각한다'는 것은, 가령 남이 입고 있는 옷의 색깔을 볼 때 좋고 나쁜 것을 생각하지 않고 그저 그것을 관찰한다는 것이며, 버스를 타고 있을 때에도 아무런 비난도 정당화도 선택도 하지 않고 자신의 사고의 움직임을 그저 관찰한다는 것입니다. 그와 같이 관찰하고 있을 때에는 '관찰자'가 존재하지 않습니다. '관찰자'란 검열관이고 미국 사람, 카톨릭 신자, 프로테스탄트 신자(라는 생각)인 것입니다. 그것은 환경에서 받은 영향이며 '과거'입니다. 따라서 만일 당신이 그 과거를 통해서 관찰한다면 당신 속에서 반드시 분열과 비난과 정당화가 일어날 것입니다. 참으로 배고픈 사람이 '이렇게 하면 정말 먹을 것을 구하게 될까?'라고 일일이 말을 할까요? 그는 배를 채우고 싶어만 하지 결코 이치 같은 것을 말하지 않습니다――슬퍼하는 사람도 마찬가지입니다. 따라서 우리는 '만약'이라는 관념을 버려야만 하지 않을까요? 미래를 먼저 생각해서는 안 됩니다. 왜냐하면 그 '미래'라는 것은 바로 당신의 '지금' 생각을 투영한 것이기 때문입니다. 그리고 그 '지금'이란 과거인 것입니다. '나는 지금 살아 있다'고 말할 때의 당신은 그 과거인 것입니다. 즉 당신은 과거 속에서 살아가고 있는 것입니다. 왜냐하면 당신은 과거의 경험에 의하여 지시받기도 하고 형성되기도 하기 때문입니다. 과거의 기억이 이리 하라 저리 하라 당신을 지시하고 있는 것입니다.

그러므로 '산다'는 것은 시간에 속박되지 않는다는 것이며, '만약'이라는 말을 사용할 때에는 시간을 개입시키게 됩니다. 그리고 시간을 개입시키는 것은 가장 불행한 것입니다.

질문: 우리는 어떻게 하면 집단 속에서 개인으로서 살아갈 수 있을까요?

크리슈나무르티: '개인으로서 산다'는 것은 어떤 것일까요? '당신 자신'이란 어떤 뜻일까요? 당신이 말하는 '집단 속의 자기'에서의 '자기'란 어떤 의미입니까? 당신 자신의 노여움, 당신 자신의 고통, 당신 자신의 불만감, 당신 자신의 욕구, 당신 자신의 폭력성, 당신 자신의 희망, 당신 자신의 애정 결핍――그런 것이 '당신'이 아닐까요? 어떻게 하면 집단 속에서 개인으로서 살 수 있는가 하는 말은 하지 마십시오.――당신은 자기라는 것을 모르고 있습니다. 당신도 다른 사람들도 모두 각자의 슬픔, 문제, 분위기, 불만, 야심의 덩어리인 것입니다. 즉 우리 개개인은 자기 이외의 것을 배척하며 고립되어 살아가고 있는 것입니다. 그와 같은 장벽이나 저항이 자기로부터 사라질 때 당신은 남들과 함께 행복하게 살아갈 수 있습니다.

질문 : 분할을 믿지 않고 있는 당신이 왜 '의식'과 '무의식'으로 나누고 있습니까?

크리슈나무르티: 그것은 당신이 그렇게 하고 있을 뿐이지, 나는 그러한 짓을 하고 있지 않습니다! (웃음) 당신들은 오늘에 이르기까지 무의식에 대하여 남에게 배우기도 하고 그에 관한 책을 읽기도 하였

습니다. 그래서 정신분석가는 그것으로 큰 돈벌이를 하고 있습니다. 그러나 황금으로 만든 그릇에 담겼든 진흙으로 만든 그릇에 담겼든 물임에는 변함이 없습니다. 즉 그와 마찬가지로 의식 전체를 분할하지 않고 관찰하는 것이 문제인 것입니다. '의식'이나 '무의식'이라는 단편으로 보지 않고 의식 전체로 관찰하는 것입니다. 의식의 단편을 보는 것은 간단한 일이지만, 의식을 전체로 보는 것은 가장 어려운 일입니다. '전체를 본다'는 것은 바르고 건전하게 전체적으로 본다는 것, '나', '당신', '그들', '우리'라는 '중심'을 통하지 않고 그것을 본다는 것입니다. 이 모임은 그저 장난으로 듣고 집으로 돌아가는 따위의 모임이 아닙니다. 우리는 자기 자신에게 귀를 기울이고 있는 것입니다. 말을 진지하게 듣고 있을 때에는 그에 대하여 찬성도 반대도 할 수 없습니다——그 말은 그곳에 존재하고 있는 것입니다. 따라서 우리는 그것을 공유하고 서로의 의지를 교류시키며 함께 노력하고 있는 것입니다. 그곳에는 무한한 자유와 사랑과 연민이 있으며, 그로부터 이해가 생겨나는 것입니다.

1970년 3월 1일

제2장 자유에 대하여

> 공포가 마음에서 완전히 사라지지 않는
> 한, 어떠한 행위도 재난과 불행과 혼란
> 밖에 가져오지 않는다.

　우리는 저번 날 인간 혼의 근본적인 변혁의 중요성과, 그 변혁을 위해서는 우리가 완전히 자유롭게 되어야 한다는 데 대하여 말했습니다. 그러나 그 '자유'라는 말의 의미를 완전히 이해하지 못하면, 그 말은 우리에게 있어 가장 위험한 것이 됩니다. 우리는 그 말의 의미를 충분히 배워야 하지만, 그것은 사전에 있는 뜻을 외는 것과는 다른 것입니다. 사람들은 거의 모두 개인의 기호나 상상이나 지지하고 있는 정당의 의견 같은 것에 따라 '자유'라는 말을 사용하고 있습니다. 그러나 지금 여기에 있는 우리는 이 말을 정치적인 의미로 사용하거나 그 자리에서만 쓰는 의미로 사용하려는 것이 아닙니다. 그 말의 내면적이고 정신적인 의미를 탐구하려고 하고 있는 것입니다.
　그러나 그에 앞서 우리는 '배운다'는 말의 의미를 이해해야 합니다. 지난번에도 말한 바와 같이 우리는 하나의 문제에 대하여 서로의 의지를 교류하며 공유하고 있는 것입니다——그렇게 하는 것도 학습의 일부입니다. 여러분은 나에게서 배우는 것이 아닙니다. 여러분은 스스로 관찰하며 배우는 것입니다. 지금 지껄이고 있는 나를 거울로 삼아 자기의 사고, 감각, 혼, 정신 상태를 관찰하여가는 것입니다. 이 자리에는 어떠한 권위자도 없습니다. 말하는 나는 편의 상 이 연단에 서 있을 뿐이며, 나에게는 아무런 권위도 없습니다. 따라서 남에게 의존하지 말고 나를 여러분의 거울로 사용하여 자기 자신을 배우면서 '학습'이라는 문제를 생각해보도록 합시다. 지금 우리는 자기 자신의 혼(자아)을 관찰하면서 배우고 있는 것입니다. 그리고 배우기 위해서는 자유와 커다란 호기심과 열광적인 마음과 정열 그리고 사물에 직접 접촉하는 마음을 가질 필요가 있습니다. 발견하기 위한 정열과 에너지가 없으면 배울 수 없습니다. 좋고 싫다는 선입관이나 편견을 가진다든지 비난한다든지 하면, 학습이 방해를 받게 되고 관찰하고 있는 것이 왜곡되게 됩니다.

'훈련'이라는 말에는 '알고 있는 사람에게서 배운다'는 의미가 있습니다. 즉 모르기 때문에 타인으로부터 배운다는 것입니다. 그러나 이제부터 우리가 사용하려고 하는 '훈련'이라는 말은 타인에게서 배운다는 의미가 아니고 '자기 자신을 관찰한다'는 의미입니다. 그렇지만 그렇게 하기 위해서는 자기를 억압하며 조정한다든지 남의 흉내를 낸다든지 남의 의견을 따른다든지 하지 않고 정말로 자기를 관찰하는 훈련이 필요합니다. 그런 관찰만이 '훈련하는 것'이 됩니다――즉 그 관찰을 통해서 배운다는 것입니다. 그 배우는 행위 자체가 그 훈련인 것입니다. 이런 훈련에는 대단한 주의력을 기울여야 합니다. 엄청난 에너지와 직접적 행동이 필요합니다.

그러면 공포 문제에 대하여 말해보도록 합시다. 이 문제를 탐구하기 위해서는 대단히 많은 것을 고려해야 합니다. 왜냐하면 '공포'라는 문제는 대단히 복잡하기 때문입니다. 공포가 마음으로부터 완전히 사라지지 않는 한, 어떠한 행위도 재난과 불행과 혼란밖에 가져오지 않습니다. 그래서 우리는 공포를 탐구하고, 공포로부터 완전히 자유롭게 될 수 있는지 어떤지를 알아보려고 하고 있는 것입니다――그것도 내일이 아니라 지금 즉시 말입니다. 만일 여러분이 진심으로 그렇게 한다면 오늘 이 언덕에서 내려갈 때에는 지금까지 여러분의 마음속에 있었던 공포에 의한 무거운 짐도 불행도 타락도 없어질 것입니다.

그러나 공포를 이해하기 위해서는 '서서히 공포를 초월한다'는 생각도 탐구해야 합니다. 첫째로 서서히 공포를 초월할 수는 없습니다. 우리는 공포에 속박되어 있든지 또는 전혀 속박되어 있지 않든지 그 어느 한쪽이며 '서서히'라는 것은 없습니다. '서서히'라는 말에는 시간을 들여서라는 의미가 포함되어 있습니다.──그것은 연대순(年代順)적인 시간을 들이는 것은 물론이고 정신적인 시간을 들이는 것도 의미합니다. 시간을 들이는 것 자체가 공포의 본질인 것입니다(이에 대해서는 이제부터 말하겠습니다). 따라서 공포──우리는 그 조건에 둘러싸여서 살고 있습니다만──를 이해하고 그로부터 자유로워지기 위해서는 '서서히 한다'는 생각(조건지움)을 완전히 소멸시켜야 합니다. 이것이 첫번째 난관입니다.

다시 한 번 말하지만 이 모임은 단순한 강연회가 아니라 오히려 두 사람의 친구가 하나의 어려운 문제를 놓고 서로 이야기하고 있는 것과 같은 것입니다. 사실 우리는 언제나 공포와 함께 살아가고 있습니다. 또한 그런 것을 생활의 일부라고 생각하고 있습니다. 따라서 우리는 공포를 종식시킬 가능성, 아니 오히려 공포를 종식시킬 '불가능성'에 대하여 탐구하고 있는 것입니다. 왜냐하면 '가능한 일'이라는 것은 이미 끝났다는 것을 의미하기 때문입니다. 틀립니까? 가능한 일은 당신도 할 수 있습니다. 그러나 불가능한 일도 당신이 '내일이라는 것은 없다'는 것을 이해하면 '가능'한 것이 됩니다(다만 우리는 지금 정신적인 '가능성'에 대하여 말하고 있는 것입니다).

우리는 지금 '공포'라는 엄청난 문제에 직면하고 있습니다. 즉 우리 인간은 지금까지 육체적 공포나 정신적 공포에 대한 문제를 완전히 해결하지 못한 채 살아왔다는 것입니다. 인간은 언제나 오락이나 종교에 몰두하면서 공포로부터 도피해왔습니다. 즉 지금까지 우리 인간은 실제로 '존재하는 것'으로부터 도피하고 있었습니다. 그래서 우리는 지금 '공포로부터의 완전한 자유'라는 '불가능'에 도전하고 있는 것입니다. 그 때문에 이 '불가능'이 '가능'한 것으로 되는 것입니다.

공포란 실제로 어떤 것일까요? 육체적 공포를 이해하는 것은 비교적 간단한 일입니다. 그러나 심리적 공포는 더욱 복잡하기 때문에 그것을 이해하기 위해서는 독단적인 생각을 가진다든지 그것을 종식시키려고 변증법적인 이유를 생각한다든지 하지 말고 자유롭게 탐구할 필요가 있습니다. 여기서 우선 육체적 공포부터 탐구해보도록 합시다. 육체적 공포는 우리의 영혼에도 자연히 영향을 줍니다. 어떤 위험한 일에 봉착했을 때 우리 인간은 육체적인 솔직한 반응을 보이는데, 그것이 공포일까요?

(지금 여러분은 나로부터 배우고 있는 것이 아닙니다. 우리는 함께 배우고 있으며, 그 때문에 많은 주의를 기울여야 합니다. 이 모임에 참석해서 단지 몇 가지 말을 외고 돌아가는 것은 좋지 않습니다. 그렇게 해서는 마음이 자유로워지지 않습니다. '지금' 공포를 전체적으로 이해해야만이 마음이 공포로부터 완전히 자유로워질 수 있습니다. 즉 그것은 어떤 한 가지를 전체적으로 보고 그것을 이해하는 것과 같은 일입니다. 그렇게 하면 그것은 타인의 것이 아니라 당신 자신의 것이 될 것입니다.)

우리에게는 절벽에 서 있을 때나 맹수를 만날 때 육체적인 공포가 일어납니다. 그런데 그와 같은 위험에 대한 반응도 육체적인 공포일까요, 아니면 예지의 작용일까요? 우리가 갑자기 뱀을 만날 때에는 즉석에서 반응합니다. 그러나 그 반응은 '조심해'라고 말하는 과거의 조건반사인 것입니다. 이 정신이 육체에 미치는 반응은 그것이 조건반사라 할지라도 즉석에서 일어나는 것입니다. 이 반응은 과거의 경험에서 일어납니다. 그것은 당신들이 '맹수는 위험하다'고 배워왔기 때문입니다. 그러면 육체적 위험에 봉착했을 때에 솟아오르는 것은 공포일까요, 아니면 자기를 보호하는 데 필요한 예지의 반응일까요?

즉 거기에는 과거에 경험한 육체적 고통이나 병을 또다시 체험하게 되는 것이 아닌가 하는 공포가 있는 것입니다. 그러면 거기에서는 어떤 일이 일어나고 있는 것일까요? 예지일까요, 아니면 사고의 작용일까요?──'과거에 경험했던 일이 또다시 일어날지도 몰라'라는 기억의 반응일까요? 사고가 공포를 만든다는 것을 똑똑히 알았습니까? 그리고 '정신적 공포'라는 것도 있습니다. 그것은 예를 들어 죽음에 대한 공포, 사회에 대한 공포, 아무에게도 존경받지 못한다는 공포, 소문이나 어둠에 대한 공포 등을 말합니다.

그러나 이 정신적 공포를 탐구하기 전에 '우리는 정신 분석을 하고 있는 것이 아니다'라는 것을 명확히 이해해야 합니다. 관찰과 분석은 전혀 다른 것입니다. 분석을 할 때에는 언제나 '분석자'와 '분석되는 것'이 존재합니다. 그리고 이 '분석자'는 많은 단편이 모여 이루어진 '자기'라는 감각 중의 하나의 단편에 불과한 것입니다. 그것은 하나의 단편이 '분석자'라는 권위자의 모습을 띠고 당신 자신을 분석하는 것입니다. 따라서 '분석자'라는 것은 '나는 지식이 있다'고 생각하며 분석하는 권위자의 모습을 띤 '검열관', '실체'인 것입니다. 그러므로 그 실체가 아무런 곡해도 하지 않고 자신을 완전히 분석할 수 있게 될 때까지는 그 분석은 아무 가치도 없는 것입니다. 부디 여러분도 이 점을 이해해주십시오. 나는 어떤 때든 분석을 할 필요는 없다고 말하고 있는 것입니다. 그러나 여러분은 이 말에 저항감을 느낄지도 모릅니다. 왜냐하면 사람들은 대개 자기를 분석해 왔을 것이며, 또는 지금 분석을 하고 있는 사람도 있을 것이고, 자기 분석에 대한 연구를 해온 사람도 있을 것이기 때문입니다. 자기 분석이라는 말에는 '분석되는 것'으로부터 떨어져서 존재하는 '분석자'라는 의미도 있지만, '시간을 들인다'는 의미도 포함되어 있습니다. '자기'라는 '단편의 집합'을 하나하나 분석하려면 몇십 년이라는 세월이 필요합니다. 또한 분석하는 마음은 완전히 맑고 자유로운 상태라야 합니다.

요컨대 '자기 분석' 안에는 여러 가지가 포함되어 있는데, 우선 자기 안에 있는 단편군으로부터 떠나서 '나는 분석하고 있다'고 주장하고 있는 '분석자'(하나의 단편)가 있다는 것, 그리고 자기를 관찰하든지 비판하든지 비난하든지 평가하든지 상기하기 위하여 매일 시간을 소비한다는 것을 의미합니다. 그리고 또 한 가지, 자기가 꾼 꿈 모두를 분석한다는 의미도 있습니다. 심리학자들은 꿈을 꾸지 않으면 미치광이가 된다고 말하고 있지만, 우리는 참으로 꿈을 꿀 필요가 있는지 없는지를 한 번도 생각해본 적이 없습니다.

그러면 그 '분석자'는 누구일까요? 그것은 당신 자신의 일부이며 당신 마음의 일부분입니다. 즉 그 '분석자'가 당신 자신의 다른 부분을 조사하는 것입니다. 그 '분석자'는 과거의 경험, 과거에 얻은 지식, 과거에 평가한 결과입니다. 그 '분석자'가 당신 자신을 조사하는 '중심'이 되어 있는 것입니다. 그런데 그 '중심'에 어떤 진리나 정당성 같은 것이 있을까요? 우리는 모두 그 중심에 따라 행동하고 있습니다. 그러면 그 중심의 정체는 무엇일까요? 그것은 공포, 걱정, 탐욕, 쾌락, 실망, 희망, 의존심, 야심, 비교 등입니다. 우리는 그런 것들에 따라 생각하기도 하고 행동하기도 합니다. 이것은 나 개인의 가설도 아니고 이론도 아니며 명백한 사실입니다. 자기의 중심이 많은 단편으로 이루어져 있으며 게다가 그 단편 중의 하나를 자기 자신의 '분석자'로 한다는 것은 바보 같은 짓입니다. 왜냐하면 그 '분석자'도 '분석되는 것'이기 때문입니다. 이 점을 잘 이해하지 못하면 지금부터 공포를 탐구해나가는 도중에 의미를 모르게 됩니다. 이 점을 완전히 이해하게 되면 이 장소를 떠나게 될 때 여러분은 공포로부터 자유롭게 되어 참으로 즐겁게 살게 되며, 지금까지와는 완전히 다른 눈으로 세계를 관찰하게 될 것입니다. 그렇게 되면 지금까지와 같은 공포나 질투나 실망감에 좌우되었던 인간 관계는 없어지고, 여러분은 폭력적이며 파괴적인 야수가 아닌 참된 '인간'이 될 것입니다.

따라서 당신을 분석하고 있는 '분석자'도 '분석 대상'인 것입니다. 그리고 '분석자'와 '분석 대상'과의 분열이 당신의 갈등 그 자체인 것입니다. 분석하기 위해서는 시간이 필요합니다. 우리가 모든 분석을 끝낼 때에는 늙어서 무덤으로 가게 될 것이고, 결국은 전혀 살고 있지 않았다는 것이 되고 말 것입니다. (웃음) 아니, 웃을 일이 아닙니다. 이것은 농담이 아니라 아주 절실한 문제인 것입니다. 참된 사람만이 인생이 무엇인가, 산다는 것이 무엇인가를 알고 있습니다──장난기로 살아가고 있는 사람은 그러한 것은 모릅니다. 따라서 우리는 정말 진지하게 탐구하지 않으면 안됩니다.

우리의 마음은 '자기 분석'이라는 무의미한 관념으로부터 해방되어야 합니다. 게다가 내가 그렇게 말했다고 해서가 아니라, 여러분 자신이 '자기 분석'이라는 것의 진리를 깨달아야 합니다. 그러면 당신은 그 진리를 이해하게 될 것입니다. 진리란 이해하는 것(이 경우에는 자기 분석의 잘못을 이해하는 것)입니다. 즉 무엇이 잘못인가를 깨닫게 되면 그 잘못을 자기 자신으로부터 완전하게 제거할 수 있게 된다는 말입니다. 우리는 무엇이 잘못인가를 모르기 때문에 혼란에 빠져 있는 것입니다.

그러면 우리는 공포를 전체적으로 주시할 수 있을까요?──하나하나의 심리적인 공포를 보는 것이 아니라 공포 자체를 주시할 수 있을까요? 공포감이 일어나는 원인에는 여러 가지가 있지만, 공포라는 것은 단 하나의 상태인 것입니다. 그리고 명백한 것은, 공포는 그 자체만으로는 존재하지 못하고 무엇인가와의 관계에 있어서만 비로소 존재할 수 있다는 것입니다. 사람들은 모두 무엇인가를 두려워하

고 있습니다——미래나 과거, 목적한 대로 되지 않는 것, 사랑을 받
지 못하는 것, 고독한 것, 처참한 생활을 보내는 것, 나이를 먹고
죽는다는 것 등을 두려워하고 있습니다.
  인간은 표면적인 인식의 부분에 한하지 않고, 내면 깊은 곳에서도
공포를 가지고 있습니다. 우리는 지금 특정한 공포에 대해서가 아니
라 의식적인 공포와 무의식적인 공포라는 두 가지, 즉 공포 전체를
탐구하고 있는 것입니다. 그러면 공포감은 어떻게 해서 생기는 것일
까요? 여기서 우리는 공포의 문제와 동시에 쾌락에 대해서도 탐구해
야 합니다. 왜냐하면 공포와 쾌락은 동시에 진행되기 때문입니다.
쾌락을 이해하지 못하면 공포감을 제거할 수 없습니다. 이 둘은 동
전의 양면과 같은 것으로 공포의 진리를 이해하게 되면 쾌락의 진리
도 이해하게 됩니다. 쾌락만을 추구하면서 공포감을 제거할 수는 없
습니다. 그러나 그 양쪽을 다 이해하게 되면 그것들에 대하여 지금
까지와는 전혀 다른 견해와 이해를 갖게 될 것입니다. 따라서 우리
는 공포와 쾌락의 구조와 성질을 배워야 합니다. 공포감을 갖지 않
고 쾌락만을 계속 갖고 있을 수는 없습니다.
  그러면 공포란 무엇일까요? 쾌락이란 무엇일까요? 여러분은 공포
심을 자신에게서 제거하고 싶을 것입니다. 인생은 모두 공포로부터
의 도피입니다. 여러분의 신도 교회도 도덕도 모두 공포에 기인하고
있습니다. 그것을 이해하려면 공포감이 어떻게 해서 생기는가를 이
해해야 합니다. 우리는 한번 무슨 일이 잘되면 그 밖의 것은 찾으려
고 하지 않습니다. 그것은 공포의 한 형식인 것입니다. 사람들은 실
직하고 있다든지 또는 무엇인가를 두려워하고 있다든지 하면 자신의
미래를 두려워하게 됩니다. 즉 과거를 누려워하기 때문에 미래를 두
려워하는 것입니다. 사고가 과거의 사건을 상기하거나 미래에 일어
날지도 모를 일을 보고 있기 때문에 공포감이 생기는 것입니다. 그
책임은 사고에 있는 것입니다. 사람들은——특히 미국에서는——'죽

음'에 대하여 생각하는 것을 대단히 주의 깊게 회피하고 있습니다. 그러나 죽음은 언제나 거기에 있는 것입니다. 사람들은 죽음에 대하여 생각하고 싶어하지 않습니다. 그것은 죽음을 생각하는 순간 공포가 생기기 때문입니다. 그래서 사람들은 어떤 구실을 만들어내기도 하고 전생(轉生)에 관한 이야기를 믿기도 하지만, 그런 것은 모두 사고에 의해 만들어진 것입니다. 사고가 어제나 내일의 공포를 만들어내고 그것을 지속시키고 있는 것입니다. 그리고 사고는 쾌락도 지속시키고 있습니다. 만일 당신이 어제 아름다운 노을을 보고 대단한 기쁨을 느꼈다고 합시다——바다에 비치는 태양의 아름다운 반사광이나 바람에 흔들리고 있는 나무들의 우아함을 보고 감동했다고 합시다. 그러면 사고가 찾아와서 '꼭 다시 한 번 이 기분을 맛보고 싶다'라고 말합니다. 당신은 그것에 대해 생각하며 다음날 다시 그 장소로 가지만, 어제와 같은 노을은 보지 못합니다. 또한 성적 쾌락을 느꼈다고 한다면 당신은 그것에 대해 가만히 생각하며 그 이미지를 만들어냅니다. 그리고 사고가 그것을 지속시킵니다. 즉 쾌락과 공포를 지속시키고 있는 것은 사고이며, 그 책임은 사고에 있는 것입니다. 우리는 지금 일정한 교의(敎義)를 배우고 있는 것이 아니라, 농의도 반대도 없이 함께 이해하고 있는 것입니다.

  그러면 사고란 무엇일까요? 그것은 분명히 기억의 반응입니다. 기억이 없으면 사고도 없을 것입니다. 만일 당신이 집으로 돌아가는 길을 기억하지 못한다면 집으로 돌아갈 수 없을 것입니다. 다시 말해 사고는 공포와 쾌락을 길러내기도 하고 지속시키기도 하지만, 그와 동시에 능률적으로 행동하기 위해서는 필요 불가결한 것이라는 말입니다. 이런 어려움을 이해하여주십시오——사고는 우리가 어떤 기술적인 행동을 할 때에는 완전히 객관적으로 작용해야 하지만, 또 한편으로는 그 사고가 우리의 고통의 원인인 공포와 쾌락을 길러내고 있는 것입니다.

그래서 우리는 자기 자신에게 이렇게 묻게 됩니다. '사고는 어디에 있어야 하는가? 사고가 완전히 작용하는 곳과 사고가 절대로 개입해서는 안되는 곳의 경계선은 어디에 있는가?'——즉 아름다운 노을을 보는 순간 그것을 즐기고 그 순간 그것을 잊어버린다는 것입니다. 사고는 과거 경험의 산물이기 때문에 어떠한 생각에도 한계가 있습니다. 즉 사고는 결코 새로운 것이 아닙니다. 그리고 이것저것 선택할 때에도 사고가 작용하기 때문에 선택도 자유롭다고 할 수 없습니다. 자, 문제가 대단히 미묘하게 되었습니다——우리는 공포를 만들어내는 것은 사고라는 것을 알았습니다(공포는 마음을 파괴하고 곡해하며 암흑 속에 가두어놓습니다). 그러나 한편으로는 그 사고는 감정에 좌우되지 않고 능률적이며 객관적으로 사용되어야 하는 것이라는 것도 알았습니다. 그러면 이런 사실을 관찰할 때 여러분의 마음은 어떤 상태로 되어 있습니까?

이 말을 확실히 이해하는 것이 가장 중요합니다. 왜냐하면 의미도 모르는 말을 그저 듣고만 있어서는 그 사람의 공포는 소멸되지 않기 때문입니다. 여러분이 이곳을 떠나갈 때에는 여러분의 내부에서 공포가 없어져야 합니다. 그것도 '공포감 같은 것은 없어'라고 말하며 자기 최면을 거는 것이 아니라 여러분이 직접적으로 공포의 구조를 이해하고 난 뒤에 그렇게 되어 있어야 하는 것입니다.

그래서 배우는 것과 관찰하는 것이 대단히 중요한 것입니다. 우리는 지금 공포감이 어떻게 생기는가에 대하여 상세하게 관찰하고 있습니다. '죽음'이나 '실업'과 같은 과거의 것을 생각한다든지 또는 미래의 일을 생각한다든지 하면, 인간은 자연히 공포감을 가지게 됩니다. 사고의 필요성과 위험성을 알게 되었을 때 당신의 마음은 어떻게 되어 있을까요? 여러분은 내 말을 기다리지 말고 스스로 발견해야 합니다.

잘 주의해서 들어주십시오. 이것은 아주 간단한 일입니다. 우리는 자기 분석이 잘못이라는 것을 알았습니다. 그 진리를 '알았다'는 것은 그것을 '이해했다'는 것입니다. 조금 전까지도 여러분은 자기 분석을 자신들의 주어진 조건의 하나로 받아들였지만, 지금은 그 무익함과 잘못을 깨달았기 때문에 이미 자기 분석은 하지 않게 되었습니다. 그러면 자기 분석을 포기하고 난 당신의 마음은 어떤 상태로 되어 있습니까? 자유롭게 되지 않았습니까? 자기 분석의 잘못을 깨달은 마음은 이전보다 활동적이고 지성적이며 보다 예민해졌을 것입니다. 공포감이 어떻게 해서 자신의 내부에서 일어나는가 하는 것과 쾌락의 상태를 깨닫고 있을 때의 당신의 마음을 관찰해보십시오. 그 마음은 더욱 예민해지고 맑아져서 예지 있는 훌륭한 것으로 되어 있을 것입니다. 그러나 그 예지는 어떤 지식이나 과거의 경험과도 무관한 것입니다. 이 예지는 학교에서도 배울 수 없는 것입니다. 이 예지는 '분석을 하려면 시간이 걸린다', '자기 분석이란 자기 내면에 있는 하나의 단편을 사용해서 다른 단편을 바로잡으려는 우둔한 생각이다'라는 자기 분석의 구조 전체를 면밀하게 관찰하고 공포의 성질을 깨닫고 또한 쾌락까지도 이해했을 때에만 당신 안에 나타나는 것입니다.

그렇게 되면 내일 당신에게 공포감——지금까지 당신의 습관이었던 것——이 일어난다 해도, 당신은 그것에 어떻게 직면해야 되는가를 알고 있기 때문에 지금까지와 같이 그 공포감을 연장시키는 일은 없게 될 것입니다. 당신 안에서 작용하고 있는 예지가 당신이 공포에 직면하는 순간 그것을 소멸시킬 것입니다. 즉 그 순간에 당신이 표면적으로 느끼고 있는 공포는 물론 당신 속에 깊이 숨어 있는 공포까지도 소멸시킬 것입니다.

이상스럽게도 우리는 타인에게 간섭받는 일에 익숙해져 있습니다. 우리는 어려서부터 카톨릭 신자로 길러지거나 혹은 프로테스탄트 신자로 길러지거나 미국 사람으로 길러지고 있습니다. 즉 우리는 옛날부터 반복되어온 그 사회의 습관의 산물인 것입니다. 그리고 우리는 그 습관과 같은 일을 지금 반복하고 있는 것입니다. 따라서 우리는 '2차적인 인간'인 것입니다. 따라서 여러분은 나의 말에서도 영향을 받지 않도록 주의해야 합니다. 여러분이 관계하고 있는 일은 나의 생활에 관한 것이 아니고, 여러분 자신의 생활에 관한 것이기 때문입니다.

쾌락의 문제를 탐구할 때에는 '참된 즐거움이란 무엇인가?' 하는 것도 이해해야 합니다. 왜냐하면 참된 즐거움은 쾌락과 관계가 없는 것이기 때문입니다. 당신은 쾌락이나 욕망이 사랑과 관계가 있다고 생각합니까? 이런 것을 모두 이해하기 위해서는 우리는 자기 자신을 관찰해야 합니다. 우리 개인은 그 사회의 산물입니다. 개인은 집단의 일부입니다. 우리는 사회적·경제적으로는 각각 다른 문제를 갖고 있을지 모르지만, 싸움을 하거나 생활을 위해 열의를 다하거나 '있는 그대로의 인생은 아무런 의미도 없다'고 생각하기도 하는 등 인간으로서는 모두 같은 문제를 가지고 살아가고 있는 것입니다. 그래서 인간은 인습적인 생활방법을 생각해내는 것입니다. 그러나 그와 같은 것은 우리가 자기 자신의 구조, 공포의 구조, 쾌락의 구조, 사랑의 구조 그리고 죽음의 의미를 이해하게 되면 완전히 쓸모없는 것이 됩니다. 그렇게 되면 우리 한 사람 한 사람은 '완전한 인간'이 되어 결코 잘못된 일은 하지 않게 될 것입니다.

자, 그러면 어떤 질문이 있을지 모르겠군요? 그러나 어떤 의문이 생겼을 때에는 그 해답도 자기 자신 속에 있다는 것을 잊지 말아주십시오.

질문: 당신은 공포를 이해하기 위해 사고를 사용하는 것은 잘못이라고 말씀하셨지만, 만일 미지의 사건과 맞부딪쳐 공포심이 일어날 때는······?

크리슈나무르티: 당신은 "나는 미지의 것을 두려워하고 있다"고 말했습니다——미지의 내일이라든지 전혀 알지 못하는 것을 두려워한다고 말입니다. 그러나 그것을 모르기 때문에 당신은 두려워하는 것일까요, 아니면 당신이 집착하고 있는 '알고 있는 것'을 당신은 두려워하는 것일까요?——즉 자기가 알고 있는 것과 헤어지는 것을 당신은 두려워하는 것일까요? 내가 말하는 것을 알겠습니까? 당신이 죽음을 두려워하는 것은 죽음이 미지의 것이기 때문입니까, 그렇지 않으면 죽음에 의해 당신의 쾌락이나 가정이나 가구 그리고 지금까지 해온 일 모두가 끝나버리게 되는 것을 알고 있기 때문입니까? 왜 사람은 '미지의 것'을 두려워할까요? 우리가 '미지의 것'을 두려워하는 순간 사고는 그 '미지의 것'을 '이미 알고 있는 것'으로 하려고 그것을 이미지화해버립니다. 요컨대 당신의 '신(神)'은 당신의 이미지나 공포의 산물인 것입니다. 그러므로 '미지의 것'에 대하여 생각해서는 안됩니다. 알고 있는 것을 이해하여 그것에 속박되지 않도록 하십시오.

질문: 나는 "아버지, 나는 믿고 있습니다. 그러니 나를 이 불신앙(不信仰)으로부터 구원해주십시오"라는 것을 책에서 읽은 일이 있는데, 어떻게 하면 이와 같은 신앙과 의혹 사이의 모순을 완전히 없앨 수 있을까요?

크리슈나무르티: 그것이 어떤 책이든간에 왜 당신은 그 책을 믿고 있습니까? 당신은 내일 해가 뜰 것을 믿고 있습니까? 당신은 하나의 감각을 믿고 있는 것입니다(즉 내일 해가 뜰 것으로 생각하고 있습니다). 그러나 왜 당신은 '천국'이나 '아버지' 같은 것을 믿는 것일까요? 그 이유는 당신이 죽음이나 고독을 두려워하거나 혹은 당신이

불행하기 때문에 당신의 눈으로 볼 때 영원한 것같이 생각되는 것을 믿어버리는 것입니다. 그러나 믿는 일에 속박되어 있는 마음이 대체 어떻게 사물을 명확하게 볼 수 있겠습니까? 그와 같은 마음이 자유롭게 사물을 관찰할 수 있을까요? 사람들은 각각 무엇인가를 믿으며 살아가고 있습니다. 그러나 공포 전체를 이해하고 있는 사람은 아무 것도 믿지 않습니다. 그 사람의 마음은 맑을 대로 맑아져서 기쁨 속에서 활동하고 있는 것입니다.

질문: 나는 지금까지 여러 가지 당신의 책을 읽어왔습니다. 당신은 조금 전까지 공포의 문제와 '어떻게 공포를 제거할 것인가?' 하는 데 대하여 훌륭한 말을 해주셨습니다만, 그러나 마음이라는 것은 욕구나 사고로 채워지게 되어 있습니다. 그렇다면 어떻게 해야 언제나 활동하고 있는 마음을 자유롭게 해줄 수 있을까요?

크리슈나무르티: 욕구란 무엇일까요? 왜 마음은 언제까지나 그와 같이 지껄이고 있을까요?

질문: 불만이 있기 때문입니다.

크리슈나무르티: 제발 지금은 대답하지 말고, 이 문제를 관찰해주십시오. 당신은 한 가지 방법으로 마음을 가라앉히고 이것저것을 이해하며 욕망을 버리려고 하고 있습니다. '방법을 실행한다'는 것은 정해진 것을 몇 번이고 기계적으로 반복한다는 뜻입니다. 마음이 한 가지 방법을 실행하게 되면 어떻게 될까요? 그 마음은 둔해져버립니다. 우리는 왜 마음이 지껄이는 것인지, 왜 마음이 이쪽저쪽으로 이동하는 것인지를 이해해야 합니다.

그러나 오늘 밤에 더 이상 이야기를 나눈다는 것은 무리라고 생각합니다. 여러분도 피로하시지요? ("아니오" 하는 소리) 우리는 지금까지 일을 하고 있었습니다. 그런데 당신들은 피로하지 않다고 말했습니다. 즉 당신들은 이곳에서 일을 하지 않았다는 것입니다. (웃음) 당신들은 진지하게 탐구하지 않았던 것입니다. 당신들은 그저 놀고 있었을 뿐으로 자신들의 공포를 소멸시키지 않았던 것입니다. 부디 이 말의 의미를 이해하기 바랍니다.

1970년 3월 4일

제3장 정신 혁명

> 사회를 바꾸는 것은 2차적인 문제다. 왜냐하면 우리 자신의 인간성이 바뀌게 되면 사회도 자연히 바뀌어지기 때문이다.

  지금까지 우리는 '갈등', '혼란', '비참' 등과 같이 일상 생활과 관련되어 있는, 대단히 복잡한 문제를 놓고 이야기해왔습니다. 이런 문제의 복잡한 성질과 구조를 이해할 때까지는——즉 우리가 어떻게 이것들의 함정에 빠져 있는가를 이해할 때까지는——우리는 자유롭게 탐구할 수도, 완전한 자기 해방의 즐거움을 맛볼 수도 없습니다. 그런데 이와 같은 자유는 당신의 마음의 표면이나 내면에 조금이라도 공포가 있을 때에는 얻을 수 없는 것입니다. 지난번에 우리는 공포와 쾌락과 욕구의 관계를 지적했습니다. 그리고 공포를 이해하기 위해서는 쾌락도 이해해야 한다는 것도 말했습니다.
  오늘 아침에는 우리의 생활이나 행동을 낳고 있는 '중심'에 대하여, 그리고 그 중심을 변경시킬 수 있는가 없는가에 대하여 서로 얘기해보려 합니다. 왜냐하면 우리는 변화될(정신을 바꿀) 필요가 있기 때문입니다. 그러나 그 필요성을 깨닫기 위해서는 각자의 생활을 세밀하게 살펴보아야 합니다. 자신의 생활로부터 도피한다든지 이론이나 주장에 몰두한다든지 하지 말고, 자신의 생활을 면밀하게 관찰하고 그 생활을 완전하게 바꾸는 것이 가능한가 어떤가를 알지 않으면 안됩니다. 우리가 자신의 생활을 바꾸게 되면, 그것은 우리 사회나 문화에 영향을 주게 됩니다. 많은 사악과 부정 그리고 허위의 예배로 차 있는 이 사회는 변화될 필요가 있습니다. 그러나 사회 변혁은 2차적인 것이고 우선 첫째로 그 사회를 형성하고 있는 우리 자신의 내면이 바뀌어지지 않으면 안됩니다. 그렇게 되면 사회는 자연히 바뀌게 됩니다.

　오늘은 다음의 세 가지 요소에 대하여 탐구해보도록 합시다. 즉 '일상 생활이란 무엇인가?', '사랑(연민)이란 무엇인가?', '죽음이란 무엇인가?' 등 세 가지에 대해서 말입니다. 이 세 가지는 밀접한 관계에 있기 때문에 그 중 한 가지를 이해하게 되면 나머지 두 가지도 이해할 수 있게 됩니다. 지난번에도 말한 바와 같이 우리는 자신의 인생 중에서 가치가 있다고 생각되는 것이나 자기의 마음에 드는 일만을 선택하여 살아갈 수는 없습니다. 자신의 삶의 모든 부분(생의 문제든 사랑의 문제든 죽음의 문제든)과 씨름하며 살아가는 사람도 있고, 자신의 삶 중에서 자신이 만족할 수 있을 듯한 단편만을 상대로 살아가는 사람도 있습니다. 그러나 후자의 삶은 대단히 혼란스런 삶이 되어버립니다. 따라서 우리는 삶 전체를 다루어야만 합니다. 여러분도 지금 우리는 전체적이며 건전하고 신성한 것에 대하여 이야기를 나누고 있다는 것을 잊지 마십시오.

　우리의 일상 생활은 혼란과 고통과 고민으로 가득 차 있지만, 잘 관찰해보면 우리는 언제나 남에게 의존하며 자기를 불쌍히 여기고 다른 사람과 자신을 비교하고 있음을 알 수 있습니다. 그런 상태를 우리는 '살아 있다'고 말합니다. 다시 한 번 말하지만 지금 우리는 단순한 이론이나 이데올로기를 전파하려고 하고 있는 것이 아닙니다. 그런 것은 아무 가치도 없습니다. 그와 반대로 그런 것이 우리를 혼란시키고 있는 것입니다. 나는 비평을 한다든지 자신의 의견을 지껄이고 있는 것이 아닙니다. '실제로 일어나고 있는 것'이 변화할 것인지 아닌지를 알기 위하여 그 '실제로 일어나고 있는 것'을 관찰하고 있을 뿐인 것입니다.

제3장 정신 혁명   41

우리는 자신들의 생활이 얼마나 혼란되어 있는가, 그것이 얼마나 무의미한 것인가를 확실하게 관찰할 수 있습니다. 머리가 좋은 사람은 그 무의미한 생활에 어떤 의미를 붙여서 소위 '철학'이라는 것을 만들어내며, 사람들은 그렇게 만들어진 의미를 이해하기도 합니다. 그러나 그 철학은 무(無)에서 만들어진 것입니다. 그렇지만 만일 당신이 아무런 의미나 이치를 붙이지 않고, 또한 그로부터 도피하려고도 하지 않고 '존재하는 것'에만 관계한다면――만일 당신이 굉장히 민감해진다면――당신의 마음은 '존재하는 것'에 직면하게 될 것입니다. 지금까지 인간은 이론과 신앙에 의존해왔지만, 그런 것들은 우리의 생활을 변화시키지는 못했습니다. 그런 것들은 사람들에게 표면적인 기쁨을 주기도 하고 인간의 폭력성을 다소 억제시켰을지도 모르지만, 인간은 여전히 야만적이고 변덕스러우며 가끔 진지해질 때가 있을 뿐입니다. 우리의 인생은 태어나서 죽을 때까지 비참한 일로 가득 차 있습니다. 그것은 사실입니다. 그러나 우리가 아무리 그 사실을 추리하여도, 추리는 그 사실에 아무런 영향도 주지 못합니다. 그런데 '존재하는 것'에 무엇이 영향을 미치느냐 하면, 그것은 우리가 사실을 관찰할 때의 능력과 에너지와 정열인 것입니다. 따라서 만일 당신의 마음이 가설에 현혹되어 있다면 당신은 참된 정열을 가질 수 없을 것입니다.

우리는 이제부터 복잡한 문제를 탐구해야 하므로 여러분도 모든 에너지와 주의력을 집중시켜주십시오. 또한 이 모임이 열리고 있을 동안만이 아니라 죽을 때까지 계속 주의를 기울일 필요가 있습니다――다만 당신이 참으로 진지하다면 말입니다. 우리가 지금 문제로 삼고 있는 것은 불행한 사건, 갈등, 폭력, 의뢰심 등과 같은 '존재하는 것'을 변경시키는 것에 대한 것입니다――이 '의뢰심'이란 정신적으로 타인에게 의존한다든지 또는 어떤 심리적 충동에 의하여 타인에게 의지하는 행동을 취하는 것을 말하는 것으로서 식품점이나

의사나 우편 배달부에게 신세를 지는 따위의 것을 말하는 것은 아닙니다. 의뢰심은 반드시 공포를 길러줍니다. 즉 내가 당신에게 정신적으로 양육되고 있다면, 나는 당신의 노예인 것이며 그것이 나의 공포심을 기르는 것입니다──이것은 사실입니다. 거의 모든 사람들이 타인에게 의존하고 있으며, 그 의뢰심 속에는 타인과 자기를 비교하기 때문에 생기는 '자기에 대한 연민'이 있습니다. 따라서 타인(가령 그것이 자기의 아내이든 남편이든)에게 의존하고 있는 마음속에는 공포와 쾌락은 물론 자신을 불쌍히 여기는 고통도 있는 것입니다. 여러분, 부디 내 말을 단순히 듣지 말고 여러분 자신 속에 있는 그것을 관찰해주십시오.

말을 듣는 방법에는 두 가지가 있는데, 그 하나는 남이 말하는 일련의 생각에 대해서 찬성하거나 반대하면서 그것이 진행되는 대로 듣는 것이고, 또 하나는 그저 타인의 말이나 말의 뜻을 들을 뿐만 아니라 자기 자신 속에서 실제로 일어나고 있는 것에도 귀를 기울이는 것입니다. 만일 여러분이 후자의 방법으로 듣게 되면, 나의 말과 여러분 자신 속의 속사인이 서로 교류하게 될 것입니다. 그러면 여러분은 단지 남의 말을 듣는다든지 하는 잘못을 저지르지 않고, 여러분 자신의 존재 전체에 대하여 귀를 기울이게 될 것입니다. 여러분이 그와 같이 나와 동시에 똑같은 수준에서 정열적으로 들어준다면, 우리는 현재에 일어나고 있는 것을 공유하며 그 '존재하는 것'을 바꿀 정열을 가질 수 있게 될 것입니다. 여러분이 그와 같이 전심전력하여 들어주지 않는다면, 이런 종류의 모임은 완전히 무의미한 것이 되고 말 것입니다.

여러분이 자신의 현실적인 무서운 생활(즉 '존재하는 것')을 이해한다면, 자신이 고립된 생활을 하고 있다는 것을 깨닫게 될 것입니다. 예를 들어 당신이 가족과 함께 있다고 해도 당신의 내면에는 '고독'이 자리잡고 있습니다. 자기의 아내나 여자 친구 또는 남자 친구와 함께 지내고 있다 하여도 사람은 각각 야심과 공포와 슬픔 속에서 고립되어 살고 있는 것입니다. 그와 같은 생활을 사람들은 '인간 관계'라고 말합니다. 또 한 번 말하지만 당신은 그녀에 대한 이미지를 가지고 있고, 그녀도 당신에 대한 이미지를 가지고 있으며, 또한 당신은 당신 자신에 대한 이미지를 가지고 있다는 사실입니다. 그와 같은 인간 관계는 이미지끼리의 관계이지 결코 참된 인간 관계는 아닌 것입니다. 그래서 우리는 그러한 이미지가 어떻게 구성되며 어떻게 나타나고 왜 그런 이미지가 존재하는가를 탐구하는 동시에 그런 이미지를 갖지 않고 산다는 것은 어떤 의미인가 하는 것도 탐구해야 합니다. '어떠한 이미지도, 전통적 형식도 없는 생활을 할 수 있는가 없는가?', '이미지가 없는 생활은 어떤 의미인가?' 하는 것을 여러분이 생각해본 일이 있는지 없는지는 모르겠지만, 우리는 지금 그것을 발견하려고 하고 있는 것입니다.

우리는 항상 경험하고 있습니다. 우리는 그 경험을 깨닫고 있을 때도 있고 깨닫지 못하고 있을 때도 있습니다. 각 경험은 그것마다의 표지를 마음속에 남겨놓습니다. 그리하여 그들 표지가 점차 조립되어서 이미지가 되는 것입니다. 예를 들어 당신이 어떤 사람에게 바보 취급을 받았다고 한다면, 그때 당신은 이미 그 사람에 대한 이미지를 만들어놓았을 것입니다. 또는 누군가에게 칭찬을 받았을 때도 마찬가지입니다. 즉 하나하나의 반응이 이미지를 만드는 것입니다. 그렇다면 이미지를 만들어내면서도 그 이미지를 지워버릴 수 있을까요?

하나의 이미지를 지워버리기 위해서는 우선 그 이미지가 어떻게 나타나는가를 발견해야 합니다. 거기에서 어떤 도전에 대해서도 충분히 반응하지 않으면 이미지가 남게 된다는 것을 알게 됩니다. 가령 당신이 나를 바보 취급을 한다면, 나는 즉시로 당신을 싫어하게 되며 적대심을 가지게 됩니다. 그러므로 나는 남에게 바보 취급을 받는 순간 어떠한 선택이나 비난도 하지 말고 상대방의 말을 정열적으로 듣고 깨닫지 않으면 안됩니다. 당신의 의견에 대하여 감정적으로 반응하지 않게 되면, 나의 내부에서는 어떠한 이미지도 만들어지지 않게 됩니다.

따라서 우리는 자기 자신의 반응을 깨달을 필요가 있습니다. 그리고 그 반응이 마음에 정착할 시간을 주어서는 안됩니다. 왜냐하면 반응은 정착하는 순간 이미지를 만들기 때문입니다. 그러면 당신은 자신의 반응을 깨달을 수 있습니까? 그러기 위해서는 주의력이 필요합니다. 삶을 대충 살 것이 아니라 하나의 자극을 받는 순간 전심전력하여 거기에 집중시켜 들어야 합니다. 그렇게 하면 당신은 다른 사람의 말(모욕이나 칭찬이나 당신에 대한 평가)을 명확하게 관찰할 수 있을 것입니다. 그러면 어떠한 이미지도 생기지 않는다는 것을 알게 될 것입니다. 이미지라는 것은 모두 '과거에 경험한 것'입니다. 그 이미지가 쾌락적인 것이면 우리는 그것을 지속시키려고 하고, 고통스러운 것이면 제거하려고 합니다. 즉 그런 경우에는 한쪽에 달라붙으면서 다른 한쪽을 거부하려는 '욕구'가 생기며, 그 욕구가 갈등을 가져옵니다. 여러분이 이 이야기를 그저 단순히 관찰한다면—아무런 선택도 하지 않고 그저 주의를 기울인다면, 즉 깨닫는다면—여러분은 자신의 힘으로 발견하게 될 것이고 따라서 심리학자나 의사나 목사에게 상담할 필요가 없게 될 것입니다. 진리를 발견하기 위해서는 우리는 그런 사람들에게 전혀 의지하지 말고 독립해야만 합니다. '독립한다'는 것은 사회에 등을 돌린다는 뜻입니다.

여러분이 자신을 주의 깊게 관찰한다면 자기의 두뇌(몇천 년 동안 진화해온 것)의 일부분이 과거이며 과거의 경험이고 또한 기억이라는 것을 깨닫게 될 것입니다. 우리는 그 '과거' 속에서 안전함을 느끼고 있습니다. 부디 여러분 자신 속에 있는 이 감각을 관찰해주십시오. 언제나 이 '과거'가 즉석에서 반응하고 있는 것입니다. 즉 도선

받는 순간 그 '과거'가 반응하지 않도록 하면, 그 도전과 반응 사이에 간격이 생기면서 이미지화가 일어나지 않게 됩니다. 그렇지 않으면 우리는 언제까지나 '과거' 속에서 계속 살게 될 것입니다. 우리는 '과거'인 것입니다. 그리고 과거는 자유롭지 않습니다. 그것이 우리의 생활인 것입니다——과거이며 항상 혼란되어 있고, 현재의 움직임을 미래로 수정한 것이 우리의 생활인 것입니다(수정한다고 해도 그것은 여전히 과거의 움직임인 것입니다). 그 사람의 내면에서 과거가 계속 움직이고 있는 한, 그 사람은 혼란과 슬픔과 불행 속에서 계속 살게 될 것이며 결코 자유로워지지 않을 것입니다. 그러면 순간적인 이미지화가 생기지 않도록, 도전을 받는 순간 즉시 과거의 반응이 일어나지 않도록 할 수 있을까요?

우리는 자신의 생활을 있는 그대로 관찰해야 합니다. 혼란과 불행으로 차 있는 생활, 그 생활로부터 도피해서 미신을 믿는다든지 국가를 숭배한다든지 또는 여러 가지 놀이에 흥미를 가지고 있는 우리의 생활을 있는 그대로 관찰해야 합니다. 우리는 인간이 어떻게 신경질적으로 되어 현실로부터 도피하고 있는가를 관찰해야 합니다——인간은 신경질적으로 되면 안심해버리는 경향이 있습니다. 무엇인가를 '믿고 있는 사람'은 신경질적인 사람입니다. 즉 우상을 숭배하는 사람은 신경질적인 사람인 것입니다. 인간은 그와 같은 일에 아주 마음 편안함을 느끼지만, 그것은 신경질적인 것입니다. 그런 일을 해도 인간은 근본적으로는 변화하지 않습니다. 근본적으로 변화하기 위해서는 실제로 있는 그대로의 자기 자신을 어떠한 선택도 없이, 또한 어떠한 욕구나 쾌락이나 공포에 의한 왜곡도 없이, 그리고 그것으로부터 도피하지 말고 조용히 관찰해야 합니다. 게다가 자기가 깨달은 것에 명칭을 붙이지 말고 그저 관찰만 해야 합니다. 만일 그렇게 한다면 당신은 관찰하는 데 필요한 정열(에너지)을 얻게 될 것이며, 당신에게 커다란 변화가 일어날 것입니다.

사랑이란 무엇일까요? 사람들은 여러 가지 사랑을 말하고 있습니다——신의 사랑, 인류애, 애국심, 가족애와 같은 것들을 말입니다. 그런데 이상스럽게도 이런 사랑은 증오로 변해버립니다. 자기의 신만을 사랑하고 다른 신은 증오합니다. 자기의 가족(또는 나라)은 사랑하지만 남의 가족(또는 나라)은 미워합니다. 또한 현재 세계 어느 나라에서도 사랑과 섹스는 점점 밀접한 관계가 되어가고 있습니다. 우리는 지금 어떠한 비난이나 심판이나 평가를 하고 있는 것은 아닙니다. 그저 현실적으로 일어나고 있는 것을 관찰하고 있을 뿐인 것입니다. 그리고 어떻게 관찰하면 좋은가를 알게 되면 그 사람에게서 엄청난 에너지가 흘러나오게 됩니다.

사랑이란 무엇일까요? 그리고 '연민'이란 무엇일까요? 연민(compassion)이란 만인에 대한 정열, 만물(거기에는 여러분이 먹기 위하여 죽이고 있는 동물도 포함됩니다)에 주의를 기울인다는 의미입니다. 그러면 우선 실제로 존재하고 있는 것을 관찰해봅시다. '존재해야 할 것'이 아닌, 일상 생활에 '존재하고 있는 것'을 관찰해봅시다. 우리는 사랑한다는 의미를 알고 있을까요? 그렇지 않으면 우리는 '사랑'이라고 불리고 있는 쾌락이나 욕망만을 알고 있는 것일까요? 물론 쾌락이나 욕망도 우리를 친절하고 남을 생각해주는 인간으로 만들어주지만, 그렇다고 해서 사랑이 쾌락일까요, 아니면 욕망일까요? 분명히 거의 모든 사람에게 있어서는 그렇습니다. 세상의 남성들은 자기의 아내에게 의지한다든지 아내를 사랑한다든지 하면서 살고 있지만, 만일 그녀가 다른 남자를 생각한다든지 하면 화를 내거나 불만을 느끼고 이혼을 하거나 합니다. 그것을 우리는 '사랑'이라고 말합니다! 자기의 아내가 죽으면 다른 여성과 결혼합니다——즉 사람들은 모두 타인에게 의존하면서 살아가고 있습니다. 사람들은 '왜 나는 의존하고 있는가?'라는 의문은 갖지 않습니다(지금 내가 말하고 있는 것은 정신적으로 의존하는 것을 가리킵니다). 이것을 자세히 관찰해보면 자신이 얼마나 고독하고 불만으로 가득 차 있으며, 또 얼마나 불행한가를 알 수 있습니다. 우리는 이 고독(그것은 자살의 한 형태입니다)에 어떻게 대처해야 좋을지를 알지 못하고 있습니다. 결국 우리는 어떻게 하면 좋을지 모르기 때문에 타인에게 의존하는 것입니다. 사람은 타인에게 의지함으로써 안도감이나 친근감을 느낍니다. 그러나 그 인간 관계의 감각이 조금이라도 변화할 경우에는 사람은 질투심이 강해지고 난폭해집니다.

사랑하는 자기 자식을 전쟁터로 보낼 사람이 있을까요? 오늘날의 교육은 자식이 직업을 가질 수 있도록 기술적인 것을 가르치며 시험에 합격시킬 뿐이고, 그 밖의 인생의 훌륭한 것에 대해서는 아예 무시해버리고 있습니다. 당신은 당신 자식을 그와 같이 교육시킬 것입니까? 사람들은 자기 자식을 다섯 살 정도까지는 주의 깊게 양육하지만, 그 이상의 나이가 되면 야만인들 속으로 내던져버립니다. 사람들은 그것을 '사랑'이라고 말합니다. 폭력이나 증오나 적대심을 가지고 있는 마음에 사랑이 담겨 있을까요?

자, 여러분은 어떻게 하겠습니까? 우리의 가치관이나 도덕은 이러한 폭력이나 증오심으로 이루어져 있는 것입니다. 그와 같은 가치관이나 도덕을 부정할 때에만 그 사람은 덕있는 사람이 될 수 있습니다. 그러한 사람만이 참된 사랑의 의미를 파악할 수 있고 남에게 의존하는 일 없이 독립해 있으면서도 사랑을 할 수 있습니다. 이 점을 분명히 들어주십시오. 왜냐하면 이것은 진실이기 때문입니다. 확실히 들어두지 않으면 이 사실은 당신에게 독이 되어버립니다——만일 당신이 어떤 진실한 말을 들어도 그것을 부정해버린다면, 그것은 당신의 생활에 새로운 조건을 붙이게 되어 그 결과로서 당신의 생활은 더욱 불행하게 됩니다. 여러분 중에는 진지하게 듣고 있는 사람도 있을 것이며, 또 건성으로 듣고 있는 사람도 있을 것입니다. 그러나 이 모임에 온 이상 부디 진지하게 들어주십시오!

사랑은 무엇과도 대립하지 않는 것입니다──증오와 폭력과도 대립하지 않습니다. 만일 당신이 누구에게도 의존하지 않고 시위에 참가하는 등 최고로 덕있는 생활을 했다고 해도, 당신에게 사랑이 없으면 그런 생활은 아무런 가치도 없는 것입니다. 그러나 사랑을 지닌 사람은 생각하는 대로 행동할 수 있습니다. 왜냐하면 사랑을 지닌 사람에게는 잘못이 없기 때문입니다. 설령 만일 잘못된 일을 했다고 해도 그 사람은 즉시 그것을 정정합니다. 사랑을 지닌 사람은 질투한다든지 양심의 가책을 받는 일이 없습니다. 왜냐하면 그 사람에게는 남에게 사과할 일이 아무것도 생기지 않기 때문입니다. 그런 사람에게는 깊은 탐구력과 예민한 주의력이 있습니다. 그러나 여러분은 현대 사회의 함정에 빠져 있습니다. 그리고 그 함정은 여러분 자신이 만든 것입니다. 사람들은 남이 그 함정을 지적해주어도 그것을 무시하고 있습니다. 그래서 이 세상은 언제까지나 전쟁이나 증오로 소용돌이치고 있는 것입니다.

여러분은 죽음에 대하여 생각해본 일이 있습니까? 그것도 병이나 노화(老化) 때문에 필연적으로 '죽는 것'이 아닌, 당신에게 있어서 '죽음'이 실제로 무엇을 의미하는가에 대하여 생각해본 일이 있습니까? 어떤 인간이든 결국은 죽습니다. 사람들은 모두 나이를 먹어감에 따라 젊어지고 싶어합니다. 그러나 어떤 이론이나 희망에 매달려 있는 사람은 실망하고 있는 사람인 것입니다. 실망하고 있기 때문에 그 사람은 자신에게 희망을 줄 수 있는 것을 찾고 있는 것입니다. 여러분은 실망을 느꼈을 때, 왜 자신이 실망했는가를 생각하며 자신의 실망감을 관찰해본 일이 있습니까? 왜 인간이 실망을 느끼느냐 하면, 그것은 타인과 자신을 비교하기 때문입니다. 인간은 '희망을 실천하고 싶다', '이와 같은 사람이 되고 싶다', '목적을 달성하고 싶다'고 생각하기 때문에 실망하게 되는 것입니다.

우리의 생활 중에서 제일 기묘하게 생각되는 것은 인간은 '……

이다'는 말로 조건지어져 있다는 것입니다. 왜 기묘한가 하면 그 말 속에는 '현재'와 '과거'와 '미래'가 모두 포함되어 있기 때문입니다. 모든 종교는 이 '……이다'는 말로 조건지어져 있습니다── '천국'도 '지옥'도 신앙도 구세주도 절제도 모두 '……이다'는 말을 바탕으로 하고 있습니다. 그러면 인간은 이 '……이다'는 말 없이 살아갈 수 있을까요? '과거'나 '미래'를 가지지 않고 인간은 살 수 있을까요? 그러나 그것은 '현재에 산다'는 것은 아닙니다. 여러분은 '현재에 산다'라는 말의 참뜻을 모르는 것 같군요. 완전히 현재에 살기 위해서는 과거의 성질과 구조가 어떤 것인가를 알고 있어야 합니다──즉 그 '과거'라는 '당신 자신'을 알아야 하는 것입니다. 우리들은 자기 자신을 남김없이 완전히 알지 않으면 안됩니다. '당신 자신'은 과거입니다. 그리고 그 '당신 자신'이라는 감각은 '……이다'(무엇무엇이 되고 싶다. 무엇무엇을 기억하고 있다)라는 말에 의하여 커져가고 있는 것입니다. 여러분도 여러분 자신의 마음속에 있는 그 '……이다'는 말을 버리고 살아간다는 것의 의미를 발견하기 바랍니다.

그러면 '죽음'이란 어떤 것을 의미하는 것일까요? 왜 우리는 그처럼 죽음을 두려워할까요? 아시아 사람들은 '다시 태어난다'는 것을 믿고 있으며, 그에 대하여 커다란 희망을 걸고 있습니다(나는 그 이유를 모르겠습니다). 그리고 사람들은 그것에 대하여 이야기도 하고 책도 펴내고 있습니다. 현세에 살고 있는 당신 자신은 무엇일까요? 그것은 현재의 당신, 과거, 슬픔, 혼란의 덩어리가 아닐까요? 그러나 사람들은 그 '자기 자신'(이 나라에서는 그것을 '영혼'이라고 말합니다)을 영원한 것으로 생각하고 있습니다. 삶에 영원한 것이 있을까요? 여러분은 영원한 것을 추구하기 때문에 죽음을 두려워하며 멀리하고 있는 것입니다. 그래서 여러분은 '존재하는 것'과 '결국 존재하리라는 것' 사이에 시간적 공간을 만들어내는 것입니다.

사람이 사는 방식에는 두 가지가 있는데, 그 하나는 다시 태어난다든지 전생(轉生) 같은 것이 일어날 것을 기대하면서 자신의 현재 생활을 미래에 던져놓고 결국은 현재와 같은 생활을 계속하는 것이고, 또 하나는 매일 죽으면서 사는――즉 자기 자신, 자신의 불행, 자신의 슬픔 같은 무거운 짐을 언제나 버림으로써 젊고 순수한 마음을 가지고 매일 신선하게 사는――것입니다. '순수한 사람'이라는 것은 마음이 상한 데가 없는 사람을 말하는 것입니다. 또한 '상한 데가 없는 마음'이란 여러 가지 일에 저항하지 않고 지금까지 체험하고 기억해온 혼란이나 쾌락이나 고통에 대하여 완전히 무관심하게 된 마음을 말하는 것입니다. 그런 마음이라야만 순수하며, 참으로 사물을 사랑할 수 있습니다. 기억에 의한 사랑 같은 것은 존재하지 않습니다. 사랑이란 생각해내는 것(즉 시간에 관계되는 것)이 아니기 때문입니다.

따라서 사랑과 삶과 죽음은 각각 분열된 것이 아니라 하나의 총체적인 것입니다. 그리고 거기에 '건전한 정신'이라는 것이 있습니다. 그러나 증오, 노여움, 질투, 공포감을 기르는 의존심이 있는 한, 건전한 정신은 가질 수 없습니다. 건전한 정신을 가진 사람의 삶은 신성하며 기쁨으로 넘치기 때문에 생각하는 대로 행동할 수 있습니다. 그런 행위야말로 가치있는 행위이며 진리인 것입니다.

그러나 우리는 그런 것을 모르고 있습니다. 우리가 알고 있는 것은 자신들의 비참한 생활뿐입니다――즉 우리는 모르기 때문에 그것으로부터 도피하려고 하는 것입니다. 그러나 만일 당신이 그 '존재하는 것'에 이름을 붙이거나 비난하거나 심판하며 그것으로부터 도피하려고 하지만 않는다면, 당신은 그 '존재하는 것'을 조용히 관찰할 수 있을 것입니다. 그러나 무엇인가를 관찰하기 위해서는 주의력(그 대상물에 대한 연민)이 필요합니다. 그리고 만일 당신의 생명이 그와 같이 완전하고 훌륭하게 산다면, 그 생명은 '명상'이라는 훌륭한 경지에 들어갈 수 있습니다——명상에 대해서는 내일 이야기합시다. 우리는 이 놀라운 생명을 이해하며, 고뇌가 없는 고요한 마음을 갖고 깊은 동정과 아름다움으로 넘치는, 질서있는 인생을 보내야 합니다. 이것이 명상의 기초이며, 그것에 기초를 두지 않는 명상은 자기 최면에 불과합니다. 그러나 '질서있는 인생을 보낸다'고 할 때, 그것은 머리로 생각해낸 공상적인 질서가 아니라 무질서를 이해하고 난 뒤에 질서있는 인생을 보낸다는 것입니다. 당신들의 인생은 무질서합니다. 여러 가지 사물과 대립하고 있고 혼란되어 있습니다. 그러나 우리가 자기 자신 속의 무질서 상태를 이해하면 그것으로부터 아무런 왜곡도 없는 완전하고 정확한 '질서'가 생깁니다. 그리고 그렇게 하기 위해서는 조용히 관찰할 수 있는 명상 상태의 마음을 가질 필요가 있습니다.

질문: 당신의 책을 읽으면 기적을 일으키는 것은 아주 간단한 일이라고 쓰여져 있는데, 그것에 대하여 좀더 상세하게 설명해주시겠습니까?

크리슈나무르티: 제발 책에 쓰여 있는 말은 인용하지 마십시오——나의 책도 포함해서. (웃음) 아니, 나는 진지하게 말하고 있습니다. 어떤 사람의 말도 인용하지 마십시오. 타인의 관념에 바탕을 두고 산다는 것은 참으로 변변치 못한 생활 방식인 것입니다. 관념은 진리가 아닙니다. 기적을 일으키는 것은 아주 간단한 일이라고 책에 쓰여 있다고 했는데, 그것이 어려운 일일까요? 여기서 우리가 이렇게 서로 말하며 듣고 있는 것도 하나의 기적이 아닐까요? 왜냐하면 여러분은 여기에서 아무런 노력도 하지 않고 그저 듣고만 있으면 '완전하게 산다'는 것의 의미를 알 수 있기 때문입니다. 그리고 여러분이 그와 같은 태도로 살아간다면 그 인생도 기적의 범주에 포함

되게 될 것입니다.

질문: 나는 27년간 외국에 가 있다가 돌아온 지 석 달밖에 안됩니다만, 미국이 대단히 무서운 나라로 변해버린 것에 놀랐습니다. 마피아가 도처에서 세력을 뻗치고 있고 경찰 권력도 대단히 커져 있었습니다. 그러니 이 상황에 어떻게 맞서야 좋을지 그 힌트를 말씀해 주십시오. 그들과 싸우는 것이 어려운 일인 줄은 알고 있습니다. 게다가 그들과 싸우게 되면 법에 저촉되어 형무소에 가게 된다는 것도 알고 있습니다. 그러면 우리들 개인은 어떻게 해야만 그런 무서운 세력과 싸울 수 있을까요?

크리슈나무르티: 이 문제는 도피하면 될 그런 문제가 아닙니다. 그러나……당신 자신은 행복해질 수 있겠습니까? 우선 첫째로 당신은 하나의 인간이지요? 당신은 지금 통장도 집도 가정도 가지고 있을지 모르지만 아무튼 당신은 하나의 인간이지요? '개인'이란 분할할 수 없는 한 사람으로서 뿔뿔이 단편화되지 않는 사람을 말하는 것입니다. 그러나 우리는 참된 개인이 아닙니다. 왜냐하면 조각조각 분열되어 있기 때문입니다. 사회라는 것은 우리의 있는 그대로의 상태인 것입니다. 이 사회를 만든 것은 바로 우리 인간입니다. 따라서 분열되어 있는 사람이 완전히 총체적인 인간으로 되는 수밖에 없지 않을까요? 그렇게 되면 그 사람은 지금까지와는 전혀 다른 행동을 취하게 될 것입니다. 이 대답이 여러분을 만족시키지는 못할 것이라는 것을 알고 있습니다. 당신은 힌트를 요구하고 있지만, 그 힌트는 당신 자신 속에 있는 것입니다. 당신이 스스로 그 힌트를 찾아내야만 합니다.

질문: 나에게는 그것을 찾아낼 여유가 없습니다. 게다가 나는 그

힌트를 정확하게 찾아낼 수 있을 것 같지도 않습니다.

  크리슈나무르티: 여유가 없다――당신은 서서히가 아니라 지금 당장 변화할 수 없습니까? 당신은 '사랑으로 넘치는 총체적이며 완전한 삶'이라는 감각(오늘 우리가 말해온 것)을 즉시 가질 수 없습니까? 즉 나는 '순간적으로 완전히 근본적으로 변화해야 한다'고 말하고 있는 것입니다. 그렇게 하기 위해서는 당신은 모든 것을 기울여 관찰해야 합니다. 즉 국가를 숭배한다든지 자신이 믿고 있는 것의 내부로 도피해서는 안됩니다――그러므로 그런 도피의 길은 지금 즉시 버리고 완전히 지각할 수 있는 마음의 자세를 갖추어주십시오. 그러면 당신은 즉석에서 근본으로부터 변해 전혀 다른 행동을 취하게 될 것입니다.

  질문: 사랑에 대상물이 있을까요? 인간은 단 한 사람만을 일생 동안 계속 사랑할 수 있을까요?

  크리슈나무르티: 여러분은 지금 이 질문을 들었습니까? 여러분은 많은 사람과 함께 있을 때 그 중 단 한 사람만을 사랑할 수 있습니까? 그에 대한 대답은 매우 기묘한 느낌이 들 것입니다만, 사랑한다는 것은 단 한 사람을 사랑하는 것이기도 하며, 또한 많은 사람을 사랑하는 것이기도 합니다. 그러나 우리는 서로 사랑하고 있지 않습니다. 예를 들어 하나의 꽃향기를 여러 사람이 맡을 수도 있고, 단 한 사람이 맡을 수도 있습니다――그러나 그 꽃은 그런 것에 상관하지 않고 존재하고 있습니다. 즉 한 사람에게도 줄 수 있고 많은 사람에게도 줄 수 있습니다――이것이 사랑의 아름다운 점인 것입니다. 그리고 이 사랑은 어떠한 질투심도 야심도 출세욕도 없고, 깊은 동정심을 가지고 있을 때에만 이루어지는 것입니다. 즉 자기 자신이나

54

지금까지 자기 주위에 만들어 놓은 모든 것을 부정한다는 것입니다. 부정함으로써 긍정이 생깁니다.

1970년 3월 7일

제4장 참된 경건 (religion) 이란?

'경건' 이란 말로 표현할 수 없는 것,
즉 사고로는 헤아릴 수 없는 것이다.

　오늘은 종교와 명상에 대하여 이야기를 나누기로 했었습니다. 이 문제는 대단히 복잡하므로 여러분은 무엇을 상상한다든지 내 말을 그저 듣고 믿으려 하지 말고 참을성 있고 신중하게 탐구해주기 바랍니다. 인간은 오늘날까지 고통과 쾌락과 슬픔 같은 것에 휩싸인 일상 생활보다도 더 영구적인 것을 탐구해왔습니다. 그리고 이 '말로 표현할 수 없는 것'을 추구할 목적으로 사원이나 교회를 만들어왔습니다. 그리고 인간은 종교의 이름으로 처참한 일들을 해왔습니다. 종교상의 대립으로 전쟁을 하거나 인간을 괴롭히거나 모든 것을 태워버리고 파괴해버렸습니다. 그것은 지금까지 인간이 진리보다는 신앙을 중시하고, 직접적인 지각보다는 종교의 교리를 중시해온 결과인 것입니다. 신앙이 모든 것을 능가하게 되면 인간은 그것을 위해 온갖 희생을 치르게 됩니다. 사람들은 어떠한 신앙이 자신에게 평온함이나 영원성 같은 것을 주게 되면 그 신앙이 진리든 아니든 상관하지 않습니다.
　무엇인가를 찾아내는 것은 아주 간단한 일입니다. 무엇인가를 찾아내려고 할 경우, 그 사람은 그것을 찾기 전에 이미 머릿속에 자기가 찾아내려고 하는 것의 이미지를 만들어놓고 있습니다. 그것을 찾는 동안 그 사람의 내면에서는 몇 가지 과정이 진행되고 있고, 자기가 인식한 것이 진리이기를 바라는 욕구나 희망이 그 안에 담겨 있는 동시에 찾아내려는 동기 또한 그곳에 숨겨져 있는 것입니다. 만일 당신이 찾고 있는 동기가 공포로부터 도피하여 안정감을 얻는 것이라면 당신은 무엇인가 즐거운 것을 찾아낼 것입니다. 그러나 당신이 찾아낸 것은 당신이 다만 즐겁다고 생각하고 있을 뿐인, 참으로 어리석은 환상일지도 모릅니다. 그러나 만일 아무리 어리석은 환상일지라도 그것이 당신을 만족시키고 안심시켜주는 한, 당신은 그것에 매달려 있을 것입니다. 따라서 이와 같은 태도로 찾아내는 것이야말로 우리 탐구자들에게 있어서는 대단히 위험한 일인 것입니다.

비록 그것이 무의식적인 것이라고 해도 우리 내부에 조금이라도 공포감이 있는 한, 아무리 어떤 것을 찾아낸다고 해도 그것은 현실로부터 도피한 속임수에 불과한 것입니다. 그리고 찾는 가운데 무엇인가를 발견했다고 한다면 그 발견은 인식에 기인한 것입니다(물론 인식하지 않으면 그것은 가치가 없습니다). 그러나 인식은 어디까지나 과거의 기억(즉 이미 아는 것)의 산물인 것입니다. 그렇지 않으면 인식할 수 없습니다. 우리가 '진리일 것이다'고 생각하는 것을 찾아내려고 할 경우에는 언제나 이런 것이 관계하고 있습니다. 그렇지만 마음의 측정 범위를 초월한 것은 어떠한 인식에도 기초를 두지 않습니다.

현재 사람들이 인정하고 있는 종교는 '성직자의 수입'이라고 하는 많은 재산과 수입, 권리의 계급적·관료적인 제도가 얽힌 기득권 또는 포교가 중시되고 있으며, 일상 생활과 유리된 교의(敎義)와 신앙과 의식을 그 본질로 하고 있습니다. 당신이 신을 믿든 믿지 않든 그런 것은 언제나 속이고 파괴하며 야심과 탐욕과 질투를 품고 폭력을 휘두르고 있는 당신의 일상 생활에 거의 아무런 의미도 가져오지 못합니다. 당신들은 신이나 구세주나 선생을 믿고 있을 뿐으로 실제로는 그런 것과는 거리가 먼 생활을 하고 있습니다. 그러므로 그런 것을 믿어도 당신들의 생활은 아무런 영향도 받지 않는 것입니다.
 오늘날의 종교는 놀라울 정도로 아무런 효력도 발휘하지 못하고 있습니다. 기독교 신자는 과거 2000년 동안 '믿는다'는 것에 의해 조건지어져왔습니다. 부디 여러분 자신을 비평하거나 비난하지 말고 그저 관찰만 하십시오. 당신이 기독교 신자든 공산주의자든 또는 무신론자든 조건지어져 있다는 것에는 변함이 없습니다――이런 사실을 싫어하는 사람도 있을지 모르지만 우리는 있는 그대로의 자기 자신과 직면해야 합니다. 유신론자도 무신론자도 그 시대나 사회의 풍조에 의해 조건지어져 있습니다. 그리고 아시아에 있어서도 그런 일이 몇천 년 전부터 계속되고 있습니다.
 인간은 이 주어진 물리적인 조건(정신적인 주장이나 강한 신앙심)을 위해서 서로 죽이려고 하고 있지만, 이러한 조건은 어떻게 하면 진리를 알 수 있는가 하는 변증법적인 의견에 의해 형성되고 있습니다. 그러나 아무리 훌륭한 의견이라도 의견은 어디까지나 의견일 뿐이고 거기에는 아무런 진실성도 없는 것입니다. 사람들이 교회나 사원을 찾아가는 것은 정신적인 오락을 찾기 위해서인 것이며, 따라서 그런 일을 하여도 우리의 매일매일의 슬픔과 혼란과 증오 같은 것에는 아무런 영향도 주지 못합니다. 즉 오늘날의 종교는 아무런 의미도 없는 것입니다. 만일 당신이 참으로 진지하다면――즉 이 무서운 일상 생활을 초월한 것이 있는지 없는지를 진정으로 발견할 생각이라면――당신은 지금까지 '경건한 인간'이 되려고 갖추어 온 조건(교의, 신앙, 종교적 격언)에 속박되어 있어서는 안됩니다.
 '존재하는 것'(이른바 '경건한 생활'이라고 하는 것)을 부정히면 긍정적인 것이 나타납니다. 이제까지 사람들은 자신들의 희망이나 공포의 산물이 아닌 것, 교활한 마음이 만들어내지 않은 것 또는 강렬한 고독감 속에서 생겨나는 것들을 추구해왔습니다. 그리고 우리는 지금 어떠한 신앙에도 구세주에도 사기꾼에게도 심지어 나 자신에게도 기대하지 않고 우리 스스로 그것을 발견하려고 하고 있는 것입니다.

믿는다는 것은 마음의 본질적인 작용이며, 무엇인가 안정감이나 영원성 같은 것을 느끼게 해주는 것을 추구하는 마음의 상태인 것입니다. 따라서 당신이 정말로 그것을 발견하고 싶다면 당신은 믿는 것에 속박되어서는 안됩니다. 자유롭게 탐구하고 싶은 사람은 공포나 걱정이나 '정신적으로 안정하고 싶다' 라는 욕구에 속박되어서는 안됩니다. 정말로 발견하고 싶은 사람은 그와 같은 것에 속박되어서는 안되는 것입니다.

탐구하기 위해서는 그 마음이 아무런 곡해도 하지 않고, 결론이나 정해진 생각에 의한 선입관도 갖지 않으며, 자신이 믿고 있던 것에도 좌우되지 않는 깨끗한 상태로 되어야만 합니다. 혼란하지 않는 마음을 갖는다는 것은 정말로 어려운 일일 것입니다. 왜냐하면 마음이 혼란을 이해하고, 그로부터 해방되어 있어야 하기 때문입니다.

마음이라는 것은――이 말은 인간의 마음만을 의미하는 것이 아니라 인간의 하트(heart), 즉 인간의 정신과 육체의 상관 관계적인 성질 전체도 의미합니다――고도로 민감한 상태에 있어야 합니다. 왜냐하면 감수성이 곧 '예지'이기 때문입니다. 지금 우리는 바로 그 문제를 조금씩 탐구하려고 하고 있는 것입니다. 왜냐하면 질서라는 기초를 밟지 않으면 명상(인생에서 가장 훌륭한 것 중의 하나)은 단순한 도피가 되어 자신을 현혹시키거나 기만하는 것으로 되어버리기 때문입니다. 이것이 명상의 기초가 됩니다. 실속없는 마음은 '명상'이라는 술책을 배워서 연습할 수는 있어도 그런 마음은 어디까지나 표면적이고 우둔한 상태 그대로인 것입니다.

대부분의 사람들은 극히 적은 에너지밖에 가지고 있지 않습니다. 그 이유는 에너지를 여러 가지 갈등이나 세상의 풍습(섹스라든지 자기 자신의 단편화 또는 모순된 것 등)에 낭비하고 있기 때문입니다. 갈등은 막대한 에너지를 낭비시킵니다――즉 에너지의 전압이 내려가는 것입니다. 우리는 육체적인 에너지도 필요하지만 정신적인 에너지도 필요합니다. 즉 무한히 맑고 논리적이며 건전한 마음과, 풍부한 사랑과 연민으로 충만하고 감정에 좌우되지 않는 정신을 가질 필요가 있습니다. 이와 같은 정신이 우리에게 훌륭한 정열을 가져다주는 것입니다. 정열이 없이 명상의 길을 걸을 수는 없습니다. 정좌한다든지 호흡을 바로 한다든지 혹은 환상적인 일을 할 수 있다고 해도 그것만으로는 참된 명상에 도달할 수 없습니다.

 인간의 육체는 고도의 감수성을 요구합니다. 그러나 우리는 술이나 담배 또는 놀이나 쾌락에 심취하여 자신들의 육체를 소홀히 다루고 육체의 지성(知性)을 손상시켜왔기 때문에 육체를 민감하게 하는 일이 대단히 어려워졌습니다. 육체는 생생하고 훌륭한 감수성으로 넘치지 않으면 안됩니다. 그러나 여러분들 자신의 육체를 한번 돌아보십시오. 우리가 얼마나 육체의 지성을 쇠퇴시켜왔는가를! 육체는 마음에 영향을 주고 있으며, 또한 마음은 육체에 영향을 주고 있습니다. 그러므로 육체의 감수성은 본질적으로 필요한 것입니다. 그렇다고 단식을 한다든지 여러 가지 책략을 써보아도 육체는 민감해지지 않습니다. 마음은 이 문제를 침착하게 관찰해야 합니다. 여러분도 멍청하게 듣고 있지만 말고, 지금 이 자리에서 나와 함께 탐구해 주십시오.

 '존재하는 것'을 관찰한다는 것은 그 현상을 이해한다는 것입니다. 그리고 만일 당신이 일상 생활 속에서 그 관찰을 계속한다면 당신은 '경험'이라는 것을 이해하게 될 것입니다. 사람들이 왜 훌륭한 경험을 하고 싶어하는가 하면, 그 사람의 생활이 너무나 한정되고 타락하였기 때문인 것입니다. 그러나 우리는 그 중요한 '경험'이라는 말의 뜻도, '경험을 추구하는 마음은 진리를 이해할 수 없다'는 말의 뜻도 이해하지 못하고 있습니다. 우리의 생활은 변화되어야 합니다——모든 증오와 폭력, 걱정이나 죄의식, '출세하고 싶다',

'뛰어난 사람이 되고 싶다'고 하는 욕구 등, 이런 것 모두를 자기 자신으로부터 소멸시켜야 합니다. 당신 자신에게 이런 근본적인 변화가 일어나지 않는 한, 당신이 어떤 경험을 추구하여도 그것은 아무런 의미도 없는 것입니다. 진리나 훌륭한 경험을 얻기 위하여 마약을 먹는다든지 오락을 위하여 마약을 먹게 되면, 그 마음은 마약의 노예가 되어 결국 둔감해지고 맙니다.

지금 우리는 종교에 대하여 탐구하고 있는 것이 아니라 '경건한 마음'에 대하여, 즉 진리를 발견할 수 있는 마음에 대하여 탐구하고 있는 것입니다. 'religion'(종교, 신앙심, 수도 생활, 경건한 생활 등의 의미를 갖는다)이라는 말의 유래가 명확하지 않기 때문에 사람들은 자기들 나름대로 의미를 부여하고 있습니다. '경건한 마음'이라는 것을 자유롭게 탐구하기 위해서는 우리는 그 '경건'이라는 말에 관한 의견을 가져서는 안됩니다. 경건한 마음은 고통, 쾌락, 슬픔, 혼란 같은 것으로 뭉쳐져 있는 현재의 우리의 일상 생활과 유리되어 있는 것이 아닙니다.

그것을 탐구하기 위해서는 어떠한 권위에도 속박되어서는 안됩니다. 사람들은 목사나 구세주나 선생을 자신들의 지도자로서 신뢰하고 있는 듯하지만, 지금까지 그런 지도자들은 사람들을 어떠한 곳으로도 인도하지 못했습니다. 그러므로 우리는 혼자서 발견해야 합니다. 책도 타인도 우리를 도와주지 못합니다. 이 점을 잘 이해해주십시오.

우리는 지금 참된 과학자들처럼 결과를 구하지 않고 탐구하고 있는 것입니다. 따라서 우리는 어떠한 권위에도 따를 필요가 없습니다. '권위에 따르지 않는다'는 것은 방법이나 훈련에 의존하지 않는다는 것입니다. '방법'이라는 말에는 '정해진 일을 한다'든지 '습관을 형성한다'는 의미가 포함되어 있습니다. 매일 특정한 방법에 따라 훈련을 하게 되면 그 마음이 둔감해집니다——이것은 매우 간단하면서도 명백한 사실입니다. 그러므로 우리는 방법이나 훈련에 전혀 의존하지 말아야 합니다. 어떠한 공포감도 없고, 어떠한 쾌락이나 오락에도 열중하지 않으며, 어떠한 권위에도 의존하지 않고 그리고 어떠한 것에도 의지하지 않기 위해 참으로 탐구할 수 있는 마음——그같이 예민하고 활발한 마음은 도대체 어떤 상태로 되어 있을까요? (지금 내가 사용하고 있는 '마음'이라는 말은 육체와 정신의 양면을 의미합니다.) 그 마음에는 아름다움이 있습니다——즉 그 마음은 어떠한 방법에도 의지하지 않고 맑은 상태로 있으며 항상 탐구하고 관찰하며 또한 관찰한 대로 배우고 있는 마음입니다. 학습과 행동은 하나이며, 배운다는 것은 행동한다는 것입니다. 가령 당신이 사람을 분열시키는 '국가'라는 위험한 존재를 관찰하고 이해한다면, 그 이해 자체가 분열 행위를 종식시킵니다. 그러므로 관찰하는 것은 매우 중요한 것입니다.

여러분은 요가에 대해서 잘 알고 있으리라 생각합니다. 요가에 관한 책도 여러 가지 나와 있고, 몇 달 동안 인도에 가서 요가를 배우고 온 사람들이 요가의 선생이 되기도 합니다. 요가라는 말에도 여러 가지 의미가 있지만, 우리는 지금 젊음을 유지하기 위해 체조를 하는 요가에 대해서가 아니라 아무런 분열도 갈등도 없이 살아가는 요가에 대해서 말하고 있는 것입니다——나는 그와 같은 상태에서 이 문제를 관찰하고 있습니다. 물론 바른 체조를 규칙적으로 행하는 것은 좋은 일입니다. 그것은 육체의 유연성을 유지시켜줍니다. 나도 체조를 많이 해왔습니다. 그러나 호흡법 같은 것으로 놀라운 체험을 하려고 했던 것은 아니고, 육체를 유연하게 하기 위하여 체조를 했던 것입니다. 여러분도 고기를 너무 많이 먹지 말고 (고기를 많이 먹으면 폭력적이고 둔한 인간이 됩니다) 바른 식사와 바른 체조를 해야 합니다. 우리는 각자 자신에게 맞는 바른 식사법을 발견하고 그것을 시험해보아야 합니다.

당신들은 지금까지 5달러나 혹은 30달러를 지불하면서 모르는 사이에 만트라 요가(일정한 말을 반복하는 요가)의 술책을 배워왔습니다. 예를 들어 카톨릭 신자는 묵주(로사리오)를 손에 들고 '아베 마리아'라는 말이나 그 밖의 말을 반복하고 있습니다. 여러분은 일정한 말을 반복하고 있으면 어떤 일이 일어나는지 아십니까? 그것은 자기 최면을 걸어 황홀한 상태에 들어가게 하든지 또는 그 말의 가락에 취한 상태가 되게 합니다. 일정한 말을 반복하여 계속 외치게 되면 정신 내부에 하나의 음(音)이 생겨서 그 음이 계속 울리게 됩니다. 그리고 만일 당신이 그 소리에 귀를 기울이게 된다면, 그 소리가 놀라울 정도로 생생해져 당신은 그것을 '최고의 것'으로 생각하게 될 것입니다. 그러나 그런 것은 아무것도 아니고 자기 최면에 불과합니다. 그러므로 그런 것은 완전히 거부해야 합니다.

그리고 그런 것을 거부하면 이번에는 '지각'과 '주의(注意)'라는, 지금까지의 문제와는 다른 문제에 도달하게 됩니다. 여러분이 이 문제를 조사해본 일이 있는지 어떤지는 알 수 없지만, 참으로 이 문제를 조사해본 사람(책이나 타인에게서 배운 것이 아니고 자기 스스로 탐구한 사람)은 '타인으로부터 배우지 않는다'는 말이 무엇을 의미하는가를 알 것입니다. 여러분은 자신의 힘으로 '지각이란 무엇인가'를 배워야 합니다. 우리는 지금 자신이 앉아 있는 이 홀(hall)의 형태라든지 색채를 '추하다'든지 '아름답다'고 말하지 말고 관찰하며 지각해야 합니다. 그리고 이 홀을 나간 뒤에도 걸으면서 자신의 주위에서 일어나는 일들을 지각해보십시오──주위의 구름이나 나무 또는 물 위에 비치는 광선이나 창공을 나는 새들을 관찰해보십시오. 또한 '이것은 좋다', '이것은 나쁘다', '이렇게 해야만 한다', '이렇게 해서는 안된다'와 같은 사고를 개입시키지 말고 지각해보십시오. 그리고 여러분 주위에서 일어나는 일들을 지각함과 동시에 여러분 자신의 내면도 지각해보십시오──자신의 사고의 모든 움직임과 모든 감각, 모든 반응을 지각해보십시오. 그렇게 하면 그 마음은 놀랄 정도로 생기가 있게 될 것입니다.

정신을 집중한다는 것과 주의를 기울인다는 것은 전혀 다른 것입니다. 정신 집중이란 다른 사고를 쫓아버리며 다른 사고에 저항하는 것으로서 투쟁의 상태인 것입니다. 당신은 한 가지 일에 정신을 집중시키려고 할 때 자신의 마음을 관찰한 일이 있습니까? 마음을 한 가지 일에 집중시키려고 하면 그 마음이 얼떨결에 딴 생각을 해버리기 때문에, 다시 한 번 그 마음을 원래의 목적으로 되돌리려고 하게 됩니다. 그리하여 그 내면에 갈등이 생기게 됩니다――한 가지 목표에 자신의 주의를 집중시키려고 해도 사고는 그 밖의 것에 흥미를 가져버립니다. 이런 갈등은 에너지와 시간을 낭비시킵니다.

왜 마음은 끊임없이 계속 지껄이고 있는 것일까요? 왜 마음은 책을 읽는다든지 라디오를 듣는다든지 하며 언제나 활동하고 있는 것일까요? 왜 그럴까요? 여러분도 자신을 관찰해보면 그 육체가 잠시도 가만히 있지 못하고 언제나 초조해하며 습관적으로 침착하지 못한 것을 깨닫게 될 것입니다. 그리고 또한 자신의 마음이 지껄이고 있는 것도 깨닫게 될 것입니다――마음이 지껄이지 않는다면 도대체 어떻게 될까요? 즉 마음은 두려워하고 있으므로 지껄이지 않을 수 없는 것입니다. 마음은 사회 개혁이나 여러 가지 사물, 믿는 일, 싸우는 일, 과거의 사건 따위로써 자신을 채우지 않으면 안됩니다――즉 마음은 언제나 계속해서 생각해야 합니다.

앞서 말한 바와 같이 정신을 집중한다는 것과 주의를 기울인다는 것은 전혀 다른 것입니다. 지각과 주의는 동시에 진행되지만, 정신 집중은 다른 것입니다. 강력한 주의력이 있는 마음은 아무런 왜곡도 저항도 없이, 능률적이며 객관적으로 활동하면서 명확하게 관찰할 수 있습니다. 그러면 그와 같은 주의력이 있는 마음은 도대체 어떤 상태로 되어 있을까요?

나는 여러분도 이 문제에 흥미를 가져주었으면 합니다. 이 문제도 인생의 일부이기 때문입니다. 그러므로 이 모두를 거부한다는 것은 인생 전체를 거부한다는 것입니다. 명상의 의미도, 그 아름다움도 모르는 사람은 인생을 모르는 사람입니다. 만일 당신이 최신형의 자동차를 샀다든지 세계 여행을 할 수 있었다고 해도, 명상의 아름다움과 자유와 기쁨을 모른다면 인생의 중대한 부분을 보지 못한 것입니다. 그렇다고 나는 명상을 배워야만 한다고 말하는 것은 아닙니다. 명상이라는 것은 자연히 찾아오는 것입니다. 탐구하고 있는 마음은 자기 자신 속에 있는 '존재하는 것'을 지각하고, 관찰하는 마음은 자기지(自己知)의 상태에 있다는 것을 자연히 깨닫게 됩니다.

자, 본래 하던 이야기로 되돌아갑시다. 아무런 노력도 기울이지 않고 자연적으로 관찰력을 몸에 지니게 된 마음(주의력이 있는 마음)은 도대체 어떤 상태로 되어 있을까요? 자기의 아내나 남편의 얼굴 그리고 나무나 구름을 똑똑이 관찰하기 위해서는 우리는 침묵하고 있어야 합니다. 우리 내면에 자신을 투영한 잡음이 있을 때에는 참으로 들을 수가 없게 됩니다. 즉 자기 자신에게 말한다든지 자신의 과거 지식과 실제로 들려오는 것을 비교한다든지 하여서는 참되게 들을 수 없습니다. 사물을 관찰할 때에 선입관이나 지식을 가지고 관찰한다면 그것은 진실한 관찰이 아닙니다. 따라서 침묵하고 있을 때에만 참되게 관찰할 수 있고 들을 수 있습니다.

나는 여러분이 그런 침묵에 도달해보았는지 어떠했는지는 모릅니다. 그러나 여러분이 아무리 침묵하는 훈련을 한다고 해도 그 마음은 참으로 침묵하지 않습니다. 왜냐하면 참된 침묵은 평상시의 자신의 사고에 의한 관찰과 이해에서 나오는 것이지, 시간을 들인다든지 비교한다든지 해서 나오는 것은 아니기 때문입니다. **참으로 지각하고 있는 마음은 완전히 침묵합니다. 또한 그 마음은 자고 있는 것이 아니고 그 침묵 속에서 최고의 지각 상태에 있는 것입니다.** 이 같은 마음은 '진리란 무엇인가', '초월한 것이 존재하는가' 하는 것을 알 수 있습니다. 그런 마음만이 '경건한 마음'인 것입니다. 왜냐하면 그런 마음은 과거를 완전히 버리고 있기 때문입니다――그러나 그 마음은 필요한 때에는 과거의 기억을 사용할 수도 있습니다. 따라서 '경건'이란 말로 표현할 수 없는 것, 사고로써는 헤아릴 수 없는 것입니다. 왜냐하면 사고는 항상 측정하고 있기 때문입니다. 다시 말해서 사고는 과거의 반응이기 때문입니다. 사고는 언제나 이미 아는 것 속에서만 활동하는 것이며, 따라서 사고는 자유롭지 않은 것입니다.

 진리나 진실을 이해할 수 있는 마음은 인간이 만들어낸 모든 술책(위선이나 환각)으로부터 해방되어 있습니다. 그러나 이것은 상당히 어려운 일로서 정신적인 훈련이 필요합니다. 단 '훈련'이라 해도 그것은 남의 흉내를 낸다든지 어떤 방법을 따른다든지 마음을 조정하는 것이 아니라 '존재하는 것'을 관찰하며 배울 때 생기는 것을 말합니다. 즉 그것은 학습 자체를 배우는 것을 말합니다. 만일 당신이 그런 훈련을 한다면 당신 속에 있는 무질서한 상태는 없어지고 질서 있는 상태로 변할 것입니다. 지금까지의 내 이야기는 명상의 일부분입니다.

 만일 당신이 신선한 눈(상처받은 일이 없는 순수한 눈)으로 구름이나 바다에 비치는 햇살의 아름다움이나 자기의 아내나 아이들을 보는 것이 좋은 일이라는 것을 알게 된다면, 당신의 그 마음은 진리를 알 수 있을 것입니다.

 질문: '관찰자'와 '관찰되는 것'은 하나라는 것을 실제로 체험하는 것이 정신적 자유를 얻는 열쇠라고 한 당신의 말을 저는 얼마 전에 실제로 체험했습니다. 이것을 성취할 때까지는 참으로 지루했으며 또한 고생스러웠습니다. 그래서 저는 처음에 그 느낌에 대하여 상당히 저항했습니다. 그러나 저는 저 자신이 그 저항이며, 또한 저항이

저항을 관찰하고 있다는 것을 깨달았습니다. 그러자 이상하게도 그 저항은 즉시로 소멸되었습니다. 그리고 이런 일을 성취시키기 위한 육체적인 힘도 얻었습니다.

크리슈나무르티: 당신은 나의 말을 확증하려고 하는 것입니까, 아니면 나나 이곳에 있는 다른 사람들을 격려하려고 하는 것입니까? (웃음)

질문: '관찰자'와 '관찰되는 것'이 하나의 것이라는 것을 깨닫기 위해서는 굉장한 에너지가 필요하다는 것입니다.

크리슈나무르티: 질문자는 이렇게 말하고 있습니다. "'관찰자'는 '관찰되는 것'이다. 즉 공포감이 있을 때에는 그 '관찰자'도 공포의 일부다. 나는 자기 자신과 공포를 동일시하지 않는다――그 '관찰자'가 공포의 일부인 것이다"고 말입니다. 그러나 그것을 깨닫는 것은 간단한 일입니다. 요는 그 말을 이론적으로 이해하든지 아니면 '관찰자'와 '관찰되는 것'은 하나라는 것을 참으로 깨닫든지 둘 중의 하나입니다. 당신이 참으로 깨닫는다면 당신의 생활은 혼란이 없는, 지금까지와는 전혀 다른 생활이 될 것입니다. '관찰자'와 '관찰되는 것' 사이에 분열이 있는 한, 그곳에는 시간적 공간이 있게 되며 따라서 갈등이 생깁니다. 그러나 당신이 실제로 그것을 깨닫고, 또한 '관찰자'와 '관찰되는 것'은 실제로 하나라는 것을 관찰한다면 당신과 모든 것과의 갈등은 완전히 소멸될 것입니다.

질문: '물리적인 것'과 '보다 깊은 것' 사이에 과거(기억)가 개입하고 있다는 것을 깨달았다고 해서 도대체 무엇을 할 수 있습니까? 그것을 깨달아도 기억의 개입은 저지할 수 없습니다――그 상태는

그대로 계속됩니다.

크리슈나무르티: 기억은 '물리적인 것'과 '정신적인 것' 사이에 개입합니다. 그곳에는 '정신적인 것'과 '물리적인 것' 그리고 그것과는 다른 '기억으로서의 마음'이 있습니다. 즉 '정신적인 것'과 '물리적인 것' 그리고 '과거로서의 마음'의 세 가지가 있습니다. 제발 웃지 말아주십시오. 비록 당신이 이런 것과는 다른 의미로 질문한다고 해도 이것은 우리의 인생이며 우리의 일상 생활에서 현실적으로 일어나고 있는 것입니다. 우리가 무엇인가를 하려고 하면 우리의 마음은 '그렇게 하지 말라'든지 '그것보다는 다른 방법으로 하시오'라고 말합니다. 그래서 우리의 내부에서 갈등이 생깁니다. 마음(즉 과거의 경험인 사고)은 현실의 '물리적인 것'과 '정신적인 것' 사이에 개입하고 있습니다. 어떻게 하면 좋을까요? 인생을 '과거', '현재', '미래'로 나누고 있는 것은 사고입니다. 그리고 사고는 '물리적인 것'과 '정신적인 것'을 분리시키면서 '어떻게 하면 이 두 가지를 융합시켜 총체적으로 행동할 수 있을까?'라고 말하고 있습니다. '물리적인 것'과 '정신적인 것'으로 나누고 있는 사고 자신이 그 두 가지를 결합시킬 수 있을까요?

질문: 그럴 의지만 있다면 길은 저절로 통할 것입니다.

크리슈나무르티: 아닙니다. 당신은 자신의 자아를 관철하려고 하고 있습니다. 당신은 이전에 누군가 상대를 이겨보려고 결심하고 그렇게 하였더니 잘되었습니다──그래서 당신은 그와 같은 방법을 쓰는 것입니다. 그러나 지금은 의지에 대하여 말하고 있는 것이 아닙니다. 왜냐하면 의지라는 것은 자유로운 기쁨에 기인한 것이 아니고 쾌락이나 욕구에 기인한 것이며, 따라서 가장 파괴적인 것이기 때문

입니다.

　당신은 "어떻게 하면 사고를 조용하게 할 수 있을까?"라고 질문하였지요. "사고를 침묵시키는 데 어떻게 하면 좋을까?" 그러나 그것이 바른 질문일까요? 틀린 질문을 하면 틀린 대답이 나와버리거든요. (웃음) 이것은 웃을 일이 아닙니다. 우리는 바른 질문을 해야 합니다. '어떻게 하면 사고를 종식시킬 수 있을까?' 라는 의문이 바른 것일까요? 혹은 자신의 사고 활동을 아는 것이 바른 것일까요? 생각하는 것을 그만두어 버린다면 (만일 그런 일이 가능하다면) 도대체 당신은 어떻게 회사에 갈 것입니까? 그렇습니다. 사고는 필요한 것입니다.

　요컨대 사고는 한편으로는 분열을 가져올 위험성이 있지만, 다른 한편으로는 논리적이며 객관적으로 정확하고 건전하게 활동해야 합니다. 그러면 어떻게 하면 그렇게 될까요? 어떻게 하면 사고는 쓸데 없는 개입을 하지 않게 될까요? 이 문제의 의미를 알겠습니까?――이것은 '어떻게 사고를 정지시키는가?' 하는 의문과는 다른 것입니다. 만일 당신이 이 의문을 명확하게 품는다면 당신은 다음의 것을 깨닫게 될 것입니다. 즉 과거가 반응한 것인 사고가 개입해서 '물리적인 것'과 '정신적인 것'으로 나누어놓고, 그 두 개의 '통일'을 파괴하고 있다는 것을 말입니다. 그러나 그렇다고 해서 '사고를 파괴하자, 마음을 죽여버리자'고 생각하는 것은 잘못입니다. 그렇게 하지 않고 만일 당신이 자신의 사고의 구조 전체를 탐구하여 그 사고의 장소(사고가 필요한 곳과 불필요한 곳)를 깨닫는다면, 당신의 마음은 사고가 활동해야 할 때와 그래서는 안될 때를 분간하면서 예지있는 활동을 하게 될 것입니다.

　질문: 어째서 당신은 '존재하는 것'에 관한 해답을 그렇게 많이 알고 있습니까? 그 비결은 무엇입니까?

크리슈나무르티: 나는 지금까지 한 번도 그런 것은 생각해보지 않았습니다. '겸손'이라는 것은 의식적으로 만드는 것일까요? 만들어낸 겸손은 '자만'에 불과합니다. 아무리 '존재하는 것'에 관한 해답을 기억한다 해도 그것은 실제로 지각하고 있는 것이 아닙니다. 그러나 만일 당신이 버스를 타고 있을 때에도, 차를 운전하고 있을 때에도 또는 타인과 지껄이고 있거나 놀고 있을 때에도, 그리고 무엇인가를 보고 있을 때에도 지각하고 있다면 당신은 그것에 의해 '존재하는 것'을 자연히 지각하게 될 것입니다. **그러나 '존재하는 것'에 대한 주의력을 기르려고 하면, '지각'이 아닌 '사고'가 활동하게 됩니다.**

질문: 그렇다면 당신은 자유롭게 되기 위해서는 선생이 필요없다는 말씀입니까?

크리슈나무르티: 선생은 무슨 일을 하고 있습니까? 의학이나 과학 분야에서는 선생은 자신이 가지고 있는 지식이나 정보(어떻게 컴퓨터를 움직이는가와 같은 것)를 학생들에게 전해주는 것이 그들의 일입니다. 그러나 "진리를 알고 있다"고 말하는 사람으로부터 그런 가르침을 받게 되면, 그 내용은 대단히 의심스러워집니다. 왜냐하면 "진리를 알고 있다"고 말하는 사람은 사실 진리를 알지 못하고 있는 것이기 때문입니다. '진리'라든지 '깨달음'이라는 것은 결코 말로 표현할 수 없는 것입니다——그것은 존재하고 있는 것입니다. 그것은 활동하고 있으며 생생하고 가볍게 돌아다니고 있는 것입니다. 말로 표현할 수 있는 것은 '죽어 있는 것' 뿐입니다. 그러므로 '죽어 있는 것'을 가르치는 선생은 참된 선생이 아닌 것입니다.

질문: '정신 집중'과 '훈련'과 '주의'는 한마디로 어떤 것일까요?

크리슈나무르티: '훈련(discipline)'이란 타인에게서 배우는 것을 의미합니다. 그리고 '제자(disciple)'란 선생에게서 배우는 사람을 말합니다. 당신은 학습이라는 것을 탐구한 일이 있습니까? 현재 사용되고 있는 '배운다'는 말은 도대체 어떤 의미일까요? 그 말에는 두 가지 의미가 있는데, 그 하나는 자신이 이미 알고 있는 것을 더욱 늘리기 위하여 배우는 것(예를 들어 과학적 지식을 늘리는 것)이고, 또 하나는 지식을 늘리는 것이 아니라 언제나 흐르고 있는 학습을 의미합니다――이 두 가지의 차이를 알겠습니까? 다시 말하면 능률 향상이나 기술 증진을 위해서 지식을 축적하는 학습과 항상 새로운 것을 배우며 그로 인해 자신의 행동도 언제나 신선해지는 학습, 이 두 가지가 있습니다.

다음에 하는 말을 잘 들어주십시오. "나는 나 자신을 알고 싶다. 나 자신을 배우고 싶다. '나'라는 실체는 그 표면도 내부도 대단히 복잡하다. 나는 나 자신의 전체를 알고 싶다. 그래서 나는 나 자신을 관찰한다. 그러다 나는 나 자신이 두려워하고 있는 것을 깨달았다――나는 공포의 원인을 안 것이다. 그리하여 내가 관찰하며 배운 것은 나의 지식이 된다. 그러나 또다시 공포감이 일어났을 때 내가 이전에 얻은 그 지식을 사용하면서 그 공포를 관찰한다면, 나는 배우지 못하게 된다. 왜냐하면 그런 때의 나는 과거의 경험에서 공포를 관찰할 뿐이고 현실적으로 일어나고 있는 것을 배우는 것이 아니기 때문이다. 따라서 자기 자신을 배우기 위해서는, 나는 자유롭지 않으면 안된다. 그래서 '언제나 과거(사고)가 개입하지 않는 관찰'이라는 것이 이루어지는 것이다."

요컨대 학습에는 두 가지가 있는데, 하나는 특정한 장소에서 가장 능률적인 활동을 할 수 있도록 지식을 축적하는 것이고, 또 하나는 자기 자신을 배움으로써 어떤 때에도 과거(사고)가 개입하지 않게 되는 학습인 것입니다――그리고 그와 같은 상태에서 사물을 관찰하기 위해 그 마음은 언제나 민감한 상태에 있는 것입니다.

질문: 당신은 고기나 생선을 먹은 일이 있습니까?

크리슈나무르티: 당신은 그것에 흥미가 있습니까? 나는 지금까지 생선이나 고기를 먹은 일은 한 번도 없습니다. 게다가 담배도 술도 입에 대지 않았습니다. 그러나 그런 질문은 무의미합니다. 그렇지 않다면 내가 이렇게 말한다고 해서 당신도 채식주의자가 되리라고 생각합니까? (웃음) 당신은 절대로 그렇게 되지 못합니다! 영웅이나 본보기를 본받으려고 하는 것이 가장 나쁜 일입니다. 그보다도 왜 자신이 고기를 먹는가, 왜 담배나 술에 몰두하는가, 왜 검소한 생활을 하지 않는가를 탐구해주십시오. 다만 이 경우의 '검소한 생활'이란 담요 한 장밖에 몸에 걸치지 않는다든지 하루에 한 끼밖에 식사를 하지 않는다든지 하는 것이 아니라, 쾌락이나 욕구나 야심 그리고 동기에 좌우되어 사실을 왜곡하지 않는 검소한 마음을 가진다는 뜻입니다. 그것을 알게 되면 당신은 이 세상의 아름다움을 직접 보거나 지각할 수 있습니다.

질문: 유머라는 것은 어떤 것입니까?

크리슈나무르티: 그것은 자신을 즐기는 것이라고 생각합니다. 우리는 매일같이 고민하고 불행 때문에 울고 있습니다. 그러나 여러분도 될 수 있으면 자기 자신을 명확하고 진지한 태도로 즐겁게 관찰해 보기 바랍니다.

1970년 3월 8일

제2부 샌디에이고 주립대학에서

제5장 공포란 무엇인가?

> 당신은 이른바 '공포감'이 내면에 생겼을 때
> '자기'라는 중심을 통하지 않고, 또한 그 감
> 각에 이름을 붙이지 않고 관찰할 수 있는가?
> 그러기 위해서는 상당한 훈련이 필요하다.

 인간은 진지해야 합니다. 진지한 사람만이 완전하고 전체적인 인생을 보낼 수 있습니다. 그러나 '진지하다'고 해서 기쁨이나 즐거움을 거부하는 것은 아닙니다――그러나 당신에게 공포감이 있는 한, 이 '기쁨'의 의미를 알 수 없습니다. 무슨 이유에서인지 우리는 공포감을 갖는 것을 당연한 것으로 받아들여왔습니다(마찬가지로 타인에 대하여 여러 가지 폭력을 휘두르는 것도 당연한 것으로 생각해왔습니다). 그래서 우리는 공포감을 가지게 된 것입니다.
 우리는 이 '공포'라는 문제를 근본적으로 탐구해서 그것을 완전히 이해해야 합니다. 그렇게 하면 우리는 두 번 다시 공포 같은 것을 접근시키지 않게 될 것입니다. 그것은 가능한 일입니다――이것은 나의 단순한 이론도 희망도 아닙니다. 만일 당신이 이 공포문제(어떻게 공포를 관찰하는가)에 완전히 주의를 기울인다면, 지금까지 고통이나 불행한 일이나 공포에 시달렸던 마음은 그 모든 것으로부터 완전히 자유롭게 될 것입니다. 그러나 공포를 탐구하기 위해서는 우선 어떠한 선입관도 갖지 말아야 합니다. 그것은 '존재하는 것'의 진리를 이해하는 데 방해가 되기 때문입니다. 우리가 함께 이 탐구를 한다는 것은 '긍정도 부정도 하지 않는다, 즉 공포를 제거할 수 있는가 없는가를 결정하지 않는다'는 것입니다. 우리에게 필요한 것은 이 문제를 탐구(관찰)하기 위한 자유로운 마음(결론을 짓지 않는 마음)인 것입니다.

한마디로 '공포'라고 해도 그것에는 정신적인 공포에서부터 마음이 육체에 미치는 공포에 이르기까지 대단히 많은 공포가 있습니다. 만일 이와 같은 여러 가지 공포를 하나하나 탐구하려 한다면 굉장히 많은 시간이 걸리게 될 것입니다. 그러나 그렇게 하지 않아도 우리는 자기 자신에게서 생겨나는 공포감의 상세한 형태를 잊어버리지 않고, 공포의 공통적인 본질(성질과 구조)을 관찰할 수 있습니다. 그리고 그 공통적인 성질과 구조를 이해할 수 있게 되면 우리는 특정한 공포에도 대처할 수 있게 될 것입니다.

공포에는 여러 가지가 있어서 어두운 곳을 무서워하는 사람도 있고 자기의 아내나 남편을 두려워하는 사람도 있으며, 일반 대중의 말이나 생각, 행동을 두려워하는 사람도 있고 자신의 고독감이나 지루하고 무의미한 생활을 하고 있는 자신을 두려워하는 사람도 있습니다. 또 불확실한 일이나 미래나 전쟁을 두려워하는 사람도 있고 자기 인생의 종말, 즉 죽음을 두려워하는 사람도 있습니다. 이와 같이 공포에는 신경질적인 공포에서부터 이성적(理性的)인 공포에 이르기까지 참으로 많은 종류가 있습니다——단 이성적인 공포라는 것이 있을 수 있다면 말입니다. 거의 모든 사람들이 과거, 현재, 미래를 신경질적으로 두려워하고 있습니다. 따라서 공포에는 '시간'이라는 것이 포함되어 있는 것입니다.

그리고 공포에는 자신이 깨닫고 있는 표면적인 공포와 자신이 아직 깨닫지 못하고 마음속 깊이 숨어 있는 공포도 있습니다. 그러면 우리는 그 표면적인 공포와 숨어 있는 공포, 이 두 가지 공포에 대하여 어떻게 대처해야 할까요? 공포는 '존재하는 것'으로부터 도피할 때 일어납니다. 즉 도피하기 때문에 공포감이 일어나는 것입니다. 그리고 또한 현실적인 자신과 이상(理想)적인 자신을 비교할 때에도 공포감이 일어납니다. 결국 공포는 현실 그 자체가 아니라 현실로부터 도피하려고 하는 행위 그 자체인 것입니다.

아무리 자신에게 '두려워하지 말라'고 말해도, 의지의 힘으로 공포감을 소멸시킬 수는 없습니다. 그와 같은 의지는 무의미한 것입니다.

이것은 상당한 주의력이 필요한 문제입니다. 그러나 만일 여러분이 타인의 의견과 이미 알고 있는 지식을 비교한다든지 제 나름대로 해석을 하게 되면, 그만큼 주의력을 활용할 수 없게 됩니다. 우리는 진정으로 남의 말을 들을 수 있어야 합니다. 듣는 요령을 터득하지 않으면 안됩니다. 왜냐하면 여러분은 언제나 비교하고 비판하며 심판하거나 또는 동의하거나 부정하면서 남의 말을 진실로 듣지 않고 있기 때문입니다. '진실로 듣는다'는 것은 완전하게 주의력을 기울이는 것이며, 동의나 반대를 하는 것이 아닙니다. 탐구하고 있는 과정에서는 동의도 반대도 필요없습니다. 그와 같은 기계(동의나 반대)를 사용해서 문제를 관찰한다면 그것을 명확하게 관찰할 수 없을 것입니다. 그러나 만일 당신이 다른 정밀한 기계를 가지고 문제를 관찰한다면, 당신이 관찰한 것은 다른 사람에게도 보일 것입니다——따라서 그때에는 동의도 반대도 일어나지 않습니다. 이 공포 문제를 탐구하기 위해서는 당신의 주의력을 모두 그곳에 쏟아야 합니다. 여러분 자신이 공포 문제를 해결할 때까지는 여러분의 마음은 공포 때문에 둔감한 채로 (죽은 그대로) 있게 됩니다.

그러면 우리는 어떻게 하면 숨어 있는 공포를 밝혀낼 수 있을까요? 우리는 표면적인 공포에는 즉시 대처할 수 있지만, 그런 것보다는 숨어 있는 공포에 대처하는 것이 더욱 중요하다고 생각합니다. 그러기 위해서는 어떻게 해야 될까요? 분석을 해서 그 원인을 알게 되면 숨어 있는 공포를 밝혀낼 수 있을까요?——그 마음은 모든 공포로부터 (특정한 공포에 한정되지 않고 공포의 전체 구조로부터) 자유롭게 될 수 있을까요? 정신 분석에는 여러 가지 문제가 있습니다. 우선 분석하기 위해서는 시간과 분석자가 필요합니다. 자신을 몇십 년 동안 분석하여 비로소 조금 알게 되었을 때에는 이미 우리는 늙어서 천국으로 가게 됩니다. 그리고 '누가 분석하는가' 하는 문제도 있습니다. 당신을 분석하는 사람이 비록 전문가라고 해도, 그 사람도 수없이 주어진 조건의 결과이며, 그 사람 역시 분석하는 데 시간을 필요로 합니다. 또한 당신 자신이 자신을 분석한다고 해도 그것은 당신 속에 있는 '분석자(검열관)'가 당신 자신이 만들어낸 공포를 분석하게 되는 것입니다. 어떤 분석에도 시간이 걸립니다. 그리고 우리가 한 가지의 분석을 시작해서 결론이 나올 동안에는 다른 많은 요소가 나타나서 우리에게 여러 가지 지시를 하게 됩니다. 우리는 자기 분석이 잘못된 방법이라는 진리를 깨닫지 못합니다. 왜냐하면 자신을 분석하는 그 '분석자'는 '나(ego)'를 만들고 있는 많은 단편군 가운데 하나의 단편(시간의 산물, 조건지어져 있는 것)에 불과하기 때문입니다. '분석에는 시간이 걸리고, 또한 분석을 해도 공포감은 없어지지 않는다'는 것을 깨달았다고 하는 것은 '자신을 서서히 변화시키고 싶다'는 욕구의 원인 자체가 공포라는 것을 깨닫고 그 욕구를 완전히 버렸다는 것을 의미합니다.

　내가 왜 이렇게 역설하고 있는가 하면 나, 즉 이 '말하는 사람'에게 있어서는 이 부분이 대단히 중요하게 생각되기 때문이며, 결코 여러분에게 강요하려는 것은 아닙니다. 남의 말을 믿는다든지 동조한다는 것은 아무런 의미도 없습니다. 중요한 것은 여러분 자신이 관찰하고 배우는 것에 의해 공포로부터 해방되는 것입니다.

　자기 분석이 잘못이라는 것을 깨달은 사람은 이미 '분석자'를 통하여 자기 자신을 분석하는 일(심판하거나 평가하는 일)을 그만두게 되고, 그 사람의 마음은 '자기 분석'이라는 무거운 짐으로부터 해방되어 자기를 순수하게 관찰할 수 있게 됩니다.

여러분은 어떻게 공포를 관찰하려고 합니까? 어떻게 공포의 모든 구조(숨어 있는 부분에서 표면에 이르기까지)를 관찰하려고 합니까? 자신이 꾼 꿈을 통하여 공포의 구조를 판단하려 합니까? 꿈이라는 것은 우리가 낮에 행한 활동의 단순한 연속이 아닐까요? 자신을 잘 관찰해보면 당신이 꿈 속에서 하는 행위는 당신이 낮에 한 행위와 같은 것임을 알 수 있을 것입니다. 따라서 꿈은 아무런 가치도 없는 것입니다. 우리는 자기 분석, 꿈, 의지, 시간이라는 지금까지의 습관을 모두 제거해야만 합니다. 그런 습관으로부터 해방된 마음은 대단히 민감하며 예지있는 활동을 하게 됩니다. 그러므로 지금 우리는 그 민감함과 예지로 공포를 관찰하고 있는 것입니다(진실로 공포를 탐구한 사람은 시간과 자기 분석과 의지로 성립되어 있는 이 사회구조 전체에 등을 돌립니다). 그러면 공포란 무엇일까요? 그것은 어떻게 해서 나타나는 것일까요? 공포는 언제나 무엇인가와 관계하고 있으며, 결코 그 자체로서는 존재하지 않습니다. 공포는 어제의 사건과 '어제의 그 사건은 내일도 일어날지 모른다'는 가능성의 관계 속에서 존재합니다 즉 그 관계는 고정관념에서 비롯되는 것입니다. 그러면 공포는 어떻게 해서 그 관계 속에서 나타나는 것일까요? '나는 이전에 고통받은 것을 기억하고 있으며, 다시는 그런 고통을 당하고 싶지 않다', 즉 과거의 고통을 사고한다는 것은 과거의 고통의 기억이 '다시 그 고통을 맛보게 될지도 몰라' 하는 공포를 던져주는 것을 의미합니다. 결국 공포감은 사고에 의하여 일어나는 것입니다. 그리고 사고는 공포감을 가져오는 동시에 쾌락도 기르고 있습니다. 따라서 공포를 이해하려면 쾌락도 이해해야 합니다. 공포와 쾌락은 상호 관계가 있으며 동전의 양면과도 같은 것입니다. 그러므로 공포만을 버리고 쾌락에만 집착해서는 안됩니다.

　과거의 쾌락의 이미지를 생각하고 있을 때, 사고는 '그 쾌락은 다시는 없을지도 몰라' 하고 상상합니다――이와 같이 사고가 공포를 가져옵니다. 사고가 쾌락을 유지하려고 하기 때문에 그에 따라 공포도 길러지는 것입니다.

 사고는 지금까지 사고 자신을 '분석자'와 '분석되는 것'으로 나누어왔습니다——이 두 가지는 사고가 사고 자신을 속이며 갈라놓은 것입니다. 그리고 그 분할 행위가 무의식의 공포를 탐구하는 것을 거부하고 있는 것입니다. 왜냐하면 그 분할 행위가 공포로부터 도피하려고 시간을 만들어냄과 동시에 그 공포감을 지속시키고 있기 때문입니다.

 사고는 쾌락을 기릅니다. 그러나 쾌락과 '기쁨'은 무관한 것입니다. 왜냐하면 '기쁨'은 사고의 산물도 아니고 쾌락도 아니기 때문입니다. 쾌락은 기를 수도 있고 생각해낼 수도 있지만, 그것에는 '기쁨'은 없습니다. 우리가 '기쁨'에 대하여 생각하게 되면 그 순간 '기쁨'은 우리에게서 소멸되면서 쾌락의 원천으로 변하며, 따라서 우리는 그 쾌락의 원천을 잃은 것을 잊기 시작합니다.

 사고는 고독감을 불러일으킵니다. 그러나 그 고독감을 비난하면 사고는 그 고독감으로부터 도피하려고 여러 가지 것(종교적인 행사나 오락)에 의지하여 마음을 달래려고 합니다.

 이와 같은 일상적인 사실은 모두 사고에 의하여 생기는 것입니다——이것은 내가 꾸며낸 말도 아니고, 나의 독단적인 철학이나 이치도 아닙니다. 그러면 어떻게 해야 좋을까요? 우리는 사고를 죽일 수도 파괴할 수도 또한 그것에 저항할 수도 없으며 그것을 잊을 수도 없습니다. 왜냐하면 그렇게 하는 것도 역시 사고의 행위이기 때문입니다.

 사고는 기억의 반응입니다. 누구든지 자기의 집으로 돌아갈 때나 사람들과 이야기를 할 때에는 기억을 사용해야 합니다. 기억은 기술적 지식의 창고입니다. 이런 의미에서 기억은 필요한 것이지만, 전에도 말한 바와 같이 그 기억은 사고를 통해서 공포감을 길러내고 있습니다. 즉 기술적인 일을 할 때(사고가 순수하게 활동할 때, 생활비를 벌 때)에는 기억이 필요하지만, 다른 한편으로는 기억은 공포감을 기르고 있습니다.

 그러면 그 마음은 어떻게 해야 될까요? 우리는 지금까지 자기분석, 시간, 도피, 의존의 문제를 탐구해왔습니다. 그리고 '존재하는 것'으로부터 도피하는 행위 자체가 공포라는 것을 알았습니다. 그러면 당신은 그와 같은 진리를 자각하고 나서 마음이 어떻게 해야 된다고 느낍니까? 사고로 하여금 공포감을 길러주는 위험한 것이 되지 않고 바르고 능률적으로 활동하게 하려면 어떻게 해야 할까요?

 공포감을 기르지 않고 능률적으로 활동하고 있는 마음의 상태는 어떻게 되어 있을까요? 이제까지의 문제를 모두 관찰하며 탐구해온 마음의 이해도(理解度)는 어떤 상태로 되어 있을까요? 여러분의 현재의 심경은 어떻게 되어 있습니까?――여러분의 심경은 여러분 자신의 대답에 달려 있습니다. 만일 당신이 지금까지의 말을 순순히 들었다면, 당신의 마음은 지금까지 축적된 무거운 짐을 버리고 굉장히 활발하고 민감하며 예지있는 마음으로 되었을 것입니다. 자, 여러분은 지금 어떤 정신 상태로 사고의 모든 상태를 관찰하고 있습니까? 사고하고 있는 '중심'이 당신 속에 있습니까?――또는 당신은 심판이나 비평, 비난, 정당화 같은 것을 하는 '검열관'이라는 중심으로부터 생각하고 있습니까? 혹은 당신에게 사고는 있어도 생각하는 중심은 없어졌습니까?

 '나', '나의 의견', '나의 나라', '나의 신', '나의 경험', '나의 집', '나의 물건', '나의 아내', '나의 자식'이라고 말하는 '나'라는 중심을 만들어낸 것은 사고인 것입니다. 당신은 그 중심으로부터 행동을 일으키고 있는 것입니다――즉 당신이 '나의 나라'라는 의견을 갖게 되면 그것이 타인의 '나의 나라'라는 의견과 대립하게 되는데, 그것은 사고가 만들어낸 분열인 것입니다. 당신은 또한 그 중심으로부터 관찰하고 있기 때문에 공포로부터 해방되지 못하는 것입니다. 왜냐하면 그 중심이 '공포'라는 것과 그 중심 자신으로 나누고 있기 때문입니다. '공포를 제거해야지', '공포를 분석해야지', '공포를 이겨내야지', '공포에 저항해야지'라고 말하고 있는 것은 그 중심인 것입니다. 그리고 그렇게 함으로써 당신은 공포감을 더욱 조장하고 있는 것입니다.

　당신의 마음은 중심을 갖지 않고 (이름을 붙이지 않고) 공포감을 관찰할 수 있습니까?──당신이 그것에 '공포'라는 이름을 붙이는 순간 그것은 이미 과거의 것으로 되어버립니다. 무엇인가에 이름을 붙이는 순간 당신은 그것을 분리시키고 있는 것입니다. 이른바 '공포'라는 것이 당신 속에 나타났을 때 당신은 중심을 갖지 않고 (그것을 공포라고 이름짓지 않고) 관찰할 수 있겠습니까? 그렇게 하기 위해서는 상당한 훈련이 필요합니다. 그렇게 되면 당신의 마음은 중심을 갖지 않고 지금까지 당신 속에 축적되어 있는 것을 관찰할 수 있게 되어 당신의 표면적인 공포도 숨어 있는 공포도 모두 소멸되게 됩니다.

　오늘 밤에 이 말의 진리를 깨닫지 못한 사람은 집에 돌아가서 그것을 생각하려고 하지 말아주십시오. '진리'라는 것은 순간적으로 지각하는 것입니다. 그리고 한 가지를 명확하게 지각하기 위해서는 당신의 혼과 마음 그리고 당신의 존재 전체를 순간적으로 그것에 쏟아야 합니다.

질문: 당신은 공포로부터 도피하려는 것이 공포 그 자체이므로, 공포를 받아들여야 한다고 말하는 것입니까?

크리슈나무르티: 아닙니다. 우리는 아무것도 받아들여서는 안됩니다. 공포를 받아들이지 말고 관찰해주십시오. 당신은 공포를 관찰해 본 일이 없는 것 같군요. 당신은 '나는 두려워하고 있다. 그러니 공

포를 관찰하도록 하자'고 말하지 않고 이렇게 말하고 있었던 것입니다. '나는 두려워하고 있다. 그러니 라디오를 듣도록 하자, 책을 읽도록 하자, 신앙을 갖도록 하자'——이렇게 말하며 도피하고 있었습니다. 당신은 공포에 이름을 붙여보거나 거기에서 도피를 하거나 공포를 물리치려고 하면서도, 진정으로 그것을 관찰하지는 않았습니다. 당신은 공포와 직접 교류하고 있지는 않았습니다. 그러나 만일 당신이 공포로부터 도피하지 않고 그대로 있게 되면, 아주 신기한 일이 당신에게서 일어날 것입니다.

질문: 공포감이 생겨난 뒤에도 그 공포와 일체가 될 수 있습니까?

크리슈나무르티: 당신이 공포 그 자체인 것입니다. 그런 당신이 어떻게 그 공포와 일체가 될 수 있겠습니까? 당신은 공포 그 자체인 것입니다. 그러나 당신의 사고는 공포에 어떻게 대처하면 좋을지를 모르고 있습니다. 그래서 사고는 사고 자체를 공포로부터 분리시키고 그 공포의 '관찰자'가 되어 공포에 저항하든지 그로부터 도피하려고 하는 것입니다. 요는 공포에 저항하고 있는 그 '관찰자'도 공포인 것입니다.

질문: 그것이 정말이라면 왜 이 재단에서는 테이프를 팔고 있습니까?

크리슈나무르티: 지금 우리가 이야기하고 있는 이 자리에 직접 참가하고 있는 당신에게 중요한 것은 그런 것이 아니리라고 생각합니다. 당신도 나도 먼 곳에서 일부러 이 회장에까지 온 것입니다. 그리고 우리는 서로 교류하려고 하고 있습니다——즉 내일이 아니라 지금 새로운 것을 이해하려고 하고 있습니다. '지금'을 이해하는 것이 가장 중요합니다. 그러므로 우리는 그것에 모든 주의력을 집중시켜야

합니다. 그런데 당신이 노트를 한다든지 녹음을 한다든지 하면 당신은 이 문제의 절반의 주의력밖에 집중시키지 못합니다.

　아마 당신은 여기에서 하는 말을 즉시 이해할 수 없기 때문에 테이프로 다시 듣고 싶어하는 것 같습니다. 그래서 테이프나 책을 사기도 하고 사지 않기도 하고――그것뿐입니다. 만일 당신이 오늘 밤 1시간 10분 동안의 이 토론에 완전한 주의를 기울인다면, 당신은 이 공포 문제를 모두 흡수하고 완전히 이해할 것입니다. 그러나 유감스럽게도 당신은 그렇게 하지 않았습니다. 당신은 공포를 받아들이며 공포와 함께 살아왔기 때문에 공포는 당신의 습관이 되어버렸습니다. 그런 것은 모두 그만두어야 합니다. 그것도 지금 즉시로 말입니다. 지금까지 우리의 마음은 공포의 전체적 성질과 내용을 관찰해오지 않았습니다. 그러나 당신이 지금 즉시 그것을 관찰하게 되면 당신의 마음은 훌륭하게 될 것입니다. 그러나 대부분의 사람들은 그렇게 할 수 없기 때문에 테이프를 구하는 것입니다.

　질문: 공포를 관찰하고 공포로부터 도피하고 있는 자신을 깨닫게 되었으면, 다음에는 어떻게 해야 합니까?

　크리슈나무르티: 우선 공포로부터 도피하고 있는 자신에게 저항하지 말아야 합니다. 공포를 관찰하기 위해서는 그것에 주의력을 집중시켜야 합니다. 그리고 주의를 집중시키고 있을 때에는 어떠한 비난도 심판도 하지 말고 오직 관찰만 해야 합니다. 당신이 공포로부터 도피하게 되는 것은 당신의 주의력이 옆으로 새어버리고 당신이 부주의하였다는 것입니다. 그럴 때에는 부주의한 그대로 있기 바랍니다――그러나 부주의한 자신을 깨닫기 바랍니다. 부주의한 자신을 깨닫는 것은 '주의 깊은' 일입니다. 부주의한 자신을 깨닫게 되었으면 그 지각 작용 이외에는 아무것도 하지 마십시오. 그 '지각' 자체

가 주의입니다. 이것은 아주 간단한 것입니다. 한 번 이것을 알게 되면 당신의 내면적 갈등은 없어질 것입니다. 왜냐하면 그때 당신은 아무런 선택도 없이 지각하고 있을 것이기 때문입니다. 이 경우의 '선택'이란 '조금 전까지 나는 주의 깊었지만, 지금은 주의력이 결여되었다. 그러니 나는 조금 전과 같이 주의력이 깊어져야만 한다'고 생각하는 것입니다. '지각'한다는 것은 선택하지 않고 지각한다는 것입니다.

질문: 당신의 말대로 공포와 쾌락이 상호관계에 있다면 공포는 버리고 쾌락만 즐기는 것은 무리한 일일까요?

크리슈나무르티: 공포는 버리고 쾌락만 즐긴다——그렇게만 된다면 훌륭한 일이겠지요. 세상의 모든 사람들이 그와 같은 일을 노골적으로 혹은 교묘하게 바라고 있습니다. 예를 들어 흡연은 쾌락이지만 거기에는 고통이 있습니다. 왜냐하면 병에 걸릴지도 모르기 때문입니다. 여러분은 이성에 대하여 성적 쾌락이나 안도감이라는 쾌락을 느끼고 있습니다. 그래서 그 이성으로부터 냉대를 받게 되면, 여러분은 질투를 하고 화를 내며 불만을 터뜨리거나 정신이 나가기도 합니다.

쾌락은 반드시 고통을 가져옵니다. 그러나 그렇다고 해서 '쾌락을 갖지 말라'는 것은 아닙니다. 그런 것이 아니라 이 문제의 전체 구조를 깨달아주길 바라는 것입니다. 이것을 깨달으면 당신은 '기쁨'(참된 즐거움, 쾌락으로부터의 자유)이라는 것이 쾌락이나 고통이나 공포와는 무관하다는 것을 알게 될 것입니다. 이 진리를 참으로 깨닫게 되면 당신은 쾌락을 이해하고 그것이 있어야 할 적당한 자리를 정해줄 수 있게 될 것입니다.

1970년 4월 6일

제6장 폭력에 대하여

> 우리 내부에 '나'라는 감각이 조금이라도
> 존재하는 한, 우리 내부에 있는 폭력성은
> 사라지지 않는다.

 오늘 아침에는 어떤 논쟁(discussion)을 할까요? 그런데 '논쟁'이란 말은 좋지 않군요. '대화(dialogue)'라고 하는 것이 좋겠습니다. 왜냐하면 '논쟁'은 개인적인 의견이나 이론적인 것에 열중하게 될 뿐, 무의미한 행위이기 때문입니다. 그리고 아무리 의견이나 관념을 바꾸어보아도 진리를 발견할 수는 없습니다. 그러므로 우리가 이제부터 어떤 대화를 하더라도 감정적이거나 이론적으로 되지 않도록 주의하지 않으면 안되겠습니다.

 질문: 나는 공산주의와 싸우는 것은 정당하다고 생각합니다. 그래서 나의 생각이 맞는가 틀리는가에 대해서 이야기하고 싶습니다. 미리 알아둘 것은, 나는 과거 10년간 공산 국가에서 살았다는 것입니다. 러시아의 수용소에 들어가본 일도 있고, 공산주의자라고 해서 감옥에 들어간 일도 있습니다. 그 나라 사람들은 '권력'이라는 말만 믿고 있습니다. 그래서 묻고 싶은데요, 공산주의와의 싸움은 자기방위를 위한 싸움일까요?

 크리슈나무르티: 전쟁을 도발하는 사람들은 언제나 이렇게 말한 것으로 생각됩니다. "이것은 나라를 지키기 위한 싸움이다"고. 그것이

공격을 위한 것이든 방위를 위한 것이든 인간은 전쟁이라는 무서운 게임을 몇천 년 동안 해왔습니다. 우리는 교육을 받았음에도 불구하고 학살에 열중하고 있습니다. 거기에서 나는 인간의 내면 깊숙이 있는 '폭력성'이라는 것을 탐구하고 싶습니다. 우리 인간은 이 폭력성으로부터 자유로울 수가 있을까요?

"어떤 일이 있어도 폭력을 휘둘러서는 안된다. 만일 주위 사람들 모두가 폭력적이라고 해도 당신 자신은 평화롭게 사는 것이 근본적인 일이다"고 말한 사람이 지금까지 몇 사람 있었습니다. 그러나 어떻게 하면 우리의 마음으로부터 그 폭력성을 소멸시킬 수 있을까요? 지금까지 축적되어온 폭력, 자기 방위를 위한 폭력, '경쟁'이라는 폭력, '지위 쟁탈'이라는 폭력, 한 가지 방법을 따르면서 자신을 훈련시키는 폭력, 비폭력자가 되기 위해 자신을 억제하는 폭력——이런 폭력들로부터 어떻게 하면 마음을 해방시킬 수 있을까요?

우리는 이런 여러 가지 종류의 폭력을 하나하나 탐구하는 것이 좋을까요, 그렇지 않으면 폭력의 전체적 구조를 탐구하는 것이 좋을까요? 폭력의 전체 광경을 볼 수는 없을까요?

폭력은 '나(ego, 자아)'라는 것이 만들어낸 것입니다. '나'는 무엇인가가 되려고 그 자신을 '무의식'과 '의식'으로 나누기도 하고, '나'와 '나가 아닌 것'으로 나누기도 하며, 사회나 가정과 동일화하기도 하고 하지 않기도 하면서 그 자신을 여러 가지로 표현하고 있습니다. 그것은 마치 호수에 작은 돌을 던졌을 때와 같이 '나'를 중심으로 해서 그 물결이 퍼져나가는 것과 같습니다. 이 '나'라는 감각이 그 사람 속에 노골적으로 또는 교묘하게 존재하고 있는 한, 그 사람의 폭력성은 사라지지 않습니다.

그러나 폭력의 원천을 발견한다고 해서 반드시 폭력성을 버리게 되지는 않습니다.

자신이 왜 폭력적인가 하는 것을 알려고 한다면, 이미 그것으로 끝난 것이라고 생각합니다. 즉 폭력의 원인을 탐구한다든지 폭력에 관한 전문 서적을 수십 권 읽어보아도 인간의 폭력성은 없어지지 않습니다. 그래도 당신은 폭력의 원인과 결과를 조사할 생각입니까, 아니면 폭력 전체를 관찰할 생각입니까? 여러분도 아는 바와 같이 원인은 결과가 되고, 그 결과가 또 다음의 원인이 됩니다──원인과 결과에는 확실한 구별이 없습니다. 그리고 원인과 결과를 연결하는 사슬은 무한히 우리를 따라다닙니다. 그러나 만일 하나의 폭력이 아닌 폭력 전체를 관찰한다면, 폭력성은 소멸한다는 것을 확실하게 이해할 수 있다고 생각합니다.

우리는 야만적인 사회를 만들어왔습니다. 즉 우리는 야만적인 인간입니다. 우리가 살고 있는 이 사회는 우리의 노력과 고통과 잔학성의 산물입니다. 따라서 '자기 자신 속에 있는 폭력적인 성격을 소멸시킬 수 있을까?' 하는 의문이 중요한 것입니다. 이것이야말로 최대의 문제입니다.

질문: 자신의 폭력적 성격을 바꿀 수 있을까요?

크리슈나무르티: 폭력은 하나의 에너지입니다. 특정한 일에 에너지를 사용한 결과, 그 행위가 공격적으로 된 것이 폭력입니다. 그러나 지금 우리는 자신의 폭력성을 바꾸려고 하고 있는 것이 아니라 폭력 자체로부터 자유로워지기 위하여 그 폭력을 완전히 이해하려고 하고 있는 것입니다. 즉 우리의 마음이 지금까지 폭력을 넘어서거나 그것을 초월해왔는가 또는 폭력성을 바꾸어왔는가 하는 것은 문제가 되지 않습니다. 지금까지 우리는 단지 '폭력을 바꾸는 일이 가능한가 불가능한가', '그것은 가능하다'고 말해왔을 뿐입니다! 여러분은 폭력에 대하여 어떻게 생각하십니까? 폭력을 어떻게 보고 있습니까? 다음의 질문을 잘 들어주십시오. '당신은 자기 자신이 폭력적이라는

것을 어떻게 압니까?' 당신이 폭력을 휘두를 때 자신이 폭력적이라는 것을 깨닫고 있을까요? 당신은 자신이 폭력적이라는 것을 어떻게 압니까? 이 '안다' 는 문제는 대단히 복잡합니다. '나는 당신을 알고 있다'고 할 경우, '알고 있다' 란 어떤 뜻이라고 생각합니까? 그것은 '나는 과거에 만났을 때의 당신을 알고 있다' 는 뜻입니다. 그러나 과거에서부터 지금에 이르는 동안 당신은 변했으며 나도 변했습니다——즉 나는 당신을 모르는 것입니다. 나는 과거의 당신밖에 알지 못합니다. 그래서 '나는 당신을 알고 있다'고 말할 수 없는 것입니다——우선 이런 간단한 이치를 이해해주십시오. 따라서 '나는 이전에는 폭력적이었지만, 지금은 자신의 폭력성을 모른다' 는 말입니다. 예를 들어 내가 당신에게 무엇인가 불안한 말을 해서 당신이 화를 냈다고 합시다. 그러면 당신은 잠시 후에 '나는 화를 냈었다'고 생각합니다. 화를 낸 순간엔 당신은 그것을 인식하지 못하고 잠시 후에 그것을 인식하는 것입니다. 그러므로 '인식'의 구조를 조사해보아야 합니다. 그것을 이해하지 못하면 우리는 '노여움'과 새롭게 대면할 수 없습니다. '나는 화가 났다. 그러나 사실은 화를 낸 잠시 후에 나는 그것을 인식했다', 즉 이 인식은 '나는 화를 내고 있었다' 는 것입니다——그렇지 않으면 나는 그것이 노여움이라는 것을 알지 못할 것입니다. 그러면 이것은 어떤 것을 말하는 것일까요? 진실성 속에 인식이 개입하고 있는 것입니다. 즉 나는 언제나 현실을 '과거'의 견지에서 재생하고 있었던 것입니다.

그러면 그와 같은 일을 하지 않고 신선한 마음으로 새롭게 그 반응을 관찰할 수 있을까요? 가령 당신이 나를 바보 취급했기 때문에 나의 피가 끓어오르면서 "너도 바보다"라고 말했다고 합시다. 그러면 그때 나의 내부에서는 정신적·감정적으로 어떤 일이 생겼을까요? 그것은 내가 지금까지 자신에 대하여 '나는 무엇인가 가치 있는 인간이다'라는 이미지를 가지고 있었는데, 당신이 그 이미지를 모욕

했다는 것입니다. 즉 나의 과거 이미지가 반응을 일으켰던 것입니다. 그러면 이 과거의 반응을 없앨 수는 없을까요?——'과거'와 '현재'(새로운 것) 사이를 넓힐 수는 없을까요?——새로운 것(현재)과 직접 접촉하기 위하여 자기 내부의 '과거'를 끌어들일 수는 없을까요? 나는 여기에 모든 문제가 있다고 생각합니다.

질문: 당신은 모든 폭력이 '존재하는 것'과 '존재하지 않는 것'의 단순한 분열이라고 말하는 것입니까?

크리슈나무르티: 아닙니다. 다시 한 번 처음부터 말해봅시다. 우리 인간은 옛날이나 지금이나 야만적인 존재입니다. 그래서 나는 인간으로서 이 폭력성을 초월하는 길을 알고 싶습니다. 어떻게 하면 좋을까요? 나는 폭력이라는 것이 어떻게 인간 관계를 파괴해왔으며, 어떻게 인간에게 많은 고통을 가져다주었는지를 모두 깨달았습니다. 따라서 나는 어떠한 폭력도 없고 사랑으로 넘치는, 참으로 평화로운 생활을 하고 싶습니다. 어떻게 하면 좋을까요? 우선 나는 자신이 폭력적이라는 사실로부터 도피하지 말고 그것을 확실하게 파악하지 않으면 안됩니다. 자신의 그런 상태를 비난한다든지 그것을 '폭력'이라고 이름 붙인다든지 하는 것은 '도피'입니다——이름을 붙이는 것은 그것을 비난하거나 정당화하는 것입니다.

거기에서 깨달아야 할 것은 나의 마음은 '폭력'이라는 사실로부터 생각을 딴 곳으로 돌려서는 안된다——폭력의 원인을 조사한다든지 그 사실에 이름을 붙인다든지 정당화한다든지 비난한디든지 또는 제거하려고 생각을 딴 곳으로 돌려서는 안된다는 것입니다. 마음은 사실로부터 도피하지 말고 맑은 상태로 있어야 합니다. 그리고 '폭력을 극복하자'는 의지를 갖지 말아야 합니다. '의지'는 폭력 자체인 것입니다.

질문: 지금 우리는 폭력 속에 있는 질서를 찾아냄으로써 폭력을 알려고 하고 있는 것입니까?

크리슈나무르티: 아닙니다. 어떻게 폭력 안에 질서가 있을 수 있겠습니까? 폭력은 무질서한 것입니다. 마음은 폭력에 대하여 어떻게 대처하면 좋을지 모르기 때문에 교묘하게 폭력으로부터 도피하고 있는 것입니다. 그러나 결코 폭력으로부터 도피해서는 안됩니다. 어떠한 지적인 정당화도 구실도 내세워서는 안됩니다──좀 어렵겠지만 이 점을 알아주십시오. 마음은 폭력에 대처할 수 없기 때문에 혹은 대처할 수 없다고 생각되기 때문에 폭력으로부터 도피하는 것입니다. 그러나 폭력으로부터 도피하거나 생각을 돌리거나 하면, 거꾸로 자신의 폭력성을 길러주는 결과가 됩니다. 이것을 깨닫게 되면 그 마음은 '존재하는 것'이라는 사실과 직면하게 될 것입니다.

질문: 폭력이라는 것에 이름을 붙이지 않는다면 당신은 어떻게 그것을 우리에게 전달할 수 있습니까?

크리슈나무르티: 만일 당신이 자신의 폭력에 이름을 붙이게 되면 당신은 그 이름을 통해서 과거의 자신의 폭력과 관계한 것이 됩니다. 그것은 당신의 '과거의 눈'으로 자신의 폭력을 보고 있다는 것이며, 즉 당신은 자신의 폭력을 새롭게 관찰하고 있지 않다는 것입니다. 이점을 아시겠습니까?
　당신들은 "이 야만적인 사회에 살아남기 위해서는 나도 야만적으로 살아야 한다"든지 "인간이 폭력을 휘두르는 것은 자연적인 것이다. 자연도 생물을 죽이고 있지 않은가?"라는 말로 정당화하거나 비난하거나 저항하면서 관찰하도록 조건지어져 있는 것입니다. 그러나

만일 당신이 이미 알고 있는 이미지와 현실을 동일시하며 폭력을 새로운 눈으로 보고 있지 않은 자신을 깨닫는다면, 당신은 폭력을 새롭게 관찰할 수 있을 것입니다. 여기서 다음과 같은 의문이 생깁니다――'이미지는 어떻게 해서 형성되는 것인가?' 아내가 나에게 이렇게 말했습니다. "당신은 바보야." 그때 나는 그 말이 싫었기 때문에 그것이 나의 마음에 '흔적'을 남겼습니다. 그리고 또 그녀가 다른 말을 하면 그것도 나의 마음에 '흔적'을 남깁니다. 이 '흔적'이 이미지(기억)인 것입니다. 그러나 만일 내가 그녀로부터 바보 취급을 받을 때 충분히 주의하여 지각하고 있게 되면, 그 흔적은 남지 않습니다――그녀의 말이 옳은 것일 수도 있기 때문입니다. 즉 **부주의가 이미지를 만들며, 주의는 마음을 이미지로부터 해방시켜줍니다.** 이것은 아주 간단한 일입니다. 이와 같이 만일 내가 화가 나 있을 때에도 충분히 주의하고 있으면, 나의 내부에 '과거'가 개입하여 현실의 '노여움'을 지각하는 것을 방해하는 그러한 부주의가 일어나지 않게 됩니다.

질문: 그것은 의지를 사용하고 있는 것이 아닙니까?

크리슈나무르티: 나는 아까 의지는 폭력 자체라고 말했습니다. 의지란 무엇일까요? '저렇게 해보고 싶다', '저것이 탐난다', '이렇게 하고 싶다'고 생각하는 것, 현실에 저항하면서 다른 것을 요구하는 것입니다――이것은 일종의 저항입니다. '이렇게 하고 싶다'고 생각하는 것은 저항이며, 저항하는 것은 폭력적인 것입니다.

질문: 우리는 대답을 요구함으로서 문제로부터 도피하고 있다는 당신의 말은 잘 알겠습니다. 대답을 요구하는 것은 '존재하는 것'으로부터 도피하는 것입니다.

크리슈나무르티: 그래서 나는 '존재하는 것'을 보려면 어떻게 해야 좋은가를 알고 싶은 것입니다.

우리는 폭력을 초월하는 일이 가능한가 어떤가를 알려고 하고 있는 것입니다. 폭력으로부터 도피해서는 안된다는 것은 알고 있습니다. 조금 전에 이와 같은 문제를 취급했었습니다――'어떻게 해서 우리는 자기 자신이 폭력적이라는 것을 아는가?'――우리는 지금까지 현실보다 한 순간이 늦은 과거의 자신의 폭력적인 태도를 인식하고 있었지요? 그러나 만일 그 순간의 자신의 상태를 이름 붙이지도 정당화하지도 비난하지도 않고 관찰한다면, 그것을 새롭게 볼 수 있을 것입니다. 그렇지 않습니까? 자, 그때 당신 속에 있는 것은 폭력일까요? 그러나 우리의 생활은 이름 붙이거나 정당화하거나 비난하거나 하는 주어진 조건에 묶여 있기 때문에 현실을 새롭게 관찰한다는 것은 대단히 어려운 문제입니다. 현실을 어떻게 살면 좋을지 아셨습니까?

질문: 당신은 폭력으로부터 자유로워지라고 하는데, 우리는 자유로부터 얼마나 떨어져 있습니까?

크리슈나무르티: '자유로워진다'는 것은 어떤 의미라고 생각합니까? 노여움이나 불만이나 저항은 우리의 내부에까지 침투하고 있습니다. 그럴수록 우리의 마음은 그로부터도 자유로워져야 하지 않겠습니까? 즉 우리의 마음은 현재의 폭력성으로부터 자유로워질 수 있는가?――지금까지 우리의 내부에 무의식적으로 축적된 '증오', '노여움', '고통' 등으로부터 마음이 자유로워질 수 있는가 하는 것입니다. 어떻게 하면 그렇게 될 수 있을까요?

질문: 폭력으로부터 자유롭게 되어서 그 사람의 마음의 폭력성이 사라졌다고 해도 그 주위 사람들의 폭력적 태도를 보면 싫어지지 않을까요? 폭력으로부터 자유로워진 사람은 어떻게 해야 합니까?

크리슈나무르티: 그 사람은 남을 가르치게 됩니다. 돈 벌기 위해서가 아니라 단지 가르치는 것입니다. 남을 가르치는 것은 최고의 직업인 것입니다.

질문: 그러기 위해서 제일 간단한 방법은……?

크리슈나무르티: 제일 간단한 방법 말입니까? (웃음)——공전되기만 하고 진전이 없군요! 사람은 남을 가르침으로써 자기 자신을 배우게 됩니다. 즉 처음에 자신이 배워서 그것을 자신 안에 축적해놓고 그것을 타인에게 전하는 것이 아닙니다. 당신 자신은 폭력적입니다. 그리고 그런 자신을 이해하는 것이, 타인이 그 사람 자신을 이해하는 데 도움이 되는 것입니다. '가르치는 것'이 '배우는 것'이 되는 것입니다. 그러나 당신은 아직 이것을 깨닫지 못하고 있는 것 같으므로 조금 더 이 문제를 탐구해봅시다.

당신은 참으로 사랑을 알고 싶다고 생각하지 않습니까? 평화롭게 살려면 어떻게 하는 것이 좋을까, 사랑으로 가득 찬 생활을 보내려면 어떻게 하는 것이 좋을까 하는 것을 인간은 몇천 년 전부터 추구해왔습니다. 사랑은 우리가 '무아(無我)'라는 감각을 가졌을 때 나타나는 것입니다——이 점을 이해해주십시오. '왜 나는 사랑을 구하고 있는가?'——고독해서 구하는 것일까, 노여워서 구하는 것일까 혹은 괴로워서 구하는 것일까?' 당신도 이런 것에서 도피하지 말고 (그것에 이름을 붙이지 말고) 관찰해보십시오. 만일 당신 속에 괴로운 생각이 있다면, 그 상태에 이름을 붙이지 말고 관찰해보십시오.

질문: 당신은 모든 폭력을 제거할 것을 주장하고 있는 것입니까? 그러나 우리의 생활에 약간의 폭력(육체적 폭력이 아닌)은 필요한 것이 아닐까요? 왜냐하면 나 자신으로부터 불만감을 제거하기 위해서는 약간의 폭력은 필요할 테니까 말입니다. 불만을 품지 않도록 자신을 통제하는 것은 유효한 일일까요?

크리슈나무르티: 아닙니다, 부인. 그 대답은 이렇습니다. '왜 우리는 불만인가?' 당신은 이와 같은 의문을 가져본 일이 있습니까? 그리고 여기에는 또 하나의 문제가 있습니다. 그것은 '만족한다는 것은 어떤 것인가?' 하는 것입니다. 왜 당신은 만족하고 싶습니까? 만족할 만한 것이 있을까요? 당신 속에 '나'라는 감각이 만족하는 것일까요? '나'라는 감각은 폭력적이며 분열되어 있습니다. '나는 당신보다 훌륭하다'고 말하고 있는 것도 그리고 야심, 명성, 악명을 추구하고 있는 것도 이 '나'라는 감각입니다. 그런 '나'가 달성하고 싶은 것을 달성할 수 없을 때 그것이 불만을 낳게 되는 것입니다. 그래서 우리는 고통을 느끼게 됩니다. 당신은 자신 속에 '나'라는 감각이 있어 그 감각이 자신을 확대하려고 해도 그것이 불가능할 때 불만을 느끼게 되는 것을 알고 있습니까?——그 불만감도, '확대하자'라는 욕구도 폭력인 것입니다. 이 진리를 깨닫는다면 당신 속의 '만족하고 싶다'는 욕구도 불만도 사라질 것입니다.

질문: 동물이나 식물도 살아 있습니다. 당신은 동물을 죽이는 것과 식물을 죽이는 것을 구별하고 있습니까?

크리슈나무르티: 사람은 살아야 합니다. 그래서 사람은 필요로 하는 최소한의 생물을 죽입니다. 나는 지금까지 고기를 먹은 일이 없습니

다. 그리고 몇몇 과학자들도 차츰 이런 관점에 도달하고 있는 것으로 생각합니다. 만일 그들이 고기를 먹지 않게 된다면 당신들도 모두 그렇게 하겠지요!

질문: 제가 생각하기에는 이 자리에 있는 사람들은 모두가 아리스토텔레스적인 사고방식을 사용하고 있는데, 당신은 비(非)아리스토텔레스적인 사고방식을 사용하고 있습니다. 이 두 가지 방법의 차이는 놀랄 만큼 대단한 것입니다. 이런 상태에서 어떻게 하면 우리는 서로 교류할 수 있을까요?

크리슈나무르티: 그것이 어려운 점입니다. 지금까지 여러분은 하나하나의 말이나 형식에 일일이 특정한 의미를 붙여왔지만 나는 그와 같은 특정한 관념을 갖고 있지 않습니다. 그래서 우리의 대화가 어려운 것입니다. 전에도 말했지만, 말은 사실 자체가 아닌 것입니다――묘사는 '사실 자체'가 아닌 것입니다――설명도 '설명된 사실'이 아닌 것입니다. 그런데 여러분은 말(설명)에 집착하고 있기 때문에 어려워지는 것입니다.

우리는 폭력이 무엇인가를 알았습니다. 그리고 공포나 쾌락의 일부도 폭력적이라는 것을 알았습니다. 폭력은 인간을 흥분시키는 박력이 있습니다. 그렇기 때문에 사람들은 폭력을 추구하며 사회도 그것을 장려하고 있습니다. 그리고 그 책임이 우리 자신에게 있음에도 불구하고 그 사회를 비난하고 있습니다. 그러나 당신이 폭력의 진리를 진실로 이해하고 깨닫는다면 이 처참한 폭력의 에너지는 완전히 변화될 것입니다.

질문: 그렇게 하면 '비폭력'이 성립된다――폭력은 있어야 할 상태로 변화될 것이다――는 것입니까?

크리슈나무르티: 그렇습니다——그와 같은 말로 표현하면, 그렇게 됩니다.

폭력도 하나의 에너지이고, 사랑도 하나의 에너지입니다(이 사랑은 질투나 걱정, 공포, 괴로운 생각, 갈등 따위를 수반하지 않는 사랑을 말합니다). 폭력도 에너지이고 질투가 심한 사랑도 에너지입니다. 이 두 가지 에너지를 초월한다는 것은 두 가지의 같은 에너지를 완전히 전화(轉化)시킨다는 것입니다.

질문: 질투가 심한 사랑은 폭력적인 것인가요?

크리슈나무르티: 물론입니다.

질문: 즉 우리는 '폭력'과 '사랑', 두 가지 에너지를 가지고 있는 것이군요.

크리슈나무르티: 그 두 가지 에너지는 같은 것입니다.

질문: 우리는 언제 신비적인 체험을 하게 됩니까?

크리슈나무르티: 그것이 폭력과 무슨 관계가 있습니까? 언제 신비적인 체험을 할 수 있느냐고요? 당신은 결코 그와 같은 체험을 하지 못할 것입니다! 당신은 '신비적 체험'의 의미를 알고 있습니까? ESP(초감각)를 체험하려면 성숙한 정신과 훌륭한 감수성, 그리고 특출한 예지를 가지고 있어야 합니다. 그런데 예지가 있는 사람은 신비적인 체험 같은 것을 추구하지 않습니다. (웃음)

부디 다음 말을 잘 들어주십시오. 사람들은 폭력을 휘두르며 서로를 파괴하고 있습니다. 남편은 아내를 파괴하고 아내는 남편을 파괴하고 있습니다. 그 부부가 함께 자고 함께 걷는다고 하여도 역시 그들은 각자의 문제나 각자의 근심을 갖고 서로 고립되어 있는 것입니다. 즉 고립이 서로를 폭력적으로 만드는 것입니다. 그러나 만일 여러분이 자신의 그와 같은 행위를 깨닫고 ('그들의 행위에 대해서 생각한다'는 뜻은 아닙니다) 그 위험성을 알게 되면, 여러분은 참된 행동을 하게 될 것입니다. 예를 들어 위험한 맹수를 만나게 되면 우리는 아무런 망설임도 없이, 또한 그 맹수와 타협하는 일도 없이 당장 도망을 치든지 어떤 행동을 취할 것입니다. 그것과 같은 이치입니다. 그러나 지금 우리는 토론하고 있습니다. 그것은 여러분이 폭력의 처참한 위험성을 깨닫지 못하고 있기 때문인 것입니다.

만일 진실로 폭력의 성질과 위험성을 깨닫는다면 여러분은 당장 폭력을 그만둘 것입니다. 그러나 여러분이 진실로 폭력의 위험성을 알고 싶다고 생각하지 않는다면, 누군가가 그 위험성을 지적해주어도 결국 여러분은 그것을 알지 못합니다──여러분이 정말로 알기를 원하지 않는 한, 아리스토텔레스적인 논리도 비아리스토텔레스적인 논리도 여러분을 도와주지 못할 것입니다.

질문: 타인이 휘두르는 폭력에는 어떻게 대처하면 좋을까요?

크리슈나무르티: 그것은 전혀 다른 문제군요. 폭력적인 이웃에 어떻게 대처하면 좋을까요? 다른 한쪽 뺨을 내밀어보겠습니까? 상대방은 기뻐할 것입니다. 어떻게 하면 좋을까요? 그런데 당신은 스스로 비폭력적이면서 그런 의문을 갖는 것입니까? 잘 들어주십시오. 만일 당신의 마음속에 어떠한 폭력성도 없다면──어떠한 고통도 증오도 만족감도 '자유롭게 되고 싶다'는 욕구도 없다면──당신이 '폭력적인 이웃에 어떻게 대처해야 좋을까?' 하는 의문을 가질 수 있을까요,

아니면 그때 당신은 그 이웃에게 어떻게 대처하면 좋을까 하는 것을 알게 될까요? 타인이 당신을 폭력적이라고 말한다고 해도 당신은 폭력적이 아닐지도 모릅니다. 즉 당신이 타인으로부터 폭력적인 취급을 받더라도 당신은 그 상태에 어떻게 대처해야 좋을까 하는 것을 알게 될 것입니다. 그리고 당신이 그 사람의 행위에 대처하고 있는 것을 보고 그 자리에 있던 제3자가 당신에게 '당신도 폭력적이다'고 말한다 해도, 당신은 자신이 폭력적이 아니라는 것을 충분히 알고 있기 때문에 문제는 없습니다. 즉 중요한 것은 '어떠한 폭력도 품지 않고 자기 자신을 충분히 발휘하면서 산다'는 것입니다. 타인이 당신에 대하여 무엇이라고 하든 그것은 문제가 되지 않습니다.

질문: 만물의 일체를 믿는 사람과 만물의 분열을 믿는 사람이 똑같다는 것입니까?

크리슈나무르티: 왜 사람들은 무엇인가를 믿고 싶어할까요? 왜 전인류의 통일을 믿고 싶어할까요? 우리 인간은 통일되어 있지 않습니다. 그런데 왜 사람들은 사실이 아닌 것을 믿고 싶어할까요? 생각해 보십시오. 사람들은 각각 다른 신념을 갖고 있으며 그 신념 때문에 서로를 죽이고 있습니다.

왜 당신은 믿는 것일까요? 그것은 당신이 두려워하고 있기 때문입니다. 제 말이 틀렸습니까? 당신은 내일 해가 뜨리라는 것을 믿습니까?──그것은 존재하고 있는 것이므로 믿을 필요가 없겠지요. 믿는다는 것은 분열의 일종입니다. 따라서 그것이 폭력이기도 합니다. '폭력으로부터 자유롭다'는 것은 인간이 지금까지 가르쳐온 모든 것──신앙, 교의(教義), 의식, 나의 나라, 당신의 나라, 나의 신, 당신의 신, 나의 의견, 당신의 의견, 나의 생각 등──의 속박으로부터 해방되어 있다는 것입니다. 그러한 속박이 사람들을 분열시키고 폭력을 길러내고 있는 것입니다. 그리고 인류의 통일을 주장하고 있는 종교단체조차도 각기 자기의 종교가 다른 종교보다 훨씬 낫다고 생각하고 있는 것입니다.

질문: 당신의 관점에서 판단하면, 인류의 통일을 주장하는 사람들은 인류의 분열을 촉진하고 있는 것이군요.

크리슈나무르티: 그렇습니다.

질문: 인간이 사는 목적은 능숙하게 살 수 있도록 되는 것입니까?

크리슈나무르티: 왜 당신은 '사는 목적'을 추구합니까?──산다는 것. 당신의 생활 자체가 당신의 목적인 것입니다. 왜 당신은 목적을 추구합니까? 사람들은 각각 저마다의 목적을 갖고 있습니다. 종교인은 종교인으로서의 목적을, 과학자는 과학자로서의 목적을, 유복한 사람은 유복한 사람으로서의 목적을 모두 갖고 있으며, 그들은 모두 서로 분열하고 있습니다. 즉 목적이 있는 사람은 폭력을 기르고 있는 것입니다. 이것은 명백한 사실입니다.

1970년 4월 8일

제7장 명 상

'사랑'이란 우리 자신의 생명이 조화를 이루고 있는 것이다. 그때야말로 우리는 자신의 교사이며 학생이고 이웃이며 저 구름의 아름다움이며 모두인 것이다.

명상이란 무엇일까요? 보통 우리는 복잡한 문제를 추구하기 전에 그것을 추구하고 난 뒤의 자신이 어떻게 되어 있을지를 이미 알고 있습니다. 우리(특히 진지한 사람이나 과학자)는 항상 무엇인가를 추구하고 있습니다. 추구하면 반드시 어떤 대답이 나옵니다. 그러므로 '명상이란 무엇인가?', '왜 명상하지 않으면 안되는가?', '명상에는 어떤 방법이 있는가?', '명상은 우리를 어디로 인도하는가?' 하는 문제를 답구하기 전에 '추구한다'는 말의 의미를 명확하게 이해하고 있어야 합니다.

'추구한다(seek)'는 말에는 '이미 다소간의 결과는 알고 있다'는 의미가 포함되어 있는 것입니다. 진리나 신이나 완전한 생명을 추구할 경우, 우리는 추구하기 전부터 이미 마음속에 그 이미지를 그려 놓고 있습니다. 우리는 추구하기 전부터 그 윤곽, 색채, 요소 따위를 이미 알고 있습니다. 따라서 '추구한다'는 말에는 '그 해답을 발견했을 때 그것이 해답이라고 인식할 수 있는 이유는 본래부터 알고 있던 해답을 잊고 있었기 때문이다. 즉 이미 그 해답을 알고 있기 때문에 나는 다만 그것을 찾아서 발견하면 되는 것이다'는 의미가 포함되어 있지 않을까요?

무엇을 추구하려고 할 경우, 우리는 이미 그 해답을 예측하고 있습니다――예를 들어 실망하고 있다든지 고독하거나 하면 당신은 자신을 지탱시켜줄 '희망'이나 '친구'를 찾게 되며 결국 희망하던 것을 발견하게 됩니다. 그러므로 우리는 명상을 시작하기 전에 '명상을 추구하는 것은 무의미한 것이다'라는 것을 이해하고 있어야 합니다.

　명상을 할 때 우리의 마음은 '정직'이라는 '질서'에 기초를 두어야 합니다――이 경우의 '정직'이란 사회적으로나 도덕적으로 훌륭한 행동을 한다는 의미가 아니라 '무질서'를 이해하고 난 뒤에 얻는 '질서'를 의미합니다. 무질서라는 것은 투쟁이 있기 때문에 생기는 것입니다.

　'무질서'를 이해하고 난 뒤에 얻는 '질서'――이 질서는 청사진(권위, 자신이 경험한 것)에 따라서 얻어지는 것은 아닙니다. 이 질서는 아무런 노력도 하지 않을 때 얻어지는 것입니다. 왜냐하면 노력하게 되면 사실을 왜곡하게 되기 때문입니다.

　우리는 지금 아무런 노력도 없이 '질서'를 가져와야 한다는 대단히 어려운 문제를 말하고 있습니다. 우리는 어떻게 해서 자신들의 내면이 무질서해지는가――어떻게 해서 갈등이 생기는가――를 이해해야 합니다. '내면의 무질서를 이해한다'는 것은 그것을 극복한다든지 억누른다는 것이 아니고 그것을 관찰한다는 뜻입니다. 그러나 어떠한 왜곡도 없이, 또한 강제적이고 명령적인 생각이나 충동도 없이 자신을 관찰하는 일은 정말 어려운 것입니다.

　자기 자신을 제어한다는 것은 자신이 싫어하는 부분을 거부하거나 배제한다는 것을 의미합니다. 자신을 제어하게 되면 자기 자신 속에서 '제어하는 사람'과 '제어받는 것' 사이에 분열이 생겨서 갈등이 일어나게 되기 때문입니다. 이것을 일단 이해하게 되면 당신은 두 번 다시 자기 자신을 제어하거나 선택하거나 하지 않게 될 것입니다. 이상과 같은 것이 여러분에게는 어렵고 모순된 것으로 생각될지도 모르겠습니다. 의지를 사용하여 자기 자신을 제어하지 않고도 질서를 가져올 수 있을까 하고 여러분은 생각할지도 모르겠습니다. 그러나 방금 말한 바와 같이 자신을 제어하게 되면 자신 안에서 '제어하는 사람'과 '제어받는 것' 사이에 분열이 일어나고 그것이 갈등이 되어서 결국 자신을 파괴하게 됩니다. 이런 이치를 알게 되면 당신은 두 번 다시 자기 자신을 '제어하는 사람'과 '제어받는 것'으로 분열시키지 않을 것입니다. '실제로 존재하는 것'을 이해하게 되면 그것을 제어하려는 생각은 하지 않게 됩니다.

　이런 이유에서 명상의 문제를 탐구하려면 다음의 두 가지 점을 이해하고 있어야 합니다. 우선 첫째로 '명상은 추구할 필요가 없다'는 것과 둘째로 자기를 제어하면 그 '제어하는 사람'과 '제어받는 것'이 분열되어 내면에 무질서 상태(모순, 이중성)를 일으킨다는 것을 이해하고 나서 내면에 질서를 가져와야만 한다──내면의 무질서를 이해하고 나서 질서를 가져와야만 한다는 것을 말입니다.

　이 질서는 예를 들어 당신이 화가 나 있는 자신을 진정시키려고 할 때, 당신 자신이 그 노여움 자체라는 것을 깨달았을 때 생기는 것입니다. 이것을 모르면 명상을 알 수 없습니다. 책이나 선생으로부터 배운다든지 혹은 명상그룹에 참가해서 자신을 속이지 않도록 하십시오. 왜냐하면 당신의 내면이 질서있게 활동하지 않는다면──당신에게 '덕'이 없다면──당신이 무엇을 배워도 그 마음속에는 혼란과 그것을 바로잡으려는 노력밖에 없게 되기 때문입니다. 그런 마음은 명상의 참된 의미 같은 것은 알 수가 없습니다.

　사람은 그의 모든 존재를 바쳐서 애정이 있는 인간이 되지 않으면 안됩니다. 즉 우리는 어떠한 공포도 없이 살지 않으면 안됩니다. '사랑'이란 대단히 불가사의한 것입니다. 내가 지금 사용하고 있는 '사랑'이라는 말은 쾌락이나 욕망이나 질투와 무관한 사랑이며, 타인과 경쟁을 한다든지 '나의 사랑'이나 '당신의 사랑'으로 분열하지 않는 사랑을 의미합니다. 만일 당신의 마음(여기에는 두뇌와 감성도 포함됩니다)에 이와 같은 사랑이 있다면, 당신의 마음은 완전히 조화를 이루게 될 것입니다. 우리의 마음은 그렇게 되지 않으면 안됩니다. 마음에 사랑이 없으면 아무리 명상을 하여도 그것은 단순한 자기 최면에 불과합니다.

우리는 자신의 마음이 어떻게 활동하고 있는가, '나', '나가 아닌 것'이라는 중심적 감각이 어떻게 활동하고 있는가 하는 것을 진지하게 발견하지 않으면 안됩니다――즉 환각이나 망상, 상상이나 낭만적인 이미지 같은 것의 술책에 현혹되어 있는 자기 자신을 잘 알고 있을 필요가 있습니다. 감정적으로 된 마음은 자신을 폭력적이고 잔혹하게 만듭니다. 즉 감정적으로 된 마음에는 사랑이 없습니다.

자기 자신을 잘 안다는 것은 대단히 중요한 일입니다. 왜냐하면 아무리 자기 자신을 관찰하더라도 선입관이나 결론이나 방법을 통해서 자신을 관찰한다든지 또는 심리학자의 의견에 따라서 자기 자신을 관찰한다면, 그것은 참된 자기 관찰이 아니기 때문입니다. 그러므로 자신의 내면의 움직임을 진실로 관찰하며 배우기 위해서는 상당한 훈련이 필요합니다.

우리의 마음은 타인의 의견이나 경험에 속박되지 말고 완전히 독립되어 있어야 합니다. '깨달음'이라는 것은 정신 지도자의 의견을 따름으로써 얻어지는 것이 아닙니다. 그것은 자기 자신 속에 존재하는 것을 이해함으로써 얻어지는 것입니다. 따라서 자기 자신으로부터 떨어져서는 안됩니다. 마음은 마음 자신 속에서 실제로 일어나고 있는 일을 이해하지 않으면 안됩니다. 마음 자신 속에서 실제로 일어나고 있는 일들을 왜곡시킨다든지 좋아하는 부분만을 골라낸다든지 설명을 가한다든지 정당화한다든지 그것을 원망한다든지 질투한다든지 하지 말고 마음은 단지 그 사실만을 지각해야 합니다.

이 상태는 그 정신이 편하고 행복감으로 차 있을 때에만 가능한 것이며, 강제적으로 마음을 통제한다든지 '그 동안에 자신의 마음이 이해하게 되겠지'라는 희망을 갖는다면, 언제까지도 진실하게 마음을 이해할 수 없습니다. 희망을 갖는다는 것은 실망으로부터의 도피인 것입니다. 그러므로 희망 같은 것을 갖지 말고 자신의 내부에 있는 실망을 이해해야 합니다. '존재하는 것'을 이해할 때에는 희망도 실망도 없습니다.

이와 같은 탐구는 인간적인 마음을 보다 깊게 탐구하는 것이 아닐까요? 불가능한 것같이 생각되어 결코 탐구하지 않는 사람은 '가능성있는 것밖에 생각하지 않는다'는 함정에 빠져 있는 것입니다. 사람들은 간단히 이 함정에 빠집니다. 우리는 마음과 혼의 한계가 이르기까지 최선을 다해야 합니다. 그렇지 않으면 한평생 가까운 곳에 있는 안이한 가능성 속에서 살게 될 것이기 때문입니다.

여러분은 지금까지의 이야기를 이해했습니까? 적어도 이론적으로는 이해했으리라고 생각합니다. 우리는 사실을 말로 묘사할 수밖에 없습니다. 그러나 '묘사된 말'과 '사실'은 동일한 것이 아닙니다.

만일 여러분이 나와 함께 같은 탐구의 길을 걷고 있다면(즉 단지 관념적으로만 나의 말을 듣는다든지 막연하게 경험하는 것이 아니고, 여러분이 진정으로 나의 말을 관찰하고 있다면), 여러분은 진실로 탐구의 길에 들어선 것입니다.

'관찰하는 것'과 '경험하는 것'에는 큰 차이가 있습니다. '관찰'이란 '관찰자'와 '관찰되는 것'으로 분리시키지 않고 그저 관찰하는 것을 의미합니다. 그러나 정신분석은 이와 달리 '자기'가 '자기가 아닌 것'을 조사하고 자신을 분석합니다. '관찰'은 축적된 경험을 통해서 배우는 것이 아니라 그저 배우는 것을 의미합니다. 흔히 사람들은 축적된 경험을 바탕으로 생각하고 행동하면서 배우지만, 내가 말하는 '학습'은 축적된 경험에 바탕을 두지 않고 배우는 것입니다. 요컨대 문제를 관찰하는 것과 논리를 구사해서 문제를 탐구하는 것은 전혀 다른 행위인 것입니다.

그래서 '경험'이라는 것이 문제가 됩니다. 왜 우리는 경험을 추구하는 것일까요? 여러분은 이에 대해서 생각해본 일이 있습니까? 우리는 언제나 경험하고 있습니다. 그 경험에는 우리가 깨닫고 있는 것도 있고 그렇지 않은 것도 있습니다. 우리는 또한 무엇인가 심원하고 신비스런 경험도 추구하고 있습니다. 왜 그럴까요? 그것은 우리의 생활이 보잘것없고 불행하며 거짓말투성이기 때문이 아닐까요? 사람들은 현재의 생활은 잊어버리고 지금까지와는 다른 생활을 추구하고 있습니다. 그러나 항상 여러 가지 문제로 고민하며 두려워하고 있는 우리의 마음이 그것 자신의 선입관이나 활동과 동떨어진 일을 경험할 수 있으리라고 생각합니까? 경험을 추구한다는 것은 '존재하는 것'으로부터 도피한다는 것입니다. 그러나 최고로 신비적인 상태는 이 '존재하는 것'을 통해서 나타나는 것입니다. '경험한다'는 말에는 '인식한다'는 의미도 포함되어 있습니다. 그리고 '그것을 인식했다'는 것은 '이미 이전부터 그것을 알고 있었다'는 의미입니다. 즉 흔히 우리가 경험하는 것은 과거의 결과이지, 어떤 새로운 것을 경험하는 것이 아닙니다. 그러므로 사실을 관찰하는 것과 경험을 추구하는 것은 의미가 다른 것입니다.

따라서 이런 복잡한 문제를 탐구하기 위해서는 상당한 주의력이 필요하다는 것을 명확하게 깨달은 뒤에야 비로소 우리는 '명상이란 무엇인가?'라는 최초의 의문을 가질 수 있게 됩니다. 명상에 관한 책이 이것저것 출판되어 있기도 하고, 명상의 방법을 가르쳐주는 요가 선생도 많이 있습니다. 아시아에서는 신을 논한다든지 명상에 대한 말을 하는 것이 습관처럼 되어 있습니다. 그들은 조용한 방에서 10분쯤 정좌하여 하나의 이미지(자신이 만들어낸 이미지나 타인이 가르쳐준 이미지)에 자신의 마음을 집중시킵니다. 그리고 마음이 그 이미지 주변을 맴돌며 몸부림치는 장난을 그들은 '명상'이라고 부릅니다.

명상에 대하여 아무것도 모르는 사람은 남이 그것을 가르쳐주기를 바라지 말고 자신의 힘으로 참된 명상을 발견해야 합니다. 그리고 그 명상이 자신을 무한대로 확대시켜주는지 어떤지도 발견해야 합니다. 여러분은 이 문제를 아무런 선입관도 없이 탐구해야 합니다.

 우리의 마음은 항상 지껄이든지 관념을 투영하든지 하면서 모순과 비교 속에서 활동하고 있습니다. 그러므로 우리는 그 마음을 관찰하기 위해서는 조용히 있어야 합니다.

 예를 들어 내가 여러분의 말을 듣기 위해서는 여러분에게 주의를 기울여야 하지 않겠습니까? 이 경우에 나는 지껄이지도 말고 또한 어떤 생각도 하지 않으며 여러분들의 말과 내가 가지고 있는 지식을 비교해보지도 않으면서 조용히 여러분의 말을 듣고 있어야 합니다. 나의 마음은 조용하고 주의 깊은 상태에 있어야 합니다.

 폭력의 전체적 구조를 명확하게 지각하는 것이 인간에게는 절대적으로 필요합니다. 폭력을 관찰하고 있으면 마음은 점점 침착해집니다. 그러나 결코 마음을 침묵시키려고 해서는 안됩니다. 마음을 침묵시키려고 하는 것은 '시간을 들여서 마음을 침묵시키자', '마음을 침묵시키고 싶다'고 생각하는 '자기'라는 감각을 내면에 품고 있다는 말입니다. 이것은 어려운 점입니다. 명상교사들은 이렇게 말하고 있습니다. "마음을 통제하시오", "마음을 가라앉히시오"라고. 그러나 마음을 통제하면 내면의 갈등만 생길 뿐, 몇십 년이 가도 마음은 침묵하지 않을 것입니다. 그것과는 반대로 관찰만 하고 있는 마음은 자신을 통제하지도 않고 갈등도 일으키지 않습니다.

 '본다'든지 '듣는다'든지 하는 행위는 주의를 집중시킨다는 의미입니다. 그러나 마음을 훈련시켜서 주의가 깊어질 수는 없습니다. 왜냐하면 마음을 훈련시키면 그 순간 마음은 '부주의' 상태로 되어버리기 때문입니다. 당신이 주의 깊은 상태가 되었을 때 그 마음이 제멋대로 옆길로 빠져나가도 그대로 내버려두십시오. 그리고 마음이 부주의하게 되었다는 것을 지각해주십시오. 즉 그 부주의를 자각하는 것이 주의 깊은 상태인 것입니다. 부주의한 마음에 관여해서는 안됩니다——'주의 깊게 되지 않으면 안된다'고 생각해서는 안됩니다——그러한 것은 속임수입니다. 좋다거나 싫다고 판단하지 말고 자신이 부주의하다는 것을 지각하십시오. 그러면 어떻게 될까요? 만일 그러한 부주의한 상태에서 어떤 행위가 일어난다면 그 행위를 지각하십시오. 아시겠습니까? 이것은 극히 간단한 일입니다. 만일 여러분이 그렇게 한다면 여러분의 마음은 물과 같이 대단히 맑아질 것입니다.

참으로 조용한 마음은 '아름다움'의 상태에 있습니다. 새가 우는 소리, 인간의 소리, 정치가의 말, 목사의 말 그리고 사람들의 주의 주장을 조용히 들어보면 그것을 충분히 이해할 수 있습니다. 또한 그와 같이 침묵하기 위해서는 육체도 완전히 침묵해야 합니다. 우리의 육체조직(손가락이나 눈)은 언제나 초조해하며 신경질적으로 반응하고 있습니다. 당신은 자신의 몸을 전혀 움직이지 않고 (눈동자도 움직이지 않고) 조용히 앉아 있어본 일이 있습니까? 단 2분간이라도 좋으니 그렇게 해보십시오. 관찰의 방법을 알고 있는 사람이라면, 단 2분 사이에도 이런 일 모두를 깨달을 수 있을 것입니다.

당신이 몸을 조용하게 유지하고 있으면 보다 많은 혈액이 머릿속으로 흘러 들어갑니다. 그러나 몸을 웅크린다든지 단정치 못한 자세로 앉아 있으면 머리로 가는 피의 순환이 나빠집니다——여러분도 이것을 알아두어야 합니다. 그러나 명상하면서도 무엇이든지 할 수 있습니다——버스를 타고 있거나 차를 운전하면서도 명상을 할 수 있다는 것은 훌륭한 일입니다. 육체에는 예지가 있습니다. 그러나 그것은 사고에 의하여 파괴되고 있습니다. 우리의 사고는 육체를 쾌락을 위한 음식이나 섹스에 열중하는 따위의 특정한 일에만 사용하거나 혹은 사고 자신이 피로했을 때에는 정신이 나게끔 무리하게 통제하기도 하고 약을 사용하기도 하지만, 그렇게 함으로써 우리는 육체의 예지를 파괴하고 있는 것입니다. 인간은 민감해야 합니다. 그러므로 우리는 식사에도 주의해야 합니다——만일 과식을 했어도 주의하고 있으면 자신에게 무엇이 일어났는지를 알게 됩니다. 민감하게 되면 예지, 즉 사랑이 있게 되고, 따라서 거기에는 '기쁨'과 '무한한 확대'가 있게 됩니다.

많은 사람들이 어떤 형태로든 육체적 고통에 시달리고 있습니다. 우리는 그 고통이 계속되는 동안 '이 고통이 없었으면 좋겠는데'라든지 '이 고통을 제거할 수는 없을까?'라고 생각하며 마음을 동요시킵니다. 그러나 육체에 고통이 있을 때에는 그 고통을 관찰하십시오. 결코 그것에 사고를 개입시켜서는 안됩니다.

마음(여기에는 두뇌도 영혼도 포함됩니다)은 전체적으로 조화되어 있어야 합니다. 그러나 당신의 마음이 조화를 이루고 있다고 한들 그것이 이 혼란한 세상에 어떤 가치가 있을까요? 만일 이 세상에 그런 황홀한 생명을 가진 사람이 한두 명 있다고 한들 그것에 어떤 의의가 있을까요? 그러나 이 의문에는 아무런 의의도 없습니다. 당신의 생명이 조화를 이루고 있으면 그것이 전부인 것입니다. 그렇게 되면 당신은 선생이 되고 학생이 되고 이웃이 되고 또한 저 구름의 아름다움이 되며, 모든 것이 될 것입니다. 그것이 사랑입니다.

자, 다음으로 이런 문제가 나옵니다. 마음이라는 것은 지금까지 훈련된 방향을 좇아 활동하고 있지만, 그 의식적인 마음은 수면중에도 꿈속에서 활동하고 있다는 문제입니다. 즉 꿈속에서의 행위나 현상은 낮에 있었던 마음의 활동의 계속인 것입니다. 꿈속에서는 전문가의 설명이 필요한 이상한 장면이 곧잘 보입니다. 그러나 그것도 당신의 하루의 생활을 주의 깊게 보고 있으면 간단하게 관찰할 수 있습니다. 그것은 그렇다치고 왜 꿈 같은 것을 꿀 필요가 있을까요? 심리학자들은 꿈을 꾸지 않으면 미쳐버린다고 합니다. 그러나 만일 당신이 낮에 깨어 있을 때 자신의 자기 중심적인 활동——공포감,

걱정거리, 죄의식——을 하루 종일 주의해서 관찰한다면 당신은 꿈 같은 것은 꾸지 않게 될 것입니다. 아무것도 모르면서 사고를 계속 관찰하게 되면 피로해지지만, 당신의 마음이 사고의 모든 순간을 계속 관찰하게 되면(사고의 말에 주의를 계속 집중시키게 되면), 당신은 관찰의 훌륭함을 알게 될 것입니다. 그리고 그 관찰이 수면중에도 계속되는 것을 깨닫게 될 것입니다. 지금까지 한 말을 이해한다면 당신의 명상은 위엄과 우아함과 아름다움으로 충만하여 훌륭한 가치를 지니게 될 것입니다. 잘 때도 깨어 있을 때도 주의라는 것이 어떤 것인가를 이해하고 있는 마음은 전체적으로 각성하고 있는 마음입니다. 이 이상은 도저히 말로는 표현할 수 없습니다. 사람은 다른 사람에게는 출입문을 가르쳐줄 수 있습니다. 그 문 앞에 이르러 들어갈 것인가 들어가지 않을 것인가 하는 것은 그 사람에게 달려 있는 것입니다. 이 이상은 그 누구도 말로 표현할 수 없습니다——그것이 중요한 것인가 하찮은 것인가 하는 것은 문제가 되지 않습니다. 그것을 말로 표현하는 사람은 아무것도 모르는 사람입니다. 즉 "알고 있다"고 말하는 사람은 사실 아무것도 모르고 있는 것입니다.

질문: '침묵'이란 무엇입니까? 그것은 잡음이 사라진 상태를 말하는 것입니까?

크리슈나무르티: 소리라는 것은 정말 이상한 것입니다. 당신이 소리를 들은 적이 있는지 없는지는 모르겠습니다——이 '소리'란 당신이 '좋아하는 소리'나 '싫어하는 소리'를 말하는 것이 아니라 소리 그 자체를 말하는 것입니다. 소리는 공간에서 훌륭한 효과를 발휘합니다. 당신은 아무런 반감도 갖지 않고 머리 위를 지나가는 제트기의 우렁찬 소리를 들어본 일이 있습니까? 당신은 그 소리와 함께 행동한 일이 있습니까? 그 소리에는 특정한 공명이 있습니다.

그러면 '침묵'이란 무엇일까요? 그것은 잡음을 억제하고 만들어낸 '공간'을 말하는 것일까요? 두뇌는 언제나 자극에 대하여 자기 자신의 잡음으로 반응합니다. 그러면 그 자기 중심적인 잡음(사실을 말로 바꾼다든지 생각한다든지 하는 것)이 정지된 상태가 '침묵'일까요? 그러나 그 사고나 언어화(言語化)가 아무리 외견상으로 정지한 듯 보여도 두뇌의 활동은 계속됩니다. 그러므로 두뇌의 잡음뿐만 아니라 두뇌의 모든 움직임이 완전히 정지하지 않으면 참된 침묵이라고 할 수 없지 않을까요? 당신도 자신의 두뇌를 잘 관찰해보십시오. 그리고 몇천 년 전부터 조건지어져온 두뇌가 어떻게 모든 자극에 즉시로 반응하는가, 또 항상 반응하거나 지껄이고 있는 이 뇌세포가 완전히 조용해지는가 어떤가를 깨달아주십시오.

마음(두뇌, 육체의 모든 조직, 상관관계에 있는 정신과 육체 전체)을 완전히 침묵시키는 일이 가능할까요?——그것도 강제적으로 침묵시킨다든지 '훌륭한 체험을 하기 위해서는 침묵하지 않으면 안된다'는 탐욕적인 생각을 하지 않고 자연적으로 침묵시키는 일이 가능할까요? 당신의 마음이 침묵하고 있다면 그것이 단순한 사고의 산물인지 혹은 기초를 두고 있는 참된 마음의 침묵인지를 관찰해주십시오. 만일 당신 마음의 침묵 속에 사랑과 덕, 미와 선 그리고 참된 염려 같은 기초가 없다면 그 침묵은 두뇌의 잡음만이 사라진 상태에 불과한 것입니다.

마음을 가라앉히기 위하여 마약을 사용하는 사람도 있습니다. 고대 인도에서는 '소마'라는 것이 사용되었습니다. 그것은 버섯의 일종으로 즙을 내서 마시면 마음이 편해지기도 하고 여러 가지 환각 증상이 일어납니다. 그러나 어떤 훌륭한 경험을 하여도 그 경험은 모두 각 사람의 주어진 조건의 산물인 것입니다. 우리는 무엇인가를 두려워한다든지 고통을 받는다든지 하면 신을 믿기도 합니다. 신을 믿고 있는 사람이 경험하는 신은 그 사람 자신의 공포의 산물인 것입니다. 따라서 그 환각 증상은 그 사람 자신의 그림자에 불과한 것입니다. 어찌 되었든 그러는 동안에 고대인들은 '소마'를 만드는 법을 잊어버리게 되었고 그 후에 해시시나 LSD, 마리화나 담배, 헤로인 따위가 등장했던 것입니다. 또 마음을 가라앉히려고 단식을 하는 사람도 있습니다. 단식을 하면 특정한 화학작용에 의해서 그 마음에 어떤 종류의 명석함과 즐거움이 생기게 됩니다.

 마약을 사용하지 않고도 즐거운 인생을 보낼 수 있는 사람들이 왜 마약을 사용할까요? 마약을 사용하는 사람들은 이렇게 말하고 있습니다. "변화가 일어납니다. 활력과 에너지가 솟아올라 '관찰자'와 '관찰되는 것'의 분열감이 없어지고 사물이 대단히 똑똑하게 보입니다"라고. 또 어떤 사람은 이렇게 말하고 있었습니다. "나는 미술관에 갈 때 마약을 먹습니다. 그러면 거기에 있는 작품의 색깔이 이전보다도 훨씬 찬란하게 보입니다." 그러나 그와 같은 찬란함은 마약을 먹지 않고도 완전한 주의력을 기울여 '관찰자'와 '관찰되는 것'의 분열감이 없이 관찰하게 되면 볼 수 있는 것입니다. 마약을 먹고 있으면 그것에 의지하게 되고 조만간에 비참한 결과를 초래하게 될 것입니다.

 요컨대 단식이나 마약은 '훌륭한 경험을 하고 싶다'는 욕구를 만족시켜주는 것, 즉 그것들은 그 사람이 바라고 있는 감각을 만들어내는 것입니다. 우리가 추구하는 것은 모두 이와 같은 값싼 경험이 크게 부각되어 있는 것에 불과한 것입니다. 따라서 이상의 것을 모두 관찰해온 사람은 이미 그와 같은 자극 따위는 추구하지 않게 될 것입니다. 그 사람은 자기 자신을 관찰해서 자기 자신을 알고 있습니다. 자기 자신을 안다는 것이야말로 지혜의 시작이며 슬픔의 종말인 것입니다.

 질문: 타인을 돕기 위해서는 바른 인간관계만 유지하고 있으면 될

까요? 타인을 사랑하고 있는 것만으로도 도울 수 있을까요?

크리슈나무르티: 인간관계란 어떤 것일까요? 우리의 인간관계에 투쟁 이외에 무엇이 있을까요? 한 사람 한 사람이 각자의 문제, 공포, 실망, 욕구 등——이것들은 모두 재산과 관계있는 문제입니다——을 갖고 고립되어 자기 중심으로 살아갈 때 우리는 무엇과 서로 관계하고 있을까요? 예를 들어 그와 같이 고립된 남자가 그의 아내와 이른바 '인간관계'에 있을 경우, 그 남자는 그녀에 관한 이미지를 계속 만들어내고 있습니다. 즉 일반적으로 사람들이 말하는 '인간관계'란 그와 같은 이미지들끼리 서로 관계하고 있다는 뜻이며, 그와 같은 관계를 사람들은 '사랑'이라고 말하고 있습니다. 그러나 참된 인간관계는 서로가 상대방의 이미지를 가지고 있지 않을 때, 서로가 상대방에게 야심이 없을 때, 서로가 상대방을 소유하지 않을 때 혹은 상대방에게 의존하지 않을 때 비로소 성립되는 것입니다.

당신에게 사랑이 있다면, '사랑이 남을 도와주는가?'와 같은 의문을 갖지 않게 될 것입니다. 길가에 피어 있는 꽃은 지나가는 사람들에게 "이리 와서 나를 보아주세요. 향기를 맡아주세요. 나를 즐겨주세요"라든지 "가련한 나를 보아주세요"라고 말하지 않습니다. 꽃은 누가 보든 보지 않든 그곳에 있습니다. 남을 돕고 싶다고 생각하는 것은 공포의 시작이며 불행의 시작인 것입니다.

1970년 4월 9일

제3부 런던에서

제8장 제어와 질서

> 자기의 정신을 통제하지 않으면 그 마음
> 이 혼란해지지만, 통제를 해도 그 마음은
> 혼란해진다.

　이 세상이 폭력과 잔학한 행위와 혼란으로 가득 차 많은 사람들이 슬픔에 잠기며 실망하고 있습니다. 인간은 이 분열된 세상에서 인간으로서 도대체 무엇을 할 수 있을까요? 우리 자신의 내면에도 혼란과 갈등이 충만되어 있는 세상에서 말입니다. 이처럼 부패된 사회에서 부패한 인간들의 관계란 무엇일까요? 이처럼 부패된 세상에 살면서도 무엇인가 '평화'라든지 '질서' 같은 것이 발견될 수 있는 생활방법은 없을까요? 틀림없이 여러분도 이런 의문을 품어보았으리라고 생각합니다. 그리고 우리가 이에 대한 정답을 알게 되면(그것은 어려운 일이지만), 우리는 어떤 질서정연한 인생을 보낼 수 있게 되리라고 생각합니다.
　'서로를 파괴시키고 있는 이 세상에서 혼자만이 균형 잡히고 질서 있으며 건전한 생활을 한다고 해서 무슨 의의가 있을까?', '나 혼자만이 변화한다고 해서 무슨 의의가 있을까?', '정신변혁을 일으킨 한 사람이 이 잡다한 인간집단에 어떤 영향을 줄 수 있을까?' 여러분도 틀림없이 이와 같은 의문을 가져보았으리라고 생각합니다. 그러나 그것은 잘못된 의문이라고 생각합니다. 왜냐하면 인간은 타인이나 사회만을 생각하며 살고 있는 것이 아니기 때문입니다. 따라서 우리는 주위의 환경이나 사회나 금선에 의지한 무의미한 생활이 되지 않도록 '투쟁'이 없는 생활, '질서있게 사는 방법'을 스스로 발견해야 합니다――그렇지 않으면 일생을 망치게 되고 말 것입니다. 언제나 다투면서 살고 있는 지금 우리의 생활은 거의 아무런 의미도 없습니다. 약간의 돈을 갖고 있고 회사에 다니며 제약을 받고 남의 말을 앵무새처럼 지껄이면서 개인적인 의견이나 신앙을 고집합니다――이러한 행위는 거의 아무런 의미도 없습니다. 의미가 없기 때문에 지식인들은 그것에 나름대로의 의미를 부여하려고 하는 것이며, 종교인들도 그런 것에 특정한 관념을 부여하려고 하는 것이고 또한 유물론자들도 그것에 색다른 철학이나 이치를 부여하려고 하는 것입니다.

따라서 중요한 것은 어떠한 갈등도 없는 생활을 자신의 힘으로 발견하는 것이라고 생각합니다――그러나 이론적이 아니라 실제로 발견해야 합니다. 그렇게 하기 위해서는 진지하게 탐구해야 합니다. 이 모임은 철학이나 종교를 위한 연회와는 다릅니다. 지금 우리는 어떠한 형식도 이론도 원리도 신앙도 추종하지 않고 발견하려고 하고 있는 것입니다. 우리는 서로의 관념을 말하고 있는 것이 아닙니다. '서로 교류한다'는 것은 서로의 말이나 관념을 들을 뿐만 아니라 함께 창조하고 활동하며 공유한다는 것입니다. 그리고 지금 우리는 어떠한 투쟁도 없이 완전히 평화롭게 인생을 보낼 수 있는가 하는 것을 서로 말하고 있는 것입니다――이 점을 똑똑히 이해해주십시오.

참으로 발견하기 위해서는 특정한 철학이나 사상이나 종교적 관점에 속박되지 말고 자기 자신을 관찰해야 합니다. 그렇게 하면 그 마음은 가족이나 주위 사람이나 사회와 관계하면서도 그 마음 자신을 자유롭게 관찰할 수 있습니다. 그리고 그렇게 하여 '있는 그대로의 현상'을 관찰하고 있을 때에만 그 현상을 초월할 수 있습니다. 나는 그런 것에 대해서 서로 이야기하고 싶습니다.

나는 별달리 새로운 철학이나 종교를 강요하려는 것이 아닙니다. 지금 이 자리에는 선생도 지도자도 권위자도 없습니다. 내가 하는 말을 여러분이 공유하고 싶다면 어떠한 권위자도 주종관계도 버리고 내 말을 들어야 합니다. 즉 우리의 마음은 자유롭게 관찰할 수 있도록 되어 있어야 합니다. 어떤 방법이나 원리나 신앙에 속박된 마음은 참된 관찰을 할 수 없습니다. 그러나 관찰한다는 것은 우리 마음에 있어서는 용이한 일이 아닙니다. 왜냐하면 지식이라는 습관(주어진 조건)이 마음의 무거운 짐이 되어 있기 때문입니다. 따라서 마음의 지식, 과거의 경험, 전통이라는 과거의 무거운 짐(축적된 기억)에 속박되어서는 안됩니다. 즉 '존재하는 것'을 관찰하기 위해서는——'존재하는 것'의 전체적 의의를 알기 위해서는——마음은 아무런 분열감도 갖지 않고 신선해야 한다는 것입니다.

거기에서 다음으로 문제가 되는 것은 분열감('나', '나가 아닌 것', '우리', '그들')을 갖지 않고 관찰하려면 어떻게 해야 할까 하는 것입니다. 나의 말을 들으면서 당신 자신을 관찰해야 한다고 말했습니다만, 여러분은 어떻게 자신을 관찰합니까? 어떻게 듣습니까? 자기 자신뿐만 아니라 하늘이나 새나 주위 사람들이나 정치가를 어떻게 관찰합니까? 그 요령은 분열감을 갖지 않고 관찰하는 것입니다. 그렇게 할 수 있습니까? 우리 개개인은 분열되고 모순된 존재입니다. 그리고 각 개인의 많은 단편 중의 하나가 '관찰할 능력이 있다'고 생각하고 있습니다. 그러나 비록 그 단편이 '권위자'를 가장하고 여러 가지 일을 생각한다고 해도, 그것 역시 하나의 단편에 불과한 것입니다. 즉 일반적으로 우리가 자신을 관찰할 때 "나는 이해했다. 그리고 무엇이 바른 행위인지를 알았다"고 말하고 있는 것은 내면에 있는 단편군 중의 하나인 것입니다.

인간의 내면에서는 왜 갈등이 생기느냐 하면, 그것은 그 내면에 있는 각 단편이 서로 충돌하기 때문입니다. 그러나 우리는 '그것은

제8장 제어와 질서

　'어떻게도 할 수 없는 것이다'고 생각해버립니다. 어떻게 하면 이처럼 조각조각으로 갈라져 있는 단편을 하나로 모을 수 있을까요? 질서있는 생활을 보내기 위해서는 '나'와 '당신'이라는 분열감을 내면에서 소멸시켜야 합니다. 그러나 우리는 지금까지 분열감을 소멸시키는 것은 불가능하다는 결론을 지녀왔습니다――이 결론은 '존재하는 것'의 무거운 짐으로 되어 있습니다. 거기에서 인간은 여러 가지 이치를 생각해낸다든지 자신을 기적적으로 해방시켜줄지도 모를 '신의 은총' 같은 것을 갈망하기도 하지만, 그런 일은 생기지 않습니다. 또한 자기 자신 속에 '영혼'이라든지 '양심' 따위를 만들어내어 그 환각 속에서 사는 사람도 있지만, 그것은 현실로부터의 도피인 것입니다.

　어떻게 하면 내면의 단편군을 하나로 모을 수 있는가를 모르기 때문에 우리는 즉시 그것으로부터 도피해버립니다. 그러나 지금은 '단편의 결합'에 관해서 말하고 있는 것은 아닙니다. 왜냐하면 단편화된 자신을 결합시키게 되면 하나의 단편이 중심이 되어 다른 단편류를 집합시키게 되기 때문입니다. 우리 개개인은 의식적으로나 무의식적으로 여러 가지 단편으로 분열되어 있습니다. 우리는 심리학자에게 자기 분석을 시켜보기도 하고, 스스로 자기 분석을 하기도 합니다. 그러나 잘 주의해서 보면 그곳에는 '분석자'와 '분석되는 것'이 있습니다. 그런데 사실은 그 '분석자'도 내면에 있는 많은 단편 중의 하나로서 그 하나의 단편이 자아의 구조 전체를 분석하고 있는 것입니다. 즉 그 '분석자'도 조건지어진 존재인 것입니다. '분석자'가 분석을 하는 데는 여러 가지 문제가 있습니다. 우선 각각의 분석이 모두 완전해야 합니다. 그렇지 않으면 다음 것(반응)을 분석할 때 앞서의 분석이 무거운 짐이 되기 때문입니다. 그리고 분석하는 데에는 시간이 필요합니다. 자신을 분석하게 되면 그 사람의 일생은 반응이나 연상이나 기억을 분석하는 일에 매몰되어버리며, 비록 자신을 분석하는 일을 끝마쳤다고 해도 그때에는 나이를 먹어 죽게 될 것입니다.

거의 모든 사람들이 '자신을 분석한다'는 '객관적인 자기관찰법'에 조건지어져 있습니다. 자신을 분석할 때에 반드시 '분석자'와 '분석되는 것'이 내면에 있으며, 그 '분석자'는 항상 그 대상물을 제어하거나 지시하거나 왜곡하고 있습니다. 여러분도 이것을 이론이나 지식으로써가 아니라 참된 마음으로 깨달아야 합니다. 지식이라는 것은 분명히 그 자체로서는 대단히 훌륭한 것이지만 자기 자신의 구조 전체를 이해할 경우에는 장애물이 됩니다. 자기 자신을 이해하려고 할 때 지식을 사용해서 연상하고 축적하고 분석하면, 그것은 역으로 자신을 배우는 것을 방해하게 됩니다. 배우기 위해서는 검열관이 없는 자유로운 관찰이 필요합니다.

여러분도 자신의 내면을 조사해보면, 이상과 같은 일들이 여러분의 내면에서 실제로 일어나고 있다는 것을 알게 될 것입니다. 그리고 '정신분석은 에너지와 시간의 낭비'라는 진리를 깨닫는다면──알겠습니까? 즉 의견을 깨닫는 것이 아니라 진리를 깨닫는다면 말입니다──여러분은 두 번 다시 자신을 분석하지 않게 될 것입니다. 자신을 분석한다는 것은 영원히 계속하여 연상한다는 것입니다. 그리하여 사람들은 더 이상 아무것도 생각하지 않고 '인간은 결코 변하지 않는다. 인간은 평생을 갈등 속에서 살아갈 수밖에 없는 존재다'라고 단념하고, 야만적이고 기계적이며 우둔한 존재가 되어버립니다. 그렇기 때문에 나는 여러분이 이 이야기를 이해하여주기를 바라고 있는 것입니다. 정신분석의 구조를 '사실'로서 관찰하면 그 진리를 알 수 있습니다. 사람은 실제로 무엇이 일어나고 있는가(무엇이 존재하고 있는가)를 깨달았을 때 그 진리를 알게 됩니다. 우리는 '존재하는 것'을 비난도 하지 말고 설명도 하지 말고 단지 관찰만 하면 됩니다. 관찰 도중에 연상을 하지 말아야 참된 관찰을 할 수 있습니다.

　자신을 분석하면 그곳에는 반드시 자신을 통제하는 '검열관'이 나타납니다. 인간은 모두가 태어나서부터 죽을 때까지 자기 자신을 통제하면서 살고 있다는 것을 여러분은 알고 있습니까? '자신을 통제한다'는 것은 어떤 원리나 관념에 따라서 자기 자신에게 '하지 않으면 안된다', '해서는 안된다'고 말해주는 것이며, 그것은 결국 '사회적 체면'이라는 무서운 것과 연결되어 있는 것입니다. 인간은 왜 자신을 통제하는 것일까요?(이것은 '자신을 통제하는 일을 모두 그만 두라'는 의미는 아닙니다) 자기 정신을 통제하지 않으면 그 마음이 혼란해지지만, 통제를 해도 그 마음은 혼란해집니다.

　우리는 '자신을 통제한다'는 문제 속에 무엇이 존재하는가를 관찰하고 이해하며 그 진리를 발견해야 합니다. 그렇게 하면 우리는 자신을 통제하지 않고도 질서있는 생활을 할 수 있습니다. 자기 분석을 하게 되면 내면에 있는 많은 단편군 중의 한 단편이 '분석자'가 되고, '분석자'는 자신이 옳다고 생각하는 것을 사실 속에 개입시키려고 합니다. 그래서 우리는 무질서한 존재가 되는 것입니다.

　우리는 모두 자신을 통제하여 왜곡하도록 조건지어져 있습니다. 따라서 우리는 이 조건지어져 있는 형태를 이해하지 않으면 안됩니다. 그런데 당신은 왜 자신을 통제합니까? 무엇이 당신으로 하여금 통제하도록 만들고 있습니까?――당신이 흉내를 낸다든지 순응한다든지 하는 원인은 무엇입니까? 그 최대의 원인은 '저렇게 하시오' 또는 '이렇게 해서는 안되오'하며 말하고 있는 당신의 주어진 조건, 당신 나라의 문화 그리고 종교적·사회적 승인인 것입니다. 또한 당신 자신의 충동적 욕구인 당신의 '의지'가 지시를 하며 당신을 통제하고 있는 것입니다. 여러분도 그것을 관찰해주십시오. 그렇게 하면 당신 내면에 지금까지와는 전혀 다른 것이 나타날 것입니다. 여러분은 자기 자신의 기분이나 욕구나 불만을 통제하고 있을 것입니다.

그 이유는 그렇게 하면 안심이 되기 때문입니다. 인간은 자기 자신을 통제하며 모순이나 갈등이나 몸부림 속에서 사는 것에서 어떤 안도감을 느낍니다. 그리고 그 안도감은 '결코 좌절하지 않는다'는 느낌을 우리에게 줍니다.

'통제하는 사람'과 '통제받는 것'을 구분하는 것은 '좋은 일'이 아닙니다. '덕'이라는 것은 분열되지도 않고 통제되지도 않은 마음의 상태를 말합니다. 그리고 비록 좋은 일을 하기 위하여 자신을 억압한다든지 노력한다든지 안전을 추구한다든지 하여도, 그것은 자신을 통제하는 것이므로 결국 선을 부정하는 것이며 무질서한 것입니다.

그러면 우리는 분열감이 없이 관찰할 수 있을까요? '관찰되는 것'과 별개의 존재인 '관찰자'가 없이 관찰할 수 있을까요? 지금까지 '관찰자'가 수집해온 지식을 갖지 않고 (즉 자신을 분리하지 않고) 관찰할 수 있을까요? 왜냐하면 비록 그 '관찰자'가 질서를 가져오려고 생각하든, 평화롭게 살기 위하여 바른 행동을 취하려고 생각하든 '관찰자'라는 것은 '선'을 방해하게 되기 때문입니다. 즉 '관찰되는 것'으로부터 자기 자신을 분리하고 있는 '관찰자'야말로 모든 악의 근원인 것입니다. 이상의 것을 이해했습니까, 그렇지 않으면 여러분은 단지 주말의 심심풀이로 이곳에 온 것입니까? 분석하지 않고 실제로 관찰하고 지각하며 그에 의하여 직접 행동하고 있는 마음——이런 마음이 어떤 것인지 여러분은 알았습니까? 그것은 어떠한 분열감도 없는 전체적인 마음, 즉 건전한 마음을 의미합니다. 자신을 통제하는 사람은 신경질적인 사람입니다. 즉 사람은 자신을 완전히 통제할 수 있게 되었을 때, 그 사람은 완전히 신경질적이 되어서 꼼짝도 못하게 되고 맙니다.

이 진리를 이해하여주십시오! 그러나 '존재하는 것'이 진리는 아닙니다. 즉 '흑인', '백인', '유태인', '아랍인' 등의 '분열'(존재하는 것)이 진리는 아닙니다. 건전하지 못한 마음은 그 자신을 분열시켜왔습니다. 그리고 우리의 마음이 분열되어 있기 때문에 이 세상은 혼란과 폭력으로 부패하고 있는 것입니다. 따라서 문제는 마음이 분열감을 갖지 않고 그 '관찰자'도 관찰할 수 있을까 하는 것입니다. 나무를 보고 있을 때에도 구름을 보고 있을 때에도 작은 시냇물을 보고 있을 때에도 당신 자신을 보고 있을 때에도 만일 당신이 지금까지 배운 것(지식)을 개입시키지 않고 그것을 관찰한다면, 즉 그것을 관찰하는 순간에 배워버린다면 당신의 마음은 항상 자유로이 관찰할 수 있게 될 것입니다. 젊은 마음만이 배울 수 있습니다. 지식에 속박된 마음은 그럴 수 없습니다. '배운다'는 것은 아무런 분열도 없이, 아무런 분석도 하지 않고 그리고 선과 악, '해야 할 일'과 '하지 말아야 할 일' 등으로 분열시켜버리는 '검열관'을 갖지 않고 자기 자신을 관찰한다는 뜻입니다. 이것이 가장 중요한 일입니다. 왜냐하면 그와 같이 자신을 관찰하게 되면 내면에 있는 모든 갈등이 사라지기 때문입니다. 그와 같은 마음만이 '선'의 상태이며, 바른 행동을 취할 수 있기 때문입니다. 그리고 그때 거기에는 쾌락적인 즐거움과 다른 훌륭한 즐거움이 있게 됩니다.

어떤 질문이라도 있습니까? 우리는 모든 일에 의문을 가져야 합니다. 물론 자신이 좋아하는 종교, 관념, 권위, 경전, 정치가 등에 대해서도 의문을 가져야 합니다. 그러나 필요할 때에만 회의주의자가 되는 것이 좋습니다. 그렇게 되면 그 마음은 자유롭게 지각할 수 있으며 민첩하고 빠르게 될 수 있습니다. 참된 의문이라는 것은 표면적으로 즐겨보려는 생각에서의 의문이 아니라 자기 자신 속에서 우러나오는 의문을 말하는 것입니다. 그리고 바른 의문을 갖게 되면 바른 대답을 얻게 됩니다. 바른 의문 속에만 바른 대답이 있기 때문입니다.

알고 있는 것을 되풀이하는 것 같지만 사람은 바른 의문을 가져야 합니다. 우리가 공유할 수 있는 것은 바른 의문뿐입니다. 그리고 모든 의문은 상관관계가 있습니다. 즉 하나의 문제를 완전히 이해하게 되면 다른 문제도 모두 이해하게 됩니다. 그래서 바른 의문을 갖는 것이 중요한 것입니다. 그러나 비록 틀린 의문을 가졌다고 해도 그것이 틀린 의문이라는 것을 알게 되면, 언제 바른 의문을 가져야 하는가를 알게 될 것입니다. 여러분은 이 두 가지를 모두 행해야 합니다. 그렇게 하면 우리는 언제나 바른 의문을 가질 수 있게 됩니다.

질문: 인간은 궁극적으로 무엇 때문에 살고 있는 것일까요?

크리슈나무르티: 당신은 무엇인가 그 이유를 알고 있습니까? 산다는 것에는 아무런 의미도 없습니다. 흔히 사람들은 그것에 어떤 이유(예를 들어 완전한 인간이 되기 위하여, 깨닫기 위하여, 감각이 예민한 인간이 되기 위하여라는 이유)를 붙여 가지고 그 이유에 속박되어 고민합니다. 돈을 번다든지 우둔한 생활을 보내는 것 이외에 우리의 생활에는 아무런 의미도 목적도 없습니다. 우리는 어떤 목적이나 깨달음을 추구하기도 하고 인도나 일본으로 명상방법을 배우러 가기도 하는, 언제나 몸부림치고 있는 자신을 관찰할 수 있습니다.

사람들은 여러 가지의 의미를 생각해보고 있지만 모든 것은 당신 속에 있는 것입니다. 따라서 당신은 히말라야나 사원이나 명상도장(즉 수용소) 같은 곳에 갈 필요가 없습니다. 관찰 방법만 터득하고 있으면 '최고의 것', '무한한 것'은 당신 속에 있는 것입니다. 그렇다고 해서 '우리는 신이다' 또는 '우리는 완전하다'고 하며 그것이 자기 속에 있는 체해서는 안됩니다. 그와 같은 환각, '존재하는 것', '헤아려볼 수 없는 것'을 통해서도 어떤 '무한한 것'을 발견할 수 있습니다. 그러나 당신은 우선 당신 자신으로부터 시작해야 합니다――관찰하는 방법, 즉 '관찰자'가 없이 관찰한다는 것을 당신은 자신의 힘으로 발견할 수 있습니다.

질문: 조금 전에 당신이 말한 자신을 통제하는 것과 억제하는 것의 관계에 대하여 정의를 한다면 어떻게 될까요?

크리슈나무르티: 우리의 마음이 얼마나 자신을 억제하며 통제하도록 조건지어져 있는지를 우리는 충분히 이해해야 합니다. 자신을 통제할 경우, 그곳에서는 반드시 '검열관', '통제하는 사람', '분열감', '갈등', '억제하는 행위', '유지하는 행위', '금지하는 행위' 등이 일어납니다. 만일 당신이 그 모든 것을 깨닫는다면, 당신의 마음은 예지로 가득할 것입니다. 지금까지 우리 육체에 예지는 쾌락을 목적으로 하는 탐욕에 의하여 파괴되어왔습니다. 그리고 마음의 예지 또한 그 문화와 공포와 신앙의 영향을 받아 뒤틀리고 통제를 받으며 조건지어져왔습니다. 이 사실을 깨닫게 되면 당신은 두 번 다시 자신을 억제하거나 통제하지 않게 되며, 감수성이 지적으로 반응하게 될 것입니다. 그러나 그렇게 되기 위해서는 우리는 자신의 혼란의 원인인 '자기 통제'의 구조와 성질, 즉 통제하는 것으로 모순된 상태를 만들어내고 있는 '의지'의 구조와 성질을 이해해야 합니다. 당신도 당신 속에 있는 그것을 관찰해주십시오.

그렇게 하면 그 모든 것은 물론, 그 이상의 것을 알게 될 것입니다. 그러나 만일 당신이 그때 발견한 것을 지식(죽어버린 무거운 짐)으로 만들어버리면 그 이상은 발견하지 못하게 될 것입니다. 왜냐하면 '지식'은 관념의 사슬이 끝없이 축적된 것이기 때문에, 마음이 그 지식에 사로잡히게 되면 그 이상 변화하지 못하게 되고 말기 때문입니다.

질문: 육체를 공중에 떠다니게 하기 위해서는 마음은 어떻게 육체를 극복해야 할까요?

크리슈나무르티: 당신은 그 일에 흥미가 있습니까? 당신이 왜 육체를 떠다니게 하고 싶어하는지 나는 모르겠습니다. 사람의 마음이라는 것은 언제나 이상한 것을 추구하고 있습니다. 자신만이 발견해서 '신비스런 인간'이 되는 것을 우리는 자랑으로 여깁니다. 그러나 참으로 '신비한 것'은 당신이 이 모든 존재(생명 전체)를 이해할 때에 나타나는 것입니다.

그곳에 '무한한 것'(훌륭한 미와 기쁨)이 있습니다——이 '무한'이란 말은 '유한'의 반대어가 아닙니다. 나도 그처럼 신기한 일을 하는 사람들을 사진으로 본 일이 있습니다만, 정말 육체를 떠다니게 하는 일에 흥미가 있다면, 우선 그 육체를 최고도로 민감한 상태로 만들어야 합니다. 술도 담배도 마약도 그리고 고기를 먹는 것까지도 그만둬야 합니다. 당신의 육체를, 그 육체의 예지를(육체의 활동에 개입하는 마음의 예지가 아닌) 손상시키지 말고 유연하고 건전한 것으로 만들어야 합니다. 그리고 만일 당신의 육체에 그런 모든 것이 갖추어진다면, 당신은 공중에 떠다니는 그 자체에는 아무런 가치도 없다는 것을 깨닫게 될 것입니다.

1970년 5월 16일

제9장 진 리

'존재하는 것'이 진리는 아니다. 그러나
'존재하는 것'을 이해하게 되면 진리에
이르는 문이 열린다.

'교육에 대하여', '꿈의 의의에 대하여', '기계적이며 모방적인 사회에 살면서도 마음을 자유롭게 할 수 있는가?'에 대하여 서로 이야기해야 할 것이 여러 가지 있습니다만, '마음은 순응하는 것으로부터 완전히 자유로워질 수 있는가?' 하는 문제를 탐구한다면 그런 문제들을 다룰 수 있으리라고 생각합니다. 우리는 인생의 모든 문제(생활비를 버는 것도 사회를 변혁시키는 것도)를 다루어야 합니다. 사회를 변혁시키기 위해서는 어떻게 해야 좋을까요? 사회에 저항해야 할까요, 그렇지 않으면 우리의 정신을 변화시키는 것이 좋을까요? 우리는 이 문제부터 탐구하고 나서 명상의 문제에 도달해야 한다고 생각합니다. 이곳에 있는 대부분의 사람들은 명상책을 읽기도 하고 이야기를 듣고서 그 연습을 한 일이 있으리라고 생각합니다. 그러나 여러분은 아마 명상이 어떤 것인지는 잘 알지 못하리라고 생각합니다. 이제부터 내가 하는 말은 여러분이 알고 있는 것과 모순될지도 모르겠습니다. '진리'는 찾아서 얻어지는 것이 아닙니다. 그러므로 우리는 먼저 '찾는다'는 말의 의미를 이해해야 합니다. 문제는 명상에는 고도의 감수성(마음의 완전한 침묵)이 필요하지만, 그 감수성은 이치나 훈련에 의하여 얻어지는 것이 아니라는 것입니다——이것은 대단히 복잡합니다. 그리고 그 감수성은 우리가 어떻게 살아야 하는가를 이해했을 때 얻을 수 있는 것입니다. 왜냐하면 현재의 우리의 생활은 복종을 한다든지 통제를 한다든지 저항을 한다든지 함으로써 혼란되어 있기 때문입니다.

만일 당신이 참된 이해력이 없고 또한 폭력적인 마음의 속박에서 해방되지 못했다면 명상한다는 것은 불가능합니다. 따라서 '어떠한 폭력적인 생각도 품지 않고 어떻게 살 것인가?' 라는 것이 문제가 됩니다. 히말라야에 가서 호흡법이나 정좌법이나 요가를 배웠다고 해서 명상을 터득했다고 생각하는 사람도 있는 것 같습니다만, 그것은 어리석은 생각입니다. 명상이라는 훌륭한 상태에 도달하기 위해서는 마음이 폭력으로부터 정말 자유로워지지 않으면 안됩니다. 따라서 마음이 폭력으로부터 정말 자유로워질 수가 있는가 하는 것에 관하여 서로 이야기하는 것은 가치있는 일이라고 생각합니다. 즉 우리는 일반적으로 말해지는 것과 같은 '멍청한 상태'의 명상을 낭만적으로 탐구하려는 것은 아닙니다.

인간이 왜 폭력적인 존재인가에 대해서는 여러 사람들이 국가적·이류학적인 견지에서 여러 가지 설명을 해가며 사람들의 지식을 증가시켜주거나 혼란에 빠뜨리거나 하고 있습니다. 우리는 전쟁을 한다든지 살인을 한다든지 하는 단순한 육체적 행위만을 폭력으로 생각하고 있습니다. 사람들은 그 생활의 일부분에 있어서는 적당히 또는 완벽한 '평화주의자'가 되어 있으면서도 다른 부분에 있어서는 야심적이며 처절할 정도로 노력을 하고 몸부림치며 살아가고 있습니다――그와 같은 노력은 몸부림이며 폭력입니다. 비록 그것이 의식적이든 무의식적이든 하나의 형식이나 관념이나 원리에 따라서 자신을 훈련시키며 순응시키는 것은 자신에게 폭력을 휘두르는 것입니다. 그리고 '존재하는 것'을 이해하지 않고 그대로 행동하며 왜곡하는 것도 폭력적인 것입니다. 그러면 아무런 갈등이나 저항없이 자기 자신의 폭력성을 소멸시킬 수는 없을까요?

우리는 폭력에 기초를 둔 이 사회의 풍습에 젖을 대로 젖어 있습니다. 우리는 어릴 때부터 의식적이든 무의식적이든 남의 흉내를 내든지 어른들의 말을 따르면서 폭력적인 인간으로 길러져왔습니다. 그래서 우리는 어떻게 하면 자신으로부터 폭력적인 마음을 제거할 수 있는지를 모르고 있을 뿐 아니라, 인간이 폭력적인 것은 당연한 것이며 적어도 가벼운 폭력쯤은 인간에게 필요한 것이라고 생각합니다. 그러나 우리가 평화롭게 살기 위해서는 어떻게 해서든지 이 폭력과 공포의 문제를 이해하지 않으면 안됩니다. 우리의 마음은 지금까지 사회적인 상식이나 원리에 순응하며 신의 존재를 믿거나 부정하도록 조건지어져왔지만, 그 마음을 어떠한 갈등이나 저항없이 그 주어진 조건에서 해방시킬 수는 없을까요? 저항을 하면 사실을 왜곡하게 됩니다――즉 폭력은 폭력을 낳습니다.
 자기 자신을 관찰하기 위하여 책을 읽는다든지 목사나 승려의 말을 들을 필요는 없습니다. 누구의 말도 듣지 않고 스스로 자신을 관찰해서 자신을 안다는 것이 '자기지(自己知)'의 시작인 것입니다. 어릴 때부터 긴 세월을 두고 우리의 마음은 민족적 차이, 신분의 차이, 어떤 파(派), 어떤 주의(主義) 등에 의해 무겁게 조건지어져 있고 비뚤어져 있지만, 만일 우리가 그와 같이 조건지어져 있는 자신을 깨닫는다면 그 마음이 주어진 조건으로부터 해방될 수 있을까요?
 깊이 조건지어져 있는 것을 마음이 지각하려면 어떻게 하면 될까요? 어떻게 하면 마음의 그 주어진 조건이 사라질까요? 만일 그것이 불가능하다면 우리 인간은 영원히 순응하면서 살아가지 않으면 안됩니다. 비록 아무리 새로운 형식이 만들어지고 새로운 사회나 종교가 만들어진다고 해도 그런 것들이 우리가 순응한 결과임에는 변함이 없습니다. 따라서 참된 사회변혁을 이루기 위해서는 지금까지와는 다른 교육을 확립시킬 필요가 있습니다. 그렇게 되면 우리는 지금까지와 같이 아이들을 낡은 사회에 순응시키면서 기르지 않게 될 것입니다.

 그러면 어떻게 해야 마음이 그 주어진 조건으로부터 해방될 수 있을까요? 여러분은 이 문제를 탐구해본 일이 있습니까?──그것도 의식의 깊은 부분에서 말입니다. 그보다도 의식은 '표면'과 '심층'으로 갈라져 있는 것일까요, 아니면 의식은 하나의 움직임이며 우리는 사회의 요구에 순응하도록 교육받아온 그 표면적인 움직임의 부분밖에 지각하지 못하는 것일까요?

 지난번에도 말한 바와 같이 우리는 단지 서로의 말을 듣기만 하려고 이곳에 온 것은 아닙니다. 그런 것은 의미가 없습니다. 우리가 이 대화를 함께 공유한다면 여러분도 분열감이 없이 의식을 관찰할 수 있으리라고 생각합니다. 민족적·지성적·감정적인 분열감이나 '나'와 '나가 아닌 것', '높은 자아'와 '낮은 자아'와 같은 분열감은 반드시 갈등을 낳습니다. 갈등은 에너지의 낭비입니다. 그러나 우리의 이 대화에는 많은 에너지가 필요합니다.

 이와 같이 조건지어져 있는 마음이 '관찰자'와 '관찰되는 것'이라는 분열감이 없이 그 마음 자체를 관찰하려면 어떻게 해야 될까요? 이 '관찰자'와 '관찰되는 것' 사이의 간격, 틈, 시간적 간격 같은 것이 분열감의 참된 실체인 것입니다. '관찰자'가 자기 자신을 '관찰되는 것'으로부터 분리시켰을 때, 그 '관찰자'는 검열관으로서 행동할 뿐만 아니라 그 정신 속에 이중성을 초래하여 갈등을 일으킵니다.

 그러면 '관찰자'와 '관찰되는 것'이라는 분열감을 갖지 않고 마음이 마음 자신을 관찰할 수 있을까요? 예를 들어 우리가 자기 자신이 질투하는 것을 관찰할 경우, 거기에서는 '관찰자'가 '질투해서는 안 돼'라고 자신에게 말하거나 혹은 어떤 이유를 붙여서 그것을 정당화하거나 하고 있습니다. 즉 질투심을 만든 장본인이 그 질투심을 자기 자신으로부터 떨어져 있는 것으로 관찰하면서 그것을 통제하려

한다든지 제거하려고 하고 있는 것입니다. 그래서 '관찰자'와 '관찰되는 것' 사이에 갈등이 일어나게 되는 것입니다. 그리고 그 '관찰자'는 당신 자신의 단편화된 마음의 하나에 불과한 것입니다.

지금 우리의 정신은 교류하고 있을까요? '정신이 교류한다'는 것은 단지 이론적이거나 이지적으로 말의 요점을 파악한다는 뜻이 아니라 '말을 공유한다'는 뜻입니다. 그러므로 '이지적인 이해' 같은 것은 절대로 없습니다——인간의 근본적인 문제를 취급할 때는 특히 그렇습니다.

만일 당신이 '어떠한 분열감도 갈등을 기른다'는 진리를 진실로 이해한다면, 분열감을 갖는 것은 에너지의 낭비이며 그것이 사실을 왜곡하기도 하고 인간을 폭력적으로 만들기도 한다는 것을 깨닫게 될 것입니다. 그리고 당신은 당신 자신이나 주위 사람들의 조건지어진 폭력적 행위를, '관찰자'와 '관찰되는 것'이라는 공간적·시간적 간격을 갖지 않고 어떻게 관찰할 것인가를 알게 될 것입니다. 이 말을 알겠습니까? '알았다'고 간단하게 말하지 마십시오. 왜냐하면 '관찰자'나 '사색자'나 '지식으로 가득 찬 실체'를 전혀 통하지 않고, 또 '관찰자'와 '관찰되는 것'과의 거리를 갖지 않고 관찰하는 것은 가장 어려운 일이기 때문입니다. 저곳에 있는 나무와 구름과 시냇물 그리고 나뭇잎들을 그런 태도로 관찰해보십시오. 그러면 그 훌륭함을 즉시 깨닫게 될 것입니다. 그리고 그때 당신은 '나는 그 나무를 처음 보았다'는 생각이 떠오르는 것을 깨닫게 될 것입니다.

당신들은 언제나 이미지 자체를 관찰하든지 이미지를 통해서 관찰하고 있습니다. 여러분이 수목이나 자신의 아내나 남편을 볼 때에는 그때까지 여러분 자신이 만들어낸 그 '이미지'라는 지식을 통해서 보고 있다는 것입니다. 그때에는 이미지끼리 서로 관계하고 있는 것일 뿐, 그것은 참된 인간관계가 아닌 것입니다. 우리는 인생의 대부분을 이미지나 선입관이나 상상만을 보면서 살고 있으며, 결코 신선한 눈으로 보고 있지 않다는 것을 깨달아주기 바랍니다. 즉 우리의 마음은 결코 새롭지 않습니다.

거기에서 우리는 이 세상의 폭력의 일부가 되어 있고, 공포나 불만이나 고독이나 실망을 느낄 때마다 즉시 쾌락을 찾게 되는 '자기 자신'을 관찰해야만 합니다. '관찰자'를 통하지 않고 자기 자신의 구조 전체를 관찰한다──즉 '관찰자', '나', '나가 아닌 것'과 같은 실체를 통하여 왜곡하거나 심판하거나 비교 또는 비난 같은 것을 하지 않고 있는 그대로의 자신을 관찰하기 위해서는 고도의 훈련이 필요합니다. 이런 경우의 '훈련'이란 복종이나 강제 또는 상벌에 의해서 길러지는 훈련을 말하는 것이 아닙니다. 내가 말하고 있는 것은 마음을 민감하게 하여 관찰했을 때에 나타나는 훈련인 것입니다. 즉 이 최고의 '훈련'은 보통 훈련과는 의미가 다른 것입니다.

어떠한 분열감이나 '관찰자'도 갖지 않고 '폭력'이라는 것을 관찰해서 그 주어진 조건(그것에 대한 자신의 신념, 선입관, 의견의 구조)을 안다는 것은 있는 그대로의 자신(즉 '존재하는 것')을 안다는 것입니다. 지금까지 인간은 자기 자신을 관찰하려는 분열감이 생겼기 때문에 정신변혁은 불가능한 것이라고 생각해왔습니다. 그 '불가능'이라는 생각이 그 사람으로부터 에너지를 빼앗아버립니다. 우리는 고도의 가능성을 알게 되었을 때에만 풍부한 에너지를 얻을 수 있습니다.

따라서 우리는 지금까지와 같이 '이것은 아름답다' 또는 '이것은 추하다'고 하며 그 '존재하는 것'의 이미지를 관찰하지 말고 실제로 '존재하는 것', 즉 있는 그대로의 자신을 관찰하지 않으면 안됩니다. 여러분은 자신을 알려고 할 때 그 자신을 무엇인가와 비교해봄으로써 자신의 존재를 인식하려 합니다. 예를 들어 여러분은 머리가 좋은 사람과 자신을 비교해보고 자신이 우둔하다고 생각한 일이 있지요? 그리고 당신은 자신을 타인이나 다른 것과 비교하지 않고 살아본 일이 있습니까? 그때의 당신은 어떤 상태였습니까? 그때의 당신이야말로 '존재하는 것'인 것입니다. 그리고 그때의 당신이 그 '존재하는 것'을 초월하여 진리를 발견하는 것입니다! 즉 마음을 주어진 조건으로부터 자유롭게 하느냐 못하느냐 하는 것은 당신의 마음의 관찰상태 여하에 달려 있는 것입니다.

　여러분은 '사랑'에 대하여 생각하거나 탐구한 일이 있습니까? 사랑이란 무엇일까요? 쾌락일까요? 욕망일까요? 사람으로부터 배울 수 있는 것일까요? 사회적으로 훌륭한 것으로서 사람들이 인정하는 그러한 것일까요? 우리의 사랑이 모두 쾌락이라는 것은 명백하지만 그렇다면 '성적 쾌락', '도덕적 쾌락', '목표를 달성하는 쾌락', '나는 위인이다'라는 쾌락 등 타인과 경쟁을 한다든지 사회의 흐름에 복종하는 것이 사랑일까요? '진리를 알고 싶다'고 생각하며 자신이 이상으로 하는 진리를 찾으려는 야심을 가진 인간이 사랑을 알 수 있을까요?

　우리는 '존재하지 않는 것'을 지적으로 탐구해야 하지 않을까요?──즉 '사랑이 아닌 것'을 부정하게 되면 '사랑'이라는 긍정에 도달하게 되지 않겠는가 하는 것입니다. 질투도 쾌락적인 것도 섹스의 기억도 사랑은 아닙니다. 덕을 기르는 일도 훌륭한 사람이 되려고 하는 것도 사랑은 아닙니다. 그러면 '사랑하고 있다'는 것은 어떤 의미일까요? 자신이 과거에 만들어낸 상대방에 대한 이미지(성적 쾌락 같은 것), 안도감, 사람과 즐겁게 이야기하는 것, 고독을 두려워하는 것 또는 '사랑을 받고 싶다', '소유하고 싶다', '지배하고 싶다', '투쟁적인 사람이 되고 싶다'와 같은 '욕구'가 사랑일까요? 만일 당신이 그런 것을 비난하지 않고 있는 그대로 관찰하여 그 바보 같은 짓을 참으로 깨닫는다면──나라를 사랑한다든지 신을 사랑한다든지 하는 것이 무의미하다는 것과 육욕적인 사랑 같은 것을 깨닫는다면──당신이 지금까지 갖고 있던 사랑이나 신앙은 사실은 공포에서 생겨난 것이라는 것을 깨닫게 될 것입니다. '전체적으로 관찰한다'는 것은 아무런 분열도 없다는 의미입니다. 아무런 분열감도 없이 살 때에만 '선'이 얻어지는 것이며 결코 훈련을 해서는 '선'을 얻을 수 없습니다. 마음(뇌도 포함한 전체 구조)이 '사랑'이라고 말해 지는 것의 위험성이나 하찮음 그리고 겉만 번지르르할 뿐인 평범함 같은 것을 전체적으로 관찰할 수 있을까요? 그것을 관찰하기 위해서는 '사랑이 아닌 것'은 모두 부정하지 않으면 안됩니다.

'즐거움'과 '쾌락'은 각각 전혀 다른 것입니다. 쾌락은 우리가 만들려고 하면 만들 수 있는 것입니다. 즉 과거의 사건을 몇 번이고 생각하고 있으면 우리는 그 사건이 또다시 반복되기를 바라게 됩니다. 소유욕, 지배욕, 타인에게 복종하고 싶은 생각 같은 것은 쾌락을 추구한다는 것을 의미합니다. 히틀러, 무솔리니, 스탈린, 그들은 대중을 자신에게 복종시켰습니다. 인간은 복종을 하게 되면 대단히 안심이 됩니다. 만약 당신의 마음이 지금까지의 말을 참으로 이해하고 그 잘못을 완전히 떨쳐버린다면, 당신은 사랑이 무엇인지를 알게 될 것입니다――즉 사랑을 찾아서는 안됩니다.

사랑의 의미를 알게 되면 다음은 '죽음이란 무엇인가?'라는 문제가 떠오릅니다. 왜냐하면 '사랑'과 '죽음'은 서로 함께 하는 것이기 때문입니다. 과거를 어떻게 버릴 것인가를 모르는 마음은 사랑이 무엇인지도 알지 못합니다. 사랑은 시간의 산물이 아닙니다――그것은 생각해낼 수 없는 것입니다. '기쁨'은 생각해낸다든지 길러낸다든지 할 수 없는 것입니다――그것은 불시에 찾아오는 것입니다.

'죽음'이란 무엇일까요? 여러분은 자신의 '죽음'을 관찰해본 일이 있습니까? 대부분의 사람들이 가구나 집, 아내, 남편, 정부, 국가라는 중간 의식, 특정한 이미지상의 자기 자신, 재능, 지식, 경험한 일, 자신의 지위 같은 것들과 '자기 자신'을 동일화시키고 있습니다. 자기 자신을 어떠한 것과도 동일화시키지 않는다는 것은 참으로 어려운 일입니다. 어떠한 것과도 동일화시키지 않는 자신이란 일종의 '죽음'의 상태인 것입니다. 여러분도 자신을 어떠한 것과도 동일화시키지 않도록 해보십시오. 참으로 그렇게 한다면 어떠한 고뇌도 단념도 실망감도 생기지 않을 것입니다. 그 대신 여러분의 내면에는 굉장한 감각──자유롭게 마음이 관찰하고 있는 상태, 즉 마음이 살아 있는 상태──이 찾아올 것입니다. 불행하게도 우리는 '생'과 '사'를 둘로 나누어서 생각하고 있습니다. 그리고 우리는 '살아 있지 않은 상태'를 두려워 합니다. 우리는 '살아 있는 상태'를 '삶'이라고 합니다. 그러나 당신이 그 '살아 있는 상태'를 실제로 당신의 눈과 귀와 온몸으로 관찰한다면 그것이 얼마나 큰 속임수이고 보잘것 없는 것인지를 알게 될 것입니다. 비록 당신이 롤스로이스 차나 호화주택을 갖고 있고 높은 지위에 있다고 해도 당신의 내면에서는 언제나 여러 가지 욕구가 충돌하면서 갈등을 일으키고 있습니다. 그 상태를 우리는 '살아 있다'고 부르며 그것에 달라붙어 있는 것입니다. 그리고 자신의 육체에 맹렬히 집착하고 있는 우리는 그 '살아 있는' 상태가 종식되는 것을 모두 '죽음'이라고 말하고 있습니다. 그리고 우리는 그 상태가 종식되는 것을 두려워하기 때문에 여러 가지 신앙이나 신념이나 '다시 태어난다'는 관념에 집착하고 있는 것입니다. 즉 그렇게 하는 것은 현실로부터의 도피인 것입니다. 그러나 문제는 '내세(來世)'가 아니고 '어떻게 현재를 살 것인가?', 즉 '마음이 시간에 속박되지 않고 완전하게 활동할 수 있는가' 하는 것입니다. 우리는 '과거'라는 문제를 확실하게 이해해야만 합니다──우리는 어제의 현상을 오늘을 통해서 내일에 걸쳐놓고 있습니다. 즉 과거가 미래를 형성하고 있는 것입니다. 그러면 시간의 산물인 마음을 과거의 속박으로부터 자유롭게 해줄 수는 없을까요?──마음만을 죽여버릴 수는 없을까요? 과거의 속박으로부터 자유로워진 마음만이 명상의 상태에 도달할 수 있습니다. 이상의 것을 이해하지 못한 채 명상하려고 하는 것은 유치한 생각입니다.

'존재하는 것'이 진리는 아닙니다. '존재하는 것'을 이해하는 것이 진리에의 문을 여는 것입니다. 전심전력하여 '존재하는 것(있는 그대로의 자신)'을 이해하지 못하는 한, 인간은 진리를 이해할 수 없습니다.

질문: 당신의 이야기는 잘 알겠습니다. 그러나 이 집회가 끝나고 혼자가 되었을 때, 나는 무엇을 해야 할까요?

크리슈나무르티: 부디 잘 들어주십시오. 내 이야기는 아주 명쾌합니다. 나는 여러분에게 '존재하는 것'을 지적하고 있습니다——이 회장에 존재하는 것이 아닌, 여러분 자신 속에 존재하는 것을 지적하고 있습니다. 그러나 내가 '존재하는 것'을 정하는 것은 아닙니다. 나는 포교를 하고 있는 것이 아닙니다. 나는 여러분으로부터 칭찬도 모욕도 그 무엇도 바라지 않습니다. 이것은 여러분 자신의 문제입니다. 당신의 인생, 당신의 슬픔, 당신의 실망——'당신 자신에 관한 것'은 당신 스스로 이해하지 않으면 안됩니다. 또한 이 회장을 나간 뒤에 그것을 이해해야 합니다. 왜냐하면 당신은 사람으로 가득 찬 이 회장에서는 자유스럽지 못하여 불과 몇 분 동안밖에 당신 자신과 직면할 수 없기 때문입니다. 그러나 당신이 일단 이 회장에서 나갔을 때에는 굉장한 일이 일어나기 시작할 것입니다! 나는 여러분에게 이런저런 생각이나 행동을 강요하려는 것이 아닙니다——그렇게 하면 종교가 되어버립니다. 그러나 만일 당신이 지금까지의 나의 말을 믿은 것이 아니라 각성된 마음으로 듣고 (관찰하고) 있었다면, 당신은 어디에 있든지 그 굉장한 상태 그대로 있을 수 있을 것입니다. 왜냐하면 당신이 이해한 것은 당신의 것이 될 것이기 때문입니다.

질문: 예술가의 역할은 무엇일까요?

크리슈나무르티: 예술가와 우리 사이에 그렇게 많은 차이가 있을까요? 왜 우리는 살아 있는 상태를 '과학자' 라든지 '예술가' 또는 '주부' 나 '의사' 로 구분하는 것일까요? 예술가들이 조금은 보통 사람들보다 민감하고 관찰력이 풍부하며 활동적일지는 모르겠습니다. 그들은 자신의 힘으로 훌륭한 그림이나 시를 창작하고 있을지도 모르겠습니다. 그러나 그들도 또한 인간이며 우리와 같이 인간으로서의 문제(걱정거리, 두려움, 질투, 야심 같은 것)를 지닌 채 살고 있습니다. 도대체 야심적인 사람이 참된 예술가가 될 수 있을까요? 만일 야심적인 예술가가 있다면, 그 사람은 참된 예술가가 아닐 것입니다. 돈이나 지위만을 생각하고 바이올린이나 피아노를 연주하는 사람은 예술가가 아닙니다. 정부나 사회나 전쟁을 위해서 일하는 과학자가 참된 과학자일까요? 그렇게 하면서 지식이나 이해를 추구하고 있는 사람의 마음은 썩어버린 것입니다. 그와 같이 예술가나 과학자는 자기의 연구소에서는 훌륭한 사람일지도 모르고 혹은 캔버스 위에 자기 자신을 아름답게 표현할지도 모르겠습니다. 그러나 그 마음 속은 걱정이나 공포감 등으로 파열되어 있을 것입니다. 참된 예술가, 참된 인간, 참된 개인은 '전체'이며 '분할할 수 없는 것' 이며 '완전한 것' 입니다. '개인(individual)' 이란 '분열되지 않은 것(undivided)' 이라는 뜻입니다. 그런데 우리는 분열되어 있고 '사업가', '예술가', '의사', '음악가' 와 같은 단편적인 '인간들' 로 구분되어 있습니다. 그래서 우리는 생활을……. 잠깐, 이것은 말하지 않아도 알겠지요?

질문: 선생님, 많은 가능성 중에서 선택할 때 무엇이 그 기준이 됩니까?

크리슈나무르티: 도대체 당신은 왜 선택을 합니까? 확실히 알 때도 선택할 필요가 있을까요? 왜 선택을 하는가 하면, 그 마음이 확실하지 않고 탁하며 혼란되어 있기 때문입니다. 지금 나는 빨간 색과 검은 색을 식별하는 경우의 선택을 말하는 것이 아니라 정신적인 선택에 관해서 말하고 있는 것입니다. 침착하지 못한 사람이 망설이며 선택 같은 것을 합니다. 사물을 순수하게 이해하고 있을 때에는 선택할 필요가 없습니다——선택이라는 것은 두 가지 길이 있어서 그 어느 한쪽 길을 선택해야 할 때 필요한 것입니다. 또한 마음이 자신을 분할시켜 혼란되어 있을 때(마음이 폭력적일 때)에도 선택을 하게 됩니다. '나는 조용해지겠지'라고 생각하고 있는 마음은 폭력적인 것입니다. 그것은 그 말에 반응하는 것으로 폭력적이 되기 때문입니다. 그러나 만일 당신이 폭력의 전체적인 성질(가장 야만적인 폭력으로부터 가장 교묘한 폭력의 성질에 이르기까지)을 똑똑히 관찰한다면 당신은 참으로 폭력으로부터 자유롭게 될 것입니다.

질문: 도대체 어떤 때에 당신은 폭력의 전체적인 성질을 관찰할 수 있습니까?

크리슈나무르티: 당신은 나무를 전체적으로 관찰해본 일이 있습니까?

질문: 글쎄요, 모르겠습니다.

크리슈나무르티: 흥미있으면 어느 날 나무를 관찰해보십시오.

질문: 저는 언제나 다음 순간까지 과거에 경험한 것을 두루 생각하고 있습니다.

크리슈나무르티: 좋습니다. 그러면 나무를 예로 들어서 그 문제를 탐구해봅시다(객관적으로 보기에는 나무가 가장 좋은 재료입니다). '완전히 관찰한다'는 것은 어떠한 '관찰자'도 '분열감'도 없다는 것입니다. 그러나 그렇다고 해서 나무와 자신을 동일화시키라는 것은 아닙니다. 우리는 나무가 될 수 없습니다——그런 것은 바보 같은 짓입니다. '나무를 관찰한다'는 말은 '나무'와 '나'라는 분열감을 갖지 않고 관찰한다는 뜻이며, 그 나무에 관한 지식이나 사고나 선입관을 가진 '관찰자'에 의하여 만들어진 '공간'이 없이 관찰한다는 뜻인 것입니다. 그것은 어떠한 '노여움'도 '질투'도 '단념'도 '희망'도 갖고 있지 않은 상태입니다. 그와 같은 '분열감'도 '공간'도 없이 나무를 관찰하게 되면 그 나무 전체를 볼 수 있게 됩니다.

어떤 것을 관찰할 때라도 그 대상물에 관한 이미지(지식)를 생각하지 않는다면 당신 자신에게 굉장한 일이 일어날 것입니다. 그러나 유감스럽게도 당신에게는 그와 같은 경험이 없는 것 같군요.

'전체적으로 관찰한다'는 것은 어떠한 분열감도 없다는 것입니다. '관찰자'와 '관찰되는 것' 사이에 있는 공간을 없애기 위해서 마약을 먹는 사람도 있습니다(나는 그런 것을 먹은 일이 없습니다만). 일단 그 게임을 시작한 사람은 자신을 망각하며 그것에 정신을 잃고 결국 피해를 입게 됩니다.

질문: 사고와 진실성은 어떤 관계에 있습니까?

크리슈나무르티: 사고와 시간은 어떤 관계에 있을까요? 사고와 '헤아려 알 수 있는 것'은 어떤 관계에 있을까요? 그리고 사고와 '헤아려 알 수 없는 것'은 또 어떤 관계에 있을까요? 사고란 무엇일까요? 사고는 분명히 기억의 반응입니다. 기억이 없으면 우리는 생

각할 수가 없습니다(그것은 일종의 기억 상실입니다). 사고는 결코 새로운 것이 아닙니다. 사고는 언제나 낡은 것이며 결코 자유로운 것이 아닙니다. 따라서 사고는 새로운 것을 발견할 수 없습니다. 그러나 사고가 침묵하고 있게 되면 새로운 것을 발견할 수 있습니다. 알겠습니까? 나에게 동의는 하지 마십시오. 우리는 무엇인가 의문이 일어났을 때, 그것이 알 만한 의문이면 그 즉시 그것에 반응합니다. "당신의 이름은? 주소는?" 하고 물으면, 당신은 즉시 대답합니다. 그러나 복잡한 질문을 하게 되면 대답하는 데 시간이 걸립니다. 그리고 그 사이에 사고는 생각해내려고 합니다.

 즉 진리를 발견하려고 할 때에도 사고는 항상 과거의 견지에서 그 문제를 보고 있는 것입니다. 그것이 이 탐구의 어려운 점입니다. 우리는 무엇인가를 찾아내려고 하면 자신이 이전에 발견했던 것을 인식하게 됩니다. 즉 인식에 의한 발견이라는 과거의 자신의 경험을 발견하는 것입니다. 따라서 사고는 시간인 것입니다――틀립니까? 가령 당신이 어제 대단히 즐거운 경험을 했다고 합시다. 당신은 그것을 생각하며 내일도 같은 일이 반복해서 일어나기를 바랍니다. 즉 사고는 이전에 자신에게 쾌락을 제공했던 것을 생각해내고 그것이 내일도 일어나기를 원합니다. 따라서 '내일'과 '어제'가 그 '시간적 공간'――그 쾌락을 얻으려고 하고 있는 시간, 그것을 생각해내고 있는 시간――을 만들고 있는 것입니다. 그러므로 사고는 시간인 것입니다. 사고는 과거의 경험이 반응한 것에 불과합니다. 따라서 사고는 결코 자유로워질 수 없습니다. 그러면 어떻게 해야 그 사고가 새로운 것을 발견할 수 있는가 하면, 그것은 마음이 완전히 침묵할 때에만 가능한 것입니다. 그렇다고 해서 새로운 것을 발견하려고 마음을 침묵시켜도 새로운 것을 이해하는 것은 불가능합니다. 왜냐하면 새로운 것을 찾기 위하여 침묵하는 경우, 그것은 하나의 동기에 의하여 가져온 침묵이지 완전한 침묵이 아니기 때문입니다.

제9장 진리 139

만일 당신이 이것을 이해했다고 한다면, 당신은 모든 것을 이해한 것입니다. 따라서 앞서의 당신의 질문의 해답도 이미 나온 것입니다. 당신도 알고 있는 것처럼 우리는 발견하거나 질문하거나 탐구하거나 찾아내거나 할 때의 수단으로 언제나 사고를 사용하고 있습니다. 당신은 사고가 사랑을 알고 있다고 생각합니까? '헤아려 알 수 있는 것'의 산물이나 혹은 시간에 속박되어 있는 사고가 할 수 있는 것은 사람들이 '사랑'이라고 일컫는 쾌락을 아는 것과 그 '사랑'이라는 말에 따라서 다시 그 쾌락을 추구하는 것뿐이며, 사고는 결코 이해할 수도 '무한한 것'에 도달할 수도 없습니다. 그러면 우리가 사고를 침묵시킬 수 있는가 하면, 그렇게는 할 수 없습니다. 이에 대해서는 훗날 탐구하도록 합시다.

질문: 살아가기 위해서는 규칙이 필요할까요?

크리슈나무르티: 부인, 당신은 나의 말을 듣지 않았습니다! 누가 그 규칙을 따릅니까? 교회나 폭군정치는 지금까지 그렇게 해왔습니다. 그리고 당신도 알겠지만, 그곳에는 당신이 '그렇게 해야 한다'고 생각하는 것과 '있는 그대로의 당신' 사이에 갈등이 있는 것입니다. 당신이 생각한 '그렇게 해야 한다'를 이해하는 것과 '있는 그대로의 당신'을 이해하는 것 중에 어느 쪽이 더 중요할까요?

질문: '자기'라는 것은 무엇일까요?

크리슈나무르티: 함께 탐구해봅시다. 나는 여러분에게 '자기'라는 것이 어떤 것인가를 말했습니다. 당신의 가구, 당신의 이미지, 당신의 야심, 당신의 사회적 단체, 당신의 민족성, 당신의 개성, 선입관, 고정관념――이것이 당신입니다! 그리고 당신은 그 모든 것을

사용해서 진리나 신이나 진실성을 발견하려고 하고 있습니다. 그러나 여러분의 마음은 어떻게 하면 속박된 상태에서 자유로워질 수 있는가를 모릅니다. 그리하여 여러분은 멋대로 '자유'라는 것을 만들어내거나 그 무의미한 생활에 의의를 붙이거나 하고 있습니다.

그러므로 만일 당신이 사고의 성질을 이론적이 아니라 진실로 이해했다고 한다면, 당신 속에 선입관이 나타났을 때 그것을 관찰해보십시오. 그렇게 하면 당신의 신앙심도 애국심도 단순한 선입관이라는 것을 알게 될 것입니다. 우리는 여러 가지 의견(선입관)을 갖고 있습니다. 그 중의 한 가지를 온 힘을 다 기울여 완전하게 관찰해보십시오. '하지 않으면 안됩니다'와 같은 생각을 하지 말고, 다만 그것을 관찰하십시오. 그렇게 하면, 어떻게 하면 아무런 선입관도 갖지 않고 살 수 있는가를 알게 될 것입니다. 선입관에서 해방되어 조용해진 마음만이 진리가 무엇인지를 알 수 있습니다.

1970년 5월 27일

제10장 경건한 마음이란?

> 남이 켜준 촛불의 빛은 이내 꺼지지만,
> 스스로 빛나며 그 자신을 비춰 주는 경건
> 한 마음의 빛은 꺼지는 일이 없다.

오늘은 명상에 대해서 이야기해볼까요? 그러나 단지 무엇을 서로 이야기한다는 것과 실제로 그 내용대로 행동을 한다는 것은 전혀 다른 것입니다. 복잡한 문제를 탐구하려면 그 말의 의미를 이해해야 할 뿐만 아니라 그 말을 초월해야 한다고 생각합니다. 그것을 이해하기 위해서는 (머릿속으로 이해하는 것이 아니라 진실로 이해하기 위해서는) 즐겁고 진지한 태도로 예지를 충분히 사용하면서 탐구하지 않으면 안됩니다.

그런데 명상을 탐구하기 위해서는 우선 '경건한 마음(religious mind)'에 대하여 탐구해야만 합니다. 우리는 자신들의 주어진 조건에 따라서 '경건(religion)'이라는 말에 여러 가지 의미를 붙이며(종교, 경건한 생활 등), 감정적으로 종교를 받아들인다든지 혹은 모든 경건한 생활을 부정하기도 합니다. 오히려 사람들은 경건한 것에 대하여 말하는 것을 부끄럽게 생각하고 있습니다. 그러나 '경건한 마음'과 신앙은 아무런 관계가 없습니다. 경건한 마음은 어떤 이론도 철학도 결론도 가지고 있지 않습니다. 왜냐하면 경건한 마음에는 공포감 같은 것이 없으므로 아무것도 믿을 필요가 없기 때문입니다.

경건한 마음에 대하여 말하는 것은 대단히 어려운 일입니다.——왜냐하면 말로 묘사된 것은 묘사된 '사실' 자체가 아니기 때문입니다. 진지하고 민감하게 지각하고 있는 사람만이 그것을 감득할 수 있습니다.

우선 첫째로 사람은 어떠한 종교단체에도 소속되어서는 안됩니다. 그러나 그것은 거의 모든 사람들에게 있어서 어려운 일이라고 생각합니다. 왜냐하면 사람들은 어떤 희망이나 신앙, 이론, 결론 또는 자신이 경험한 일 같은 것에 어떤 경건한 이치를 붙이고 그것에 집착하고 있기 때문입니다. 우리는 자신이 경험한 일이나 타인(성인이나 신비주의자)이 경험한 일에 의지한다든지 집착하는 것을 완전히 그만두어야 합니다. 여러분은 그렇게 하고 있습니까? 경건한 마음은 공포에 사로잡히거나 안전이나 쾌락을 추구하거나 하지 않습니다. 명상이 무엇인지를 알기 위해서는 그 마음이 과거의 경험에 속박되어서는 안됩니다. 사람이 무엇인가를 찾아내려고 하면 자신의 과거의 경험이 개입하여 환각의 세계로 들어가버리게 됩니다.

'무엇무엇을 경험하고 싶다'는 희망을 전혀 갖지 않고 산다는 것은 대단히 어려운 일입니다. 우리의 생활은 기계적으로 되어 있기 때문에 사람들은 그 표면적인 생활에 권태를 느끼고 보다 깊이가 있는 경험을 찾고 있습니다. 우리는 무엇인가 의미가 있고 충실하며 아름다운 것을 추구하고 있습니다. 그러므로 마음은 보다 깊이가 있는 경험을 구하고 있는 것입니다. 그러나 마음이 찾아서 발견한 것은 진리가 아닙니다. 여러분은 어떻게 생각합니까? 제발 내 말을 거부한다든지 그대로 믿어버린다든지 하지 마십시오. 우리는 타인을 권위자로 받아들인다든지 자신이 권위자가 되어 타인의 말을 거부한다든지 하려는 것이 아닙니다. 거의 모든 사람들이 자신을 인도해줄 사람을 구하며, 그 사람이나 그 관념 또는 그 이미지를 신뢰하고 있습니다——즉 우리는 타인을 의지하며 살아가고 있지만, 그리하여 어떤 권위에만 의지하며 독립하는 것도 이해하는 것도 순수하고 곧게 관찰하는 것도 할 수 없게 된 마음은 '나쁘게 되지 않을까?', '틀린 것이 아닐까?', '최고의 상태에 도달할 수 있을까?'라는 공포감에 언제나 속박되어 있는 것입니다. 그러므로 그와 같은 권위는 모두 버려야만 합니다──우리는 모든 공포심과 의뢰심을 버리고, 어떠한 경험도 추구하지 않는 마음을 가져야 합니다. 왜냐하면 진리나 깨달음을 체험하고 싶다고 생각할 때에도 그 마음은 쾌락(혹은 황홀감, 오락)을 찾게 되기 때문입니다.

더욱이 그 추구하는 사람은 어떻게 자신이 발견한 것을 아는 것일까요? 그리고 자신이 발견한 것이 진리인지 아닌지를 어떻게 알까요? 무엇인가를 찾고 있는 마음이 쉬지 않고 활동하고 있는 것을 발견할 수 있을까요? 그러나 어떠한 그룹이나 신앙이나 단체에 속하지 않고 사물을 있는 그대로 관찰하고 재빠르게 이해할 수 있는 마음이 있습니다. 사실 그와 같은 마음이 바로 경건한 마음인 것입니다. 타인이 붙여준 촛불의 빛은 이내 꺼지지만, 경건한 마음의 빛은 그 자신이 붙인 것이기 때문에 꺼지는 일이 없습니다. 따라서 종교적인 신앙이나 교의나 의식은 단지 세상 풍조의 결과일 뿐이며 경건한 생활과는 무관한 것입니다. 또한 경건한 마음은 그 자신을 비추는 빛이기 때문에 그곳에는 아무런 보수도 벌도 필요없습니다.

명상이란 마음 전체를 텅 비우는 것입니다. 마음속에는 많은 경험, 지식 그리고 기억만이 가득 차 있습니다──마음속에는 과거의 시간만이 가득 차 있는 것입니다. 지식도 경험하고 싶다고 생각하는 것도 과거의 산물이며, 모든 기억도 과거 경험의 축적물인 것입니다. 즉 우리의 마음은 과거의 사건에 속박되어 있는 것입니다. 마음은 의식적인 부분에서 무의식적인 부분에 이르기까지 과거의 사건을 완전히 버릴 수 있을까요? 이것이야말로 명상인 것입니다. 자신의 모든 움직임을 어떠한 선택도 하지 않고 관찰하고 있는 마음──그처럼 마음이 지각한다면 그 마음으로부터 이미 알고 있는 것을 모두 제거할 수 있을까요? 조금이라도 과거의 잔재를 남기고 있는 마음은 순수하지 못합니다. 따라서 명상이란 마음 전체를 텅 비우는 것입니다.
 명상에 관한 책이나 그 훈련 방법이나 그것을 가르치는 학교는 수없이 많습니다. 그러나 그 내용이 진실한 것인지 잘못된 것인지를 여러분은 어떻게 분간합니까? '명상이란 마음을 완전히 텅 비우는 것이다' 라는 나의 말이 진실인지 아닌지를 여러분은 어떻게 판단하고 있습니까? 그것을 판단할 때 무엇이 당신에게 말을 걸고 있습니까? 당신의 선입관이 그렇게 하고 있습니까?——가령 나의 얼굴이나 평판에 이끌렸기 때문이라든지 내가 어떤 전심술(傳心術)을 터득하고 있기 때문이라든지 친근감을 느끼기 때문이라든지 하면서 말입니다. 여러분은 어떻게 진실과 허위를 분간합니까? 한 가지 방법을 배운다든지 선생에게서 배우지 않고는 우리는 참된 명상을 발견할 수 없는 것일까요, 아니면 명상의 선생은 없어도 좋은 것일까요?
 나는 지금 "나의 말을 포함해서 누구의 말도 들어서는 안된다"는 것을 가장 비독단적(非獨斷的)으로 말하고 있는 것입니다. 왜냐하면 여러분은 모두 신비스런 깨달음 같은 것을 구하고 있으므로 간단히 타인의 영향을 받을 수 있기 때문입니다. 그래서 여러분은 자기 자신의 힘으로 참된 명상을 발견해야 하는 것입니다. 명상하기 위하여 인도에 간다든지 혹은 선도장(禪道場)이나 사원으로 갈 필요는 없습니다. 관찰의 방법만 알고 있으면 모든 것은 당신 속에 있습니다. 우리는 권위에 따르는 것도 의뢰심도 모두 버리도록 합시다. 왜냐하면 진리는 개인의 소유물이 아니기 때문입니다. 명상은 개인적인 쾌락이나 체험이 아닙니다.
 만일 여러분이 '마음'과 '영혼'과 '육체'를 나누어 생각한다든지 또는 그 중의 하나만을 중요시하고 있다면, 그것을 조화시킬 필요가 있습니다. 왜냐하면 모순이나 분열이 조금이라도 있으면 갈등이 생겨서 에너지를 낭비하게 되기 때문입니다. 그러나 명상에는 많은 에너지가 필요합니다. 만일 당신이 조화 있는 존재로 되어 있다면, 당신의 마음과 두뇌와 육체와 심장은 하나가 될 것입니다. 자신을 조화시키기 위하여 타인의 가르침을 받을 필요는 없습니다. 당신은 자신의 힘으로 그것을 알 수 있습니다. 어떻게 자신을 조화시킬 것인가 하는 것은 문제가 되지 않습니다. '완전한 조화'란 마음과 육체가 최고로 민감해진 상태인 것입니다. 그러므로 우리는 식사나 운동이나 생활방식을 올바르게 살피지 않으면 안됩니다. 그러나 우리는 타인의 의견에 따르려고만 하며 스스로 그것을 생각하려고는 하지 않습니다. 타인의 의견을 기대한다는 것은 타인에게 무엇이 가능하고 무엇이 불가능한가를 듣는 것이므로 그것은 자신의 에너지를 한정시키는 것입니다. 불가능하다고 생각하면 그 에너지는 대단히 한정되어버리며, 지금까지의 지식을 통해서 그것이 가능하다고 생각하더라도 그 에너지는 미약한 것입니다.

어떤 부조화가 있을 경우, 그곳에는 반드시 사실에 대한 왜곡이 있습니다. 그러므로 우리에게는 완전한 조화가 필요합니다. 그리고 우리에게는 훈련도 필요합니다——이 '훈련'은 '질서'라는 뜻이지, 억압을 한다든지 어떤 원리나 관념이나 결론 또는 방법 같은 것을 따르는 훈련을 말하는 것은 아닙니다.

'질서'라는 것은 지금 여러분이 살아가고 있는 '형식화된 것'을 말하는 것이 아닙니다. '질서'는 우리가 '혼란'을 이해했을 때에만 나타나는 것입니다. 즉 '혼란'을 부정함으로써 '질서'를 긍정하는 것입니다. 우리의 생활은 혼란되어 있습니다. 우리가 말하는 내용과 행동과 생각은 뿔뿔이 흩어져 서로 모순되어 있습니다. 우리는 단편적인 존재이며 또한 그 단편화된 가운데서 '질서'를 발견하려고 하고 있습니다. 사람들은 질서를 훈련과 통제에 의해 가져올 수 있다고 생각하고 있습니다. 그러나 사회 또는 자기 자신에 의하여 만들어진 형식에 따라서 통제된 마음은 왜곡되어 있기 때문에 자유로운 마음이 아닌 것입니다. 따라서 혼란이 어떻게 일어나는가를 이해하지 않고서는 '질서(신선한 것)'를 가져올 수 없습니다.

  그러면 그 '혼란'의 본질은 무엇일까요? 우리는 각각 다른 방에서 살고 있고 분열되어 있습니다. 즉 '혼란'의 본질은 모순인 것입니다. 우리는 자신이 모순되어 있다는 것을 깨닫게 되면 무엇인가를 하려고 노력하기 때문에 '혼란'이 생기는 것입니다(이것은 극히 간단한 것입니다. 여러분은 간단한 것을 좋아하지 않기 때문에 어려움을 느끼게 되는 것입니다). 우리는 모순된 여러 가지 욕망, 의지, 결론 같은 것을 가지고 있으며, 어떤 때에는 평화를 추구하고 어떤 때에는 야심적으로 되고 어떤 때에는 사랑을 말하고 어떤 때에는 자기 중심적으로 되고, 또 어떤 때에는 인류애를 운운하는 식으로 우리의 개인 생활은 대단히 모순되어 있습니다. 우리는 엄청난 위선자인 것입니다.

  따라서 우리에게는 질서가 필요하며, 혼란 상태를 이해하는 것 그 자체가 훈련이 되어서 결국 그것이 아무런 억압도 순응도 수반하지 않는 '질서'가 되는 것입니다. 적어도 이론적으로는 나의 말을 이해하겠지요? 이 경우의 '훈련'이라는 것은 기계적인 지식을 축적한다는 의미가 아니라 '어떠한 결론도 내리지 않으며 자신의 혼란된 생활을 배운다'는 의미입니다. 우리의 행동이라는 것은 대부분 어떤 결론이나 관념에 기초를 두고 있거나 혹은 어느 정도 관념과 비슷한 것으로 되어 있습니다. 그래서 우리의 행위는 언제나 모순되고 혼란되어 있습니다. 이것은 누구나 알 수 있는 간단한 것입니다. 당신도 자신 속의 그것을 관찰한다면, 당신 속에 질서가 생겨서 모든 권위와 모든 공포로부터 자유로워질 것입니다. 그리고 만일 잘못된 일을 했다고 하여도 당신은 즉시 그것을 정정하게 될 것입니다.

  우리는 스스로 환각을 만들어내서 그것을 명상이라고 생각하는 경우가 있습니다. 그러면 어떻게 해야 마음의 환각에 현혹되지 않을 수 있을까요? 나는 이전에 25년 동안이나 명상을 한 사람을 만난 일이 있습니다. 그 사람은 자기의 지위와 재산 그리고 가정과 명예까지도 버리고 명상훈련을 해왔다고 했습니다. 그 사람은 본의 아니게 누군가를 따라서 이 회합에 참석했다가 다음날 나를 찾아와서 이렇게 말했습니다. "당신이 말한 명상은 진실입니다. 나는 지금까지 자기 최면을 걸고 있었습니다. 나는 자신의 주어진 조건에 따라서 나 혼자 즐기는 영상만을 갖고 있었습니다"고 말입니다. 즉 기독교를 믿는 사람은 그리스도나 마리아의 영상을 보고 있는 것이고, 힌두교도는 그 사람 자신이 그려낸 신의 영상을 보고 있는 것입니다. 다시 말해서 그런 사람은 자신의 주어진 조건에 속박되어 있는 것입니다.

그러면 어떻게 해야 마음이 환각으로부터 완전히 자유로워질 수 있을까요? 여러분도 깊이 그리고 진지하게 생각해보십시오. 사람들은 '이렇게 해라, 저렇게 해라'고 말하는 지도자의 말이나 듣고만 있어도 황홀한 생각이 드는 말에 귀를 기울입니다. 한 가지 음계만을 계속 듣고 있으면, 주위의 음은 모두 없어지고 그 음계의 음만이 남습니다. 그리고 마음이 그 음을 추구하면 놀랄 만한 효과를 얻을 수 있습니다. 그러나 그것은 명상이 아닙니다. 그것은 자기 자신을 못쓰게 하는 술책이며 환각작용인 것입니다.

신비스런 감각을 경험하려고 마약을 먹거나 단식하거나 일정한 호흡법을 반복하거나 하면, 마음은 조금은 민감해질지도 모릅니다. 그러나 그것은 단순한 술책이며 환각인 것입니다. 마음이 환각에 집착하고 있는 이유는 그 환각이 대단히 만족할 만한 것이며 그 사람 자신의 목적이 달성된 상태이기 때문입니다. 그러나 세계가 혼란하고 부패해있을 때에는 그 개인적이며 보잘 것 없는 영상은 아무런 가치도 없는 것입니다.

이것을 깨닫게 되면 사람은 곧 그 어리석은 사물을 모두 버리려고 하지만, 그것은 기억상실을 초래하여 마음을 둔하게 만들고 맙니다. 어떻게 해야겠다고 노력하면 그 내면에 모순이 생겨 환각을 만들게 됩니다. 그러면 도대체 어떻게 해야 우리의 마음은 환각으로부터 자유로워질 수 있을까요? 환각을 만드는 원인인 정신적 모순, 혼란, 사실의 왜곡, 사회적·종교적·개인적인 부패를 자기 자신으로부터 제거하기 위해 어떻게 하는 것이 좋을까 하고 생각하지만, 사실 그것은 마음이 완전히 고요해질 때에만 비로소 제거되는 것입니다. 왜냐하면 사고의 활동은 모두 과거의 경험에서 나온 것이기 때문입니다. 사고란 기억, 즉 축적된 과거의 경험이나 지식 같은 것의 반응입니다. 그러므로 마음──거기에는 두뇌도 포함됩니다──속에 그 과거의 움직임이 있는 한, 그 마음은 혼란된 상태 그대로인 것입니다.

따라서 문제는 '어떻게 하면 명상할 때 사고를 모두 공백으로 만들 수 있는가?' 하는 것입니다. 생활하기 위해서는 사고가 필요합니다──사고가 보다 논리적이고 건전하고 객관적이고 비감정적이며 비개인적일수록 사고는 더욱 효과적이며 능률적인 활동을 합니다. 생활하기 위해서는 사고를 사용해야 합니다. 그러나 진리를 발견하기 위해서는 사고는 순수하고 바른 상태에 있어야만 합니다. 즉 사고를 사용하면서 생활하는 것과 사고에 속박되어 있지 않는 것, 이 두 가지가 잘 조화되어 있지 않으면 안됩니다. 이것은 논리적으로도 옳은 것이며, 결코 나의 개인적인 의견이 아닙니다. 지금까지 한 번도 발견되거나 행해진 일이 없는 '새로운 것'(진리)을 발견하려면, 마음은 이미 알고 있는 것에 속박되어서는 안됩니다. 그럼에도 불구하고 인간은 이미 알고 있는 것을 사용하면서 살아가야 합니다. 제트기의 엔진을 발견한 사람은 그 당시까지의 내연기관에 관한 지식으로부터 자유로워지지 않으면 안되었습니다. 그와 마찬가지로 참으로 새로운 것을 발견하기 위해서는 우리의 마음──사고나 뇌세포──은 어떠한 환각도 갖지 않고 완전히 침묵하고 있어야 합니다.

이것은 커다란 문제가 아닐까요? 여러분은 자신이 형식과 결론과 선입관 속에서 살고 있다는 것을 이해하고 있습니까? 우리는 생활비를 벌거나 지위나 명성을 얻기 위하여 기계적으로 살아가고 있습니다. 우리의 생활은 공포나 쾌락에 순응하면서 살아가는 것의 연속입니다. 그러나 그런 마음으로는 어떠한 새로운 것도 발견할 수 없습니다. 따라서 '이렇게 하면 발견할 수 있다'고 말하는 선생이나 방법은 당신에게 거짓말을 하고 있는 것입니다. 그들이 알고 있는 것은 틀에 박힌 방법과 훈련과 순응하는 것뿐이며, 실상은 아무것도 모르고 있는 것입니다.

그러므로 마음과 두뇌와 육체는 완전히 조화를 이루고 침묵하고 있어야 합니다——그러나 그 침묵은 진정제를 먹거나 어떤 말의 반복에 의해서 생기는 침묵이어서는 안됩니다. 특정한 말을 반복하게 되면 그 마음은 둔해져서 진리를 발견할 수 없게 됩니다. '진리'는 언제나 새로운 것입니다——아니, '새롭다' 기보다는 '무한'한 것이라고 말하는 편이 좋겠군요.

따라서 마음은 침묵해야만 합니다. 그러나 마음을 침묵시킨다고 해서 마음속에 있는 잡음에 저항하거나 지껄이는 것을 정지시킨다는 것은 아닙니다. '침묵하고 싶다'는 생각으로 마음을 통제하게 되면, 마음속에 모순이 생기게 됩니다. 왜냐하면 '침묵하고 싶다'라고 생각할 때, 그곳에는 '침묵하자'고 결심하며 그 자신이 생각해낸 '침묵'을 가져오려고 노력하는 '실체'가 있기 때문입니다. 그 내면에서 현실과의 분열, 모순, 왜곡이 일어나고 있는 것입니다.

이 문제를 탐구하기 위해서는 많은 에너지가 필요합니다. 따라서 행동할 필요가 있습니다. 우리는 지식을 축적하는 데에 막대한 에너지를 낭비하고 있습니다. 지식을 많이 얻는 것보다 좋은 일은 없습니다——지식은 지식에 적합한 활동이 있습니다. 그러나 그것이 기계적으로 되어서 '이제 더 이상은 불가능하다', '자신을 변화시키는 것은 불가능하다'고 지식이 마음을 결론지어버리게 되면, 우리는 그 이상의 에너지를 가질 수가 없게 됩니다.

신을 발견하기 위해서, 무엇인가 진지한 목적을 위해서 성욕을 억제하여 에너지를 얻으려는 사람도 있습니다. 가엾은 성자나 승려들을 보십시오. 신을 발견하기 위해서 얼마나 많은 고통을 받고 있는가를! 그러나 신은 (만일 그런 것이 존재한다면) 우리의 마음이 고통을 받는다든지 분열된다든지 마비되는 것을 원하지 않습니다.

　마음의 침묵은 자연히 찾아옵니다――이 점을 잘 들어주십시오――마음의 침묵은 관찰할 것인가 하는 것만 알고 있으면 노력을 하지 않아도 자연히 찾아옵니다. 예를 들어 구름을 볼 때 아무 말이나 사고도 하지 않으면, 당신은 그때 '관찰자'라는 분열감을 통하지 않고 그 구름을 보고 있는 것이 됩니다. 그때의 그 관찰 행위에는 지각과 주의(注意)가 있습니다. 또한 그것은 '주의해야겠다'는 결심에 의한 주의가 아니라 주의하면서 관찰하고 있는 상태인 것입니다. 그리고 설령 나무를 관찰하는 시간이 단 1초간이라고 해도 그것으로 충분합니다. '이 주의를 하루 종일 기울이지 않으면 안된다'는 생각은 하지 마십시오. '관찰자를 통하지 않고 본다'는 것은 '관찰자'와 '관찰되는 것'과의 공간이 없이 관찰한다는 것이지, 결코 자기 자신과 '관찰되는 것'을 동일화시킨다는 것이 아닙니다.

　'관찰자'를 통하지 않고 나무나 구름이나 수면을 보기 위해서는 대단한 주의력이 필요하며, 그것은 매우 어려운 일입니다. '관찰자' 중에는 이미지, 결론, 의견, 선, 악 같은 것이 모여 있기 때문에, 만일 당신이 아무런 이미지나 결론이 없이 자기 자신을 볼 수 있다면, 당신의 마음(두뇌)은 완전히 고요해질 것입니다. 그 침묵은 만들어 낸 침묵이 아닙니다. 당신이 자기 자신의 태도나 말이나 감정 그리고 얼굴의 움직임 같은 것을 언제나 주의 깊게 관찰할 수 있게 되면, 그 '침묵'은 갑자기 일어나는 것입니다. 우리는 자신의 태도나 감각 중에서 좋아하는 것만을 골라 내기 때문에 그 내면에 모순이 생기는 것입니다. 그러나 만일 당신이 자신의 태도나 감각을 그저 관찰만 한다면 당신은 그 관찰행위 자체에 의하여 변화될 것입니다.

제10장 경건한 마음이란?

  즉 당신이 자신의 표면적인 의식에만 국한하지 않고 의식이 심층까지 주의한다면, 그 마음은 침묵하게 될 것입니다. 중요한 문제의 하나로 '꿈'과 '수면'이 있습니다. 마음과 육체가 잠들어 있을 때 깨닫고 있는 것(지각하고 있는 것)도 명상입니다. (제발 나의 말을 간단하게 믿지 마십시오――나는 여러분의 선생이 아닙니다. 나를 권위자로서 떠받들게 되면 여러분 자신과 나는 파괴되어버리게 됩니다.)
  전에도 말한 바와 같이 명상이라는 것은 마음의 의식적인 부분에서부터 무의식적인 부분까지를 완전히 텅 비우는 상태를 말합니다. 무의식이라는것은 언제나 의식과 마찬가지로 하찮은 것입니다. 따라서 여러분이 잠잘 때 꾸는 꿈은 비록 그것이 어떤 가치가 있는 것이라고 생각되더라도 실은 아무런 의미도 없는 것입니다. 이에 대해서는 여러분도 알고 있으리라고 생각합니다. 그러나 의미가 있는 꿈도 있습니다. 그리고 꿈을 꾸면서 그 의미를 이해할 수도 있습니다. 즉 우리가 깨어 있을 때 자신의 모든 사고, 동기, 감각, 야심 같은 것의 움직임을 주의해서 관찰하게 되면 그 꿈의 의미를 알 수 있습니다. 자기 자신에게 주의를 기울이고 있을 때, 그 대상물을 좋고 싫은 것으로 나누지 않게 되면 피로해지는 일도 없습니다. '이렇게 되지 않으면 안돼'라는 생각 따위를 하게 되면 피로해지고 싫어집니다. 그렇게 하지 않고 하루 종일 좋고 싫은 것의 선택이 없이 자신의 관찰을 계속하면 밤에 잘 때 꾸는 꿈 자체의 움직임에는 어떤 의미가 있게 됩니다――그 꿈은 언제나 활동적이며, 거기에서는 의미를 알 수 있는 행위만이 일어나게 됩니다. 이상과 같은 것을 모두 이해하게 되면, 당신의 마음은 수면중에도 완전히 가성된 상태에 있게 될 것입니다. 그렇게 되면 당신은 이미 타인에게 꿈의 분석을 시킬 필요가 없게 될 것입니다. 그리고 그 각성된 마음은 '의식적인 마음은 결코 지각할 수 없다'는 것을 알게 됩니다. 따라서 훈련을 해도 마음은 진실로 침묵하지 않습니다――마음은 당신이 생명의 구조와 시발점, 그리고 그 활동을 이해할 때에만 비로소 침묵하는 것입니다.

 우리 사회에서는 불공평하고 무서운 도덕이 통용되고 있고, 사람들은 분열하고 애정의 결핍으로 인해 세계는 파괴되어가고 있습니다. 그러므로 우리는 이 사회구조를 바꾸어야 합니다. 만일 당신의 명상이 개인적인 즐거움에 불과하다면, 그것은 참된 명상이 아닌 것입니다. 명상이라는 것은 그 마음과 영혼이 근본적으로 변화하는 것을 말합니다. 그리고 그것은 당신의 마음이 완전히 침묵할 때에 일어나는 것입니다. 그럴 때에만 당신의 마음은 '경건한 마음'이 되어서 무엇이 신성한 것인지를 알게 될 것입니다.

 질문: 자신을 완전히 변화시키려면 어떻게 해야 할까요?

 크리슈나무르티: 지식이 우리를 근본적으로 변화시킬 수 있을까요? 마음의 본질을 전환시키는 데 당신의 과거(지식)가 필요할까요, 그렇지 않으면 마음을 항상 변화시키기 위해서 우리는 과거로부터 자유로워져야 할까요? 당신은 자신을 관찰할 때, 자신의 지식이나 경험한 것이나 기억이 집중되어 있는 '관찰자'를 통해서 관찰하는 것이 아닐까요? 부디 나의 말을 간단히 믿지 말고 당신 속에 있는 그것을 관찰하십시오. 여러분의 내면에는 '이것은 좋다', '이것은 나쁘다', '하지 않으면 안된다'고 말하는 '검열관(ego)'이 있습니다. 그 검열관은 관찰하면서 자기 자신과 그 대상물을 분리시킵니다. 그 검열관(관찰자)은 언제나 낡아빠진 과거이지만, '존재하는 것'은 항상 변화하면서 새롭게 되는 것입니다. 따라서 당신 속에 '관찰자'와 '관찰되는 것'이라는 분열감이 있는 한, 당신은 참된 변화를 일으킬 수 없는 것입니다. 여러분도 아는 바와 같이 프랑스혁명이나 공산혁명이 일어났어도 그 사회는 즉시 부패해버리지 않았습니까? 즉 여러

분이 이 분열감을 가지고 있는 한, '선'을 가져온다는 것은 불가능합니다. 그래서 당신은 이렇게 생각할지도 모르겠습니다. '어떻게 해야 그 분열감이 소멸될까?', '어떻게 해야 그 관찰자(지식, 축적된 과거)가 소멸될까?'라고. 그러나 유감스럽게도 그것을 소멸시킬 수는 없습니다. 왜냐하면 우리가 기계적으로 행동할 때에는 '관찰자'를 사용할 필요가 있기 때문입니다. 당신이 자신의 직장으로 갈 때에는 지식을 사용해야 합니다. 그러나 야심적이며 탐욕스러운 '검열관'과 결합된 지식은 못쓰게 되고 맙니다. 지식을 사용하는 '검열관'은 타락한 것입니다! 이것은 아주 간단한 것입니다.

이것을 알게 되면 당신 속의 '관찰자'는 없어질 것입니다. 그러나 자신의 내면에 있는 '관찰자'가 서서히 소멸된다는 말은 아닙니다. 우리는 '서서히 관찰자를 소멸시키자', '서서히 비폭력적인 인간이 되자'고 생각하도록 조건지어져 있습니다. 그러나 우리는 그 순간에 폭력의 근원을 발견하는 것입니다. 즉 어떻게 '관찰자'가 모든 것을 자기로부터 분리시키며 왜곡시키고 있는가 하는 것을 명백하게 지각하는 순간 당신 속의 '관찰자'는 소멸되는 것입니다.

질문: 조화된 인생을 계속하는 것이 가능할까요?

크리슈나무르티: 조화를 유지하면서 산다는 것은 모순입니다. 틀립니까? '그것을 계속하지 않으면 안된다'는 생각은 새로운 것을 발견하는 데 방해가 됩니다. 끝난다는 것은 새로운 것의 시작인 것입니다. 따라서 '조화를 계속 유지하고 싶다'는 욕구는 모순인 것입니다. 당신은 조화되어 있다――그것뿐입니다. 당신들은 '……이다'라는 말의 노예가 되어 있습니다. 만일 지속되는 조화가 있다면, 그것은 참된 조화가 아닙니다. 그것은 '부조화'입니다. 그러므로 부디 '연속적인 것이 탐난다'는 생각은 하지 마십시오. 당신은 당신의 부

인과 행복하고 로맨틱한 생활을 계속 보내고 싶어할지 모르지만, 그것은 절대로 무리한 일입니다. 사랑은 시간과 관계가 없습니다. 그러므로 어떠한 것을 원해서는 안됩니다. 조화라는 것은 '계속될 수 없는 것'입니다. 만일 지속되는 조화가 있다면, 그것은 단순하고 기계적인 조화일 것입니다. 그러나 조화된 마음은 존재하고 있습니다──'존재하겠지'나 '존재했었다'가 아니라 '존재하고 있는' 것입니다. 그러나 '조화된 마음'이라는 말은 좋지 않군요. '그 자신이 조화된 상태를 지각하고 있는 마음'이라고 하는 편이 좋을 것 같습니다. 그 마음은 '내일도 이런 조화가 계속될 것인가' 하는 의문을 일으키지 않습니다.

질문: 마음속에 가득 차 있는 말은 현실의 상태와 어떤 관계가 있습니까?

크리슈나무르티: 간단하지 않습니까? 말은 현실 자체가 아니다, 묘사는 '묘사된 사실 자체'가 아니다, 설명은 '설명된 사실 자체'가 아니다는 것을 이해하면 그 마음은 말로부터 자유로워집니다. '자기 자신'이라는 이미지는 사고, 즉 말의 집합인 것입니다. 여러분은 '위인', '젊은이들', '똑똑하다', '천재' 등과 같은 이미지를 자기 자신으로 생각하고 있지만, 그 이미지는 말에 의하여 조립된 것입니다. 그 이미지는 말로 표현할 수 있습니다. 즉 이미지는 사고의 산물인 것입니다. 그러면 그 이미지(묘사)가 마음일까요? '마음의 내용물'과 '마음 자체'에는 어떤 관계가 있을까요? 마음의 내용물이 '마음 자체'일까요?──이것이 당신의 질문입니까? 물론 그렇습니다. 만일 당신 마음의 내용물이 당신의 소유물, 지금까지 읽은 책, 타인의 말, 선입관, 주어진 조건, 공포 등과 같은 것이라면, 그것은 당신의 마음인 것입니다. 그리고 당신의 마음이 '영혼은 존재한다',

'신은 존재한다', '천국도 지옥도 있다', '악마는 존재한다'고 생각한다면, 그것은 당신 마음의 내용물인 것입니다. 그 마음의 내용물이야말로 당신의 마음 자체인 것입니다. 만일 당신의 마음이 그 내용물을 텅 비울 수 있다면(그것은 당신이 지금까지 경험하지 못한 것입니다), 그 마음은 새로워지며 '영원한 것'이 될 것입니다.

질문: 점점 지각력이 확대되어갈 때 그 사람에게는 어떤 표적이 나타납니까?

크리슈나무르티: 실례지만 당신은 우스운 말을 하고 있군요. 지각하기 시작한 사람은 표적 같은 깃발은 휘두르지 않습니다! 그리고 첫째로 '지각'이라는 것은 점점 개발되는 것이 아닙니다. 무엇을 이해할 때 시간 같은 것이 걸릴까요? 어떤 때 마음이 '이해했다'고 느끼는가 하면, 그것은 마음이 관찰하고 있는 대상물에 완전한 주의를 기울이고 있을 때 그렇게 느끼는 것입니다. 주의를 기울이고 있는 그 순간에 마음은 그것을 완전히 이해하는 것입니다. 따라서 지각에는 시간이 걸리지 않습니다.

질문: 이 세상은 극도로 혼란해져 있습니다. 그러면 어떻게 해야 그 혼란한 세상을 동정의 눈으로 보면서도 그 속에서 자신만은 평화롭게 살아갈 수 있겠습니까?

크리슈나무르티: 당신은 자신을 이 세상에서 동떨어진 존재로 생각합니까? 당신 자신이 이 세계가 아닙니까? 당신 자신이 자신의 야심과 탐욕, 경제적 안도감, 폭력 등으로 이 세계를 만들어낸 것입니다. 먹기 위하여 동물을 죽이는 것도, 전쟁으로 돈을 낭비하는 것도, 잘못된 교육도 모두 당신이 만들어낸 것입니다. 당신은 그 일부

인 것입니다. 당신이 이 세계이며 이 세계가 당신인 것입니다. 따라서 당신과 세계는 하나인 것입니다. 당신은 어떻게 하면 혼란한 세계 속에서 자신만은 평화롭게 살아갈 수 있겠는가 하고 물었습니다만, 문제는 '어떻게 하면 혼란해진 자신을 편안하게 할 수 있겠는가?' 하는 것입니다. 왜냐하면 당신이 이 세계이기 때문입니다. 세계의 여러 곳을 여행하면서 사람들과 대화를 나누는 사람도, 머리가 좋은 사람도 나쁜 사람도, 유명한 사람도 모두 당신처럼 고민하면서 살아가고 있습니다. 당신이 혼란해져 있기 때문에 세계가 혼란한 것입니다. 그러므로 당신은 자신의 혼란을 소멸시켜야 합니다. 그것은 당신이 자신을 알게 될 때에야 비로소 소멸됩니다. 그러면 당신은 이렇게 생각할지도 모릅니다. '자기 자신의 슬픔에서 해방된 사람은 무엇을 할 수 있을까? 그 사람의 존재가 이 세상에 무슨 가치가 있을까?'라고. 그러나 그런 의문은 아무런 가치도 없는 것입니다. 당신이 자신의 슬픔에서 해방된다면, '세상이 혼란해져 있을 때 단 한 사람의 행위가 무슨 가치가 있을까?'라는 질문은 잘못된 질문이라는 것을 알게 될 것입니다.

질문: '미치광이'란 어떤 사람을 두고 하는 말입니까?

크리슈나무르티: 아, 그것은 간단합니다. 우리는 거의가 신경질적인 성격의 소유자지요? 대부분의 사람들은 개인적인 관념이나 신앙에 속박되어서 조금씩은 균형이 무너져 있습니다. 전에 신앙이 깊은 어떤 카톨릭 신자에 대한 말을 했었습니다만, 그 사람은 나에게 이렇게 말했습니다. "인도사람들은 이 세상에서 미신을 가장 깊이 믿으며 마음을 닫아걸고 있는 신경질적인 인종입니다. 인도사람들은 여러 가지 이상한 것들을 믿고 있습니다"라고. 그러나 그렇게 말했던 그 사람도 자신의 이상함——자신의 신앙심, 자신의 우둔함——

은 전혀 깨닫지 못하고 있었습니다. 그러면 '균형이 잡힌 사람'은 도대체 어떤 사람일까요? 그것은 아무런 공포심도 없는 조화된 사람입니다. '조화된'이라는 것은 '진지하고 건전하며 신성한'이라는 의미입니다. 그러나 우리는 그렇지 못합니다. 우리는 모두 각각 분열되어 있고 균형을 잃고 있습니다. 그런 우리가 균형이 잡힌 인간이 되려면 완전히 조화된 인간이 되어야 합니다. 즉 마음이 맑을 대로 맑아서 선입관을 통하지 않고 사물을 관찰하게 되고 '선'의 상태로 될 때에야 비로소 우리는 균형이 잡힌 인간이 됩니다. (박수) 제발 박수는 치지 마십시오. 그 박수는 나에게는 아무 의미도 없습니다——진정입니다. 여러분이 이야기의 의미를 이해했다고 한다면, 그것은 여러분의 것이 된 것이기 때문에 박수 따위는 필요없는 것입니다. '깨달음'은 타인이 가져다주는 것이 아닙니다. 그것은 여러분 자신이 자기를 관찰하며 이해하게 될 때 초래되는 것입니다.

1970년 5월 30일

제4부 불록우드 파크에서

제11장 자유로운 마음

> 지식을 사용해서 자유로워지려 하여도 그 마음은 결코 자유로워지지 않는다.

참으로 진지한 사람은 '마음을 자유롭게 할 수 있는가, 없는가?' 라는 문제에 최대의 관심을 나타낼 것입니다. 관찰을 해보면, 인간은 각각 자기 나라의 문화나 도덕에 깊이 조건지어진 채 살아가고 있습니다. 사람들은 각각 특정한 선을 따라서 생각하고 행동하고 일을 하며 과거의 경험을 통해서 현재와 관계하고 있는 것입니다. 우리는 인류가 태고 적부터 쌓아온 수많은 경험의 결과——교육, 문화, 사회, 도덕, 여론, 종교——에 의해서 길러져왔습니다. 그 길러진 방법에 대한 반응은 각자 다른데, 그 반응 또한 조건지어져 있는 것입니다.

그러므로 우리는 자신의 주어진 조건에 충분한 주의를 기울이며 어떻게 그런 조건이 우리를 나라별, 종교별, 사회별, 언어별로 분열시키고 있는가를 알아야 합니다. 그런 분열이 모순과 폭력을 기르며 우리의 앞길을 가로막고 있습니다. 참으로 평화롭고 창조적으로 살고 싶다면 (이 '평화'와 '창조적'이라는 말에 대해서는 뒤에 탐구하겠습니다), 당신은 자신의 표면적인 조건지어짐 뿐만 아니라 당신 내부에 깊숙이 잠재해 있는 조건지어짐까지도 이해해야 합니다. 우리는 각자의 조건지어짐의 전체 구조를 밝혀낼 수 있는지 없는지를 살펴보아야 합니다. 그러면 그 해답을 알게 된 사람은 어떻게 될까요? 그

제11장 자유로운 마음

사람은 자신의 주어진 조건을 초월하게 될까요?

만일 당신이 자신의 조건지어짐의 상태를 관찰할 때, '마음을 조건지어짐으로부터 해방시킨다는 것은 불가능하다'고 생각한다든지 혹은 '인간은 결코 자유로워질 수 없다'는 생각을 미리 마음속에 품고 탐구한다든지 하면, 당신은 그 이상은 탐구할 수 없을 것입니다. 왜냐하면 그때는 당신은 이미 그 문제에 대한 해답을 마음속에 품고 자신의 주어진 조건을 더욱 강화하게 되어 그 주어진 조건이 당신의 탐구를 방해할 것이기 때문입니다. 그러나 만일 그 자신의 주어진 조건의 상태를 밑바닥까지 탐구해서 그 전체를 지각하게 된다면 도대체 어떤 일이 일어날까요? 만일 그런 일이 그 사람의 인생에 있어 아주 중요한 문제라고 한다면, 그 사람은 어떤 반응을 나타낼까요?

그러면 어떤 정신상태로 관찰해야 우리는 자신의 주어진 조건을 알 수 있을까요? 여러분은 지금 분명히 자신의 힘으로 자신의 주어진 조건을 관찰하고 있습니까, 그렇지 않으면 나의 말을 듣고만 있습니까? 이것이야말로 여러분이 대답해주어야 할 중요한 문제입니다. 만일 당신이 자기 자신을 관찰하고 있지도 않으면서 내 말만 듣고 '그렇다, 나는 조건지어져 있다'고 생각했다면, 그것은 하나의 제안에 대한 단순한 반응이며, 결국 그 반응은 동의하고 받아들였을 뿐인 단순한 말에 불과한 것입니다. 그것은 자신의 힘으로 자신의 주어진 조건을 발견하는 것과는 전혀 다른 것입니다. 왜냐하면 자신의 힘으로 발견하는 데는 굉장한 정열이 필요하기 때문입니다.

그러면 지금 당신의 주어진 조건을 관찰하거나 발견하고 있는 그 '발견자'는 누구입니까——'관찰자'입니까, '심사원'입니까, 아니면 '분석자'입니까? 당신 자신의 혼란되고 광기에 차 있는 주어진 조건——그것이 이 세계를 만들고 있다——을 전체적으로 관찰, 조사, 분석하고 있는 것은 누구입니까? 당신 내면에 있는 그 무엇이 자신의 조건지어짐의 구조와 산물을 관찰하거나 발견하고 있습니까? 나는 나 자신의 내면에 있는 갈등, 싸움, 비참한 생각, 자신의 밖에서 일어나고 있는 일(환경도 그 사람의 일부입니다) 같은 것을 모두 관찰한 결과 자신이 조건지어져 있다는 것을 깨달았으며, 또한 그 조건지어짐이 자신에게 어떤 영향을 주고 있는지를 발견했습니다. 그것은 자신이 조건지어져 있다는 것을 깨달은 '관찰자'가 내 안에 있기 때문입니다. 그러면 그 '관찰자'는 그때까지 관찰하거나 발견하거나 했던 것과 분리되어 있는 것일까요? 만일 그것들이 분리되어 있다면 당신 속에서 또다시 분열과 갈등이 일어나서 당신은 그 주어진 조건으로부터 도피하려고 하든지 그것을 극복하려고 하게 될 것입니다. 그래서 우리는 그 '관찰자'와 '관찰되는 것'이 별개의 것인지 혹은 그 '관찰자'도 '관찰되는 것'인지 아닌지를 발견하지 않으면 안됩니다. 이것을 자신의 힘으로 발견하는 것이 대단히 중요합니다. 그것이 발견되면 당신의 생각은 완전히 변화됩니다. 이것은 인간에게 있어서 가장 근본적인 발견입니다. 그렇게 되면 그 사람에게 있어서는 도덕의 구조도 지식을 계속 사용하는 것도 지금까지와는 전혀 다른 의미를 갖게 됩니다. 당신은 자신이 조건지어져 있다는 것을 자신의 힘으로 발견했습니까, 그렇지 않으면 단지 나의 말을 받아들였을 뿐입니까? 만일 자신의 힘으로 발견했다면 지금까지 당신이 '관찰자'와 '관찰되는 것'으로 분열시키는 데 소모했던 에너지가 그때부터 넘쳐흐를 것입니다.

　우리는 정신적으로 주어진 조건인 지식을 연속적으로 사용하면서 에너지를 낭비하고 있습니다. 지금까지 당신 속에 있는 '관찰자'가 지식을 수집하고 그 지식을 사용하며 행동하고 있었지만, 그 지식과 행동은 별개의 것이기 때문에 당신의 내면에 갈등이 생기는 것입니다. 즉 지식을 보유하고 있는 실체――이것이야말로 인간을 조건 짓고 있는 본질적인 것입니다만――그 실체가 바로 이 '관찰자'인 것입니다. 우리는 이런 기본적인 원리를 자신의 힘으로 발견해야 합니다. 이것은 나의 고정관념이 아니라 한 번 발견하게 되면 두 번 다시 의문이 생길 수 없는 진실이며 원리인 것입니다.

정신적인 의미에서 '관찰자'는 '관찰되는 것'이라는 간단한 사실을 깨달았을 때, 지금까지 육체와 영혼을 분리해온 당신의 마음에 무엇이 일어났습니까? 만일 당신의 발견이 단순히 이지적인 관념이라면 자유의 문은 열리지 않을 것입니다. 그러나 만일 당신이 정말로 발견했다면 당신은 자유롭게 될 것입니다. 다만 그것은 자신이 좋을 대로 결정한다든지 생각한다든지 할 수 없는 것입니다.

과연 자유로운 마음이 이것저것 선택할까요? '선택한다'는 것은 어느 한쪽으로 정한다는 것입니다. 첫째로 선택 같은 것을 할 필요가 있을까요? (이것은 단순한 이치가 아닙니다. 만일 여러분이 이 문제를 탐구해서 그 해답을 일상생활에 실천한다면 그 아름다움과 활력과 강렬한 정열을 몸소 체험하게 될 것입니다.) '선택'이란 결정하는 것이며 '결정'은 의지의 행위입니다. 그러면 그때 이것인가 저것인가를 결정하려고 하는 실체는 누구일까요? 부디 주의해서 들어주십시오. '관찰자'가 '관찰되는 것'이라면 과연 선택할 필요가 있을까요? 만일 당신의 마음이 선택하고 있다면(지금 나는 정신적인 선택에 대해서 말하고 있는 것입니다), 그것은 당신이 혼란되어 있다는 증거입니다. '관찰자'와 '관찰되는 것'의 분열이 있으면 그 마음은 흐려집니다. 그러나 만일 당신의 마음이 대단히 맑은 상태로 있다면, 그 마음은 이것저것을 선택하지 않을 것이고 당신은 행동할 뿐일 것입니다.

질문: 그러나 실제로는 선택하는 일이 필요하지 않을까요?

크리슈나무르티: 물론입니다. 우리는 갈색과 붉은 색 천을 분간할 수 있어야 합니다. 그러나 우리는 정신적인 선택에 대하여 말하고 있는 것입니다.

선택한다든지 구별한다든지 하여 어떻게 되는가를 이해하게 되면, 그런 것은 거의 문제삼지 않게 됩니다. 비록 내가 어릴 때부터 힌두교도로 자라났다고 해도 만일 내가 그것에 불만을 느낀다면, 나는 다른 종교를 '선택'해서 그것으로 옮아갈 것입니다. 그러나, 만일 당신이 그때 하나의 종교 문화의 조건지어짐을 잘 조사해보면 다음과 같은 것을 깨닫게 될 것입니다. '종교란 선전문구를 듣는 것이고, 우리는 신앙을 받아들이게 되면 불안한 마음이 편안해진다. 즉 우리는 내심으로 자신이 불충분하며 비참하고 불행하며 불안정하다고 느끼고 있기 때문에 자신에게 안도감을 주는 것에 희망을 거는 것이다. 따라서 안도감을 찾아 다른 종교로 옮겨도 그것은 자신이 믿고 있는 것에 대한 이름만이 바뀔 뿐이다'는 것을 깨닫게 될 것입니다. 이상과 같은 것을 당신의 마음이 이해한다면, 당신은 두 번 다시 선택 같은 것을 하지 않게 될 것입니다. 그리고 당신은 두 번 다시 자신의 의지에 따라서 반응하지 않게 될 것입니다. 의지를 작용시키는 것은 저항하는 것이며, 그것은 일종의 고립된 상태입니다. 그리고 고립된 마음은 결코 자유롭지 않습니다.

  자유롭게 되고 싶다고 하여 당신의 마음이 지식을 수집하는 것에 몰두한다 해도 그 마음은 결코 자유로워지지 않을 것입니다. 지식이란 지금까지 여러 사람이 과학적·심리학적으로 관찰해서 배운 것이 축적된 것입니다. 그런데 왜 우리는 그처럼 지식을 수집하는 것을 중요시할까요? 만일 우리가 자유롭게 된다면 어떤 때에 지식을 사용해야 할까요? 지식은 과거의 것입니다. '알고 있다'는 것은 이미 알아버렸다는 의미입니다. 즉 과학적인 지식도 개인적인 지식도 일반적인 지식도 어떠한 지식도 모두 과거의 것입니다. 즉 마음은 과거의 산물입니다. 그런 마음이 자유로워질 수 있다고 생각합니까?

  질문: 자기지(自己知)란 어떤 것입니까?

크리슈나무르티: 우선 당신의 마음이 지식을 받아들이고 있는 상태를 보십시오. 그리고 왜 그런 일을 하고 있는가에 대하여 주의해 보십시오. 즉 어떤 곳에 지식이 필요하며, 또 어떤 곳에서 지식이 자유를 방해하고 있는가를 알아보십시오. 확실히 지식이라는 것은 우리가 차를 운전하든지 지껄이든지 기술적인 일을 할 때에는 필요불가결한 것으로, 그 지식은 보다 능률적이고 보다 객관적이며 비개인적인 것일수록 좋습니다. 그러나 지금 내가 여러분에게 말하고 있는 것은 정신적인 면에서 우리를 조건짓고 있는 지식에 대한 것입니다.

'관찰자'는 지식의 저장고입니다. 즉 '관찰자'는 과거로 뭉쳐진 덩어리이며, 그는 축적된 지식을 사용하여 자기 자신에 대한 판단을 하고 있는 '검열관'인 것입니다. 비록 당신이 심리학자로부터 제공 받은 지식에 따라 자기 자신을 배웠다고 해도, 당신은 그 지식을 통하여 자신을 보고 있는 것이지 신선한 눈으로 자신을 보고 있는 것은 아닌 것입니다. 그때 당신의 '관찰자'는 이렇게 말합니다. "나는 자신을 알고 있다. 일부분은 좋지만 다른 부분은 좋지 않다." 즉 그 '관찰자'는 이미 당신을 결론짓고 있는 것입니다. 따라서 그 '관찰자'는 '관찰되는 것(당신 자신)'을 분리시킴으로써 결국 당신 자신에 관하여 아무것도 새로운 것을 발견할 수 없게 되어 있는 것입니다. 우리는 지금까지 그 '관찰자'를 통해서 모든 것과 관계해왔습니다. 우리는 지금까지 어떤 것(사람도 기계도)과 관계할 때에도 '내가 완전히 안전하게 있을 수 있는 장소를 찾자'는 욕구를 토대로 그것들과 관계하여왔습니다. 그리고 우리는 지식 속에서 안전을 구하고 있습니다. 즉 그 지식을 보유하고 있는 자가 항상 '관찰되는 것'과 분리되어 존재하고 있는 '관찰자(사고자, 경험자, 검열관)'인 것입니다.

축적된 지식에는 예지 같은 것이 없습니다. 지식이라는 것은 받아들이면 받아들일수록 그만큼 불어나는 것입니다. 그러나 아무리 불어나도 고정되어 있는 것에는 변함이 없습니다. 그리고 사람들은 그 고정된 지식 속에서 생활하며 책을 읽고 세상을 소란케 하는 것을 '자유'라고 부르고 있습니다. 그러면 마음은 지식(이미 알고 있는 것)으로부터 자유로워질 수 있을까요? 이것이야말로 깊이 탐구하는 사람에게 있어서는 최대의 문제인 것입니다. 우리가 이 문제를 탐구하지 않기 때문에 이 세상은 항상 개량했던 것을 또다시 개량할 뿐이며, 창조적인 것은 하나도 존재하지 않는 것입니다.

'왜 관찰자와 관찰되는 것의 분열이 있는가?', '마음은 이 분열을 초월해서 두 번 다시 이미 알고 있는 것에 휘둘리지 않고 활동할 수 있을까——즉 예지가 필요할 때에 지식을 사용하면서 지식에 속박되지 않을 수 있을까?'——우리는 이 문제를 탐구하지 않으면 안됩니다. '예지'는 자유라는 뜻이며, '자유'는 모든 갈등이 사라진 상태를 의미합니다. 즉 '관찰자'가 '관찰되는 것'이 되어 분열감이 소멸되면, 내면의 갈등이 사라지고 예지가 나타납니다. 그러한 예지를 갖고 있는 사람에게는 참된 사랑이 있습니다. 사람들은 '사랑'이라고 하면 쾌락, 섹스, 공포, 질투, 의타심, 탐욕 같은 것과 관계가 있는 것으로 생각하기 때문에 사랑이라는 말을 쓰는 것조차 망설입니다. 조건지어져 있는 마음은 쾌락이나 공포의 의미는 알고 있을지 몰라도 사랑에 대해서는 아무것도 모릅니다.

사랑은 우리가 진실로 지식으로부터 자유롭게 되었을 때 나타나는 것입니다. 그러나 정말 그렇게 될 수 있을까요? 인간은 오늘날까지 순간적인 지식으로부터 자유로워지기 위해, 사고의 반응이나 지식을 초월한 것을 찾아내기 위해 여러 가지 바보 같은 이미지(예를 들어 '신'이라고 부르는 것)를 만들어왔습니다. 그러나 사고의 상상을 초월한 것이 있는지 없는지를 발견하기 위해서는 우리는 모든 공포로부터 자유로워지지 않으면 안됩니다.

제11장 자유로운 마음

질문: 당신은 두뇌는 예지이고, 마음은 별개의 지각체(知覺體)라고 구별하고 있는 것입니까?

크리슈나무르티: 아닙니다. 나는 '마음'이라는 말을 사고의 모든 상태, 즉 기억도 지식도 뇌세포도 모두 포함한 정신상태라는 의미로 사용하고 있는 것입니다.

질문: 뇌세포까지 말입니까?

크리슈나무르티: 물론입니다. 마음과 뇌세포는 다른 것이라고 생각합니까? 뇌는 어떤 일을 하고 있습니까? 컴퓨터와 같은 일을 하는 것일까요?

질문: 그렇다고 생각합니다.

크리슈나무르티: 뇌는 몇천 년 전부터 기록을 계속하고 있는 훌륭한 컴퓨터입니다. 즉 뇌는 지금까지 인간이 보다 좋은 생활과 안전함을 얻기 위해 여러 가지 경험을 쌓아온 결과입니다. 그래서 우리는 자신의 주위에서 일어나고 있는 물리적 현상에 관한 지식을 여러 가지 갖고 있습니다. 그러나 우리는 자기 자신에 관한 지식은 아주 조금밖에 갖고 있지 않습니다.

질문: 당신은 아까 '이 세상에는 창조적인 것은 하나도 존재하지 않는다'고 했는데, 기억을 사용하지 않는다면——즉 과거의 경험에 의지하지 않는다면——새로운 것을 창조할 수는 없지 않을까요?

크리슈나무르티: "이 세상에 새로운 것은 하나도 없다"고 ≪구약성서≫의 〈전도서〉에 쓰여 있습니다. 당신은 '창조'와 '표현'을 혼동하고 있는 것이 아닌지요? 다음을 잘 생각해보십시오. '나는 자신의 소질을 발휘하기 위해서 그것을 표현하지 않으면 안된다. 나는 나 자신을 예술가라고 생각하기 때문에 그림을 그려야 한다, 시를 써야 한다'고 생각하는 사람이 있는데, 그것을 표현하지 않는다고 창조적인 사람이 아니라고 할 수 있을까요? 예술가가 표현한 것이 그들이 자유롭고 창조적인 마음의 소유자라는 표시일까요? 어떻습니까? 창조란 어떤 뜻일까요? 창조란 결코 과거의 경험에 따라 기계적으로 반응하는 것이 아닙니다.

질문: 저는 표현하지 않으면 창조적이라고 할 수 없다고 생각합니다. 그렇게 하지 않으면 살아갈 수 없기 때문입니다.

크리슈나무르티: 표현하지 않으면 창조적이라고 할 수 없습니까? 창조란 어떤 의미일까요? '창조적인 마음'이란 어떤 감정을 가진 마음을 말하는 것일까요?

질문: 그것은 강렬한 인상을 받고서 무엇인가 아름답고 좋은 것을 만들어낼 수 있을 때의 마음입니다.

크리슈나무르티: 그러면 강렬한 인상을 받지 않은 마음은 창조적인 마음이 아니라는 말입니까? 마음은 '나는 창조적이다'라는 감각으로부터 자유로워져야 되지 않을까요? 왜냐하면 그렇지 않을 경우에는 그 창조성은 단순히 같은 것의 반복에 불과하기 때문입니다. 만약 그 반복작용 속에서 어떤 새로운 표현이 있었다고 해도 그것은 역시 기계적인 반복작용임에는 변함이 없습니다. 그와 같은 기계적

인 마음을 창조적이라고 할 수 있을까요? 비록 당신이 훌륭한 시나 희곡을 썼다고 해도 그 마음이 혼란하고 신경질적으로 되어 있다면, 그것을 창조적인 마음이라고 할 수 있겠습니까?

질문: 마음은 현재에 살지 않으면 안됩니다. 그리고…….

크리슈나무르티: '현재에 산다'는 것은 어떤 의미입니까? 기계적으로 반응하지 않는 마음, 어떠한 지식이나 전통에 속박되지 않은 마음, 즉 참으로 자유로운 마음, 공포로부터 해방된 마음――이것이 바로 자유가 아닐까요?

질문: 그러나 그래도 그 마음은 안전을 추구합니다. 그것이 두뇌가 하는 일입니다.

크리슈나무르티: 확실히 안전을 추구하는 것은 두뇌의 작용에 의한 것입니다. 그러나 "이것은 내 것이고, 저것은 당신 것이다"하고 말하면서 그 마음 자신을 하나의 국가나 신앙으로 조건지어버리는 것을 안전이라고 할 수 있을까요?

질문: 대립이 없으면 성장도 있을 수 없다고 생각합니다. 신경학적(神經學的)으로도 그렇게 말할 수 있습니다.

크리슈나무르티: 그럴까요?

질문: 높은 것이 없으면 낮은 것도 없고, 넓은 것이 없으면 좁은 것도 없기 때문입니다.

크리슈나무르티: 우리 인간은 '좋은 것'과 '나쁜 것', '사랑'과 '증오', '남을 생각해주는 사람'과 '남을 생각해주지 않는 사람', '온화한 사람'과 '난폭한 사람'이라는 감각을 갖고 몇천 년을 살아왔습니다. 그리고 사람들은 "그런 감각을 갖고서 사는 것이 진실이기 때문에 우리 인간은 그렇게 해온 것이다"고 말합니다. 그러나 과연 그럴까요? 증오와 질투와 쾌락과 공포 속을 헤엄쳐다니고 있는 마음이 사랑을 알 수 있을까요? 우리의 사회는 무엇을 표현한다든지 유명해진다든지 사회의 인정을 받는 것을 장려하고 있지만, 항상 그와 같은 것으로 조건지어져 있는 우리의 마음이 창조적으로 될 수 있을까요? 죽음에 대한 공포, 미지에 대한 공포가 있기 때문에 우리의 마음은 '나는……이다', '……이 되고 싶다', '……이었다' 라는 말에 항상 사로잡혀 있는 것입니다. 그래서 마음은 이미 알고 있는 것에 달라붙어 있는 것입니다. 그와 같은 마음이 창조적으로 될 수 있다고 생각합니까? 스트레스나 대립이나 긴장에서 창조가 생겨날까요?

질문: 창조는 기쁨이며 상상력입니다.

크리슈나무르티: 당신은 '기쁨'이라는 말의 의미를 알고 있습니까? 기쁨이 곧 쾌락을 말하는 것일까요?

질문: 아닙니다.

크리슈나무르티: 그러나 당신은 쾌락을 구하고 있는 것이 아닐까요? 아주 즐거운 경험을 하게 되면 당신은 그것을 생각하지요? 그렇게 되면 그 즐거움은 쾌락을 향해서 약해져갑니다. 우리는 모두 간단히 결론을 내리고 있지만, 결론을 내리는 마음은 자유로운 마음이

아닙니다. 어떠한 결론도 내리지 않고(즉 어떠한 비교도 하지 않고) 살아갈 수 있는가 어떤가를 조사해보십시오. 비교를 하기 때문에 결론을 내리게 되는 것입니다. 비교하지 말고 살아보십시오. 그러면 당신에게 훌륭한 일이 생길 것입니다.

질문: 공포나 노여움을 경험했을 때에는 우리의 내면에 어떤 일이 일어납니까?

크리슈나무르티: 경험한 것을 머릿속에 기록해놓고 그것을 '경험한 일'이라고 인정하면서 살아가는 것이 아니라, 경험하는 순간 순간에 산다면 우리 내면에 어떤 일이 일어날까요? 먼저 우리는 '경험'이라는 말의 의미를 알아야 한다고 생각합니다. 그것은 '통과한다'라는 의미가 아닐까요? 그리고 그곳에는 '인식한다'는 뜻도 포함되어 있는 것이 아닐까요?――그렇지 않으면 경험한 것을 알 수 없게 됩니다. 경험한 것을 인식하지 못한다면 그것이 경험한 것으로 될까요?

질문: 경험뿐이라는 것은 있을 수 없는 것입니까?

크리슈나무르티: 좀더 탐구해봅시다. 도대체 우리는 왜 경험하고 싶어할까요? 그것은 우리가 인생을 기계적인 것으로 만들었기 때문에 인생에 권태를 느끼고, 그 결과로서 보다 크고 현실을 초월한 경험을 추구하게 되었기 때문입니다. 즉 일반적으로 사람들이 '명상'이라고 말하는 것은 그런 권태를 느끼는 생활로부터 '신성(神聖)'이라고 하는 것으로의 도피인 것입니다. '경험한다'는 것은 과거의 사건을 인식한다는 말입니다. 그리고 '인식한다'는 것은 과거의 사건에 대한 기억을 되살린다는 말입니다. 그러면 왜 우리는 경험을 하

고 싶어할까요? 잠들어 있는 자신을 각성시키기 위해서일까요? 자신의 지식을 반응시키기 위한 자극으로서 경험을 구하고 있는 것일까요?

　마음이 진실로 각성하여 마음 자신의 빛이 되고, 그 결과 어떠한 경험도 구하지 않게 될 수 있을까요? 만일 그렇게 된다면 우리는 아무런 혼란도 없이 살게 될 것이며 어떠한 자극도 구하지 않게 될 것입니다. 왜냐하면 그 마음에는 훌륭한 예지가 있기 때문입니다.

1970년 9월 12일

제12장 모순과 조화

> 마음을 완전히 조용하게 하려면 어떤 굉장한 훈련이 필요하다……. 그렇게 되면 그 마음은 통일된 '경건한 마음'이 되어, 우리는 모순이 없는 행동을 취할 수 있게 된다.

인간이 해결하지 않으면 안될 최대의 문제 중의 하나는 사회적·경제적·종교적 문제뿐만 아니라 그밖의 모든 면을 망라한 '완전한 통일'――자기 중심적인 생각을 초월한 것――을 어떻게 하면 이 세상에 가져올 수 있는가 하는 것입니다. 우리 인간은 왜 서로 분열하고 있는가 하면, 그것은 '나'와 '타인', '우리'와 '그들'이라는 '자기 중심적인 생각' 때문인 것입니다.

그러면 인간은 이 자기 중심적인 생각을 초월할 수 있을까요? 만일 당신 속에 '가능하다'는 감각이 있다면 당신 속에서는 굉장한 에너지가 넘쳐흐를 것이고, 그 반대로 '불가능하다'는 감각이 있을 때에는 그 감각이 당신의 에너지를 낭비시키고 당신은 여기저기를 헤매게 될 것입니다. 이 세상에는 남에게 해를 끼치는 폭력적인 인간이 이디에나 있습니다. 그리고 우리는 득성한 이론이나 신앙에 사로잡혀 있으면서도 남의 이론이나 신앙을 비난하고 있습니다. 그러면 그와 같은 것을 인식하고 나서 자기 중심적인 생각을 초월하려면 우리는 어떻게 해야 될까요?

이와 같은 인간의 있는 그대로의 상황을 관찰했을 때 사람은 도대체 어떻게 할까요? 자기 주위의 현상을 민감하게 지각하고 있는 사람에게 있어서는 이것이 큰 문제라고 생각합니다. 이 문제는 이론적인 가설이 아니라 실생활에서 나온 의문입니다. 그리고 이것은 일시적인 문제가 아니라 우리가 모순이 없는 정신을 갖고 이 세상에서 완전히 조화된 생활을 보낼 수 있게 될 때까지 계속 될 우리 일생의 문제입니다.

잘 관찰해보면 '갈등'은 욕구를 중요시하는 '자기 중심적 생각'에서 생겨난다는 것을 알 수 있습니다. 그러면 어떻게 해야 우리는 이같은 하찮은 자아를 초월할 수 있을까요? (비록 당신이 자아를 '영혼'이라고 하든 아트만(Atman)이라고 하든 그 여러 가지 명칭은 부패한 자아를 은폐하기 위해 인간이 임의대로 붙인 것입니다.) 어떻게 하면 우리는 자아를 초월할 수 있을까요?

우리는 정신적인 변혁을 이룰 수 없기 때문에 환경이 변하면 인간도 변화한다고 생각하고 있습니다! 공산주의자들은 그렇게 주장했었지만 그것은 잘못이었습니다. "당신 이외의 어떤 위대한 것을 믿고, 그것에 맡겨버리시오"라고 종교가는 말해왔지만, 그것도 단순히 표면적이고 이론적인 공상이었기 때문에 별로 효과가 없었습니다. 그리고 개인과 국가를 '하나의 것'으로 하려는 생각도 이 세상에 무서운 전쟁과 혼란을 가져왔을 뿐입니다——인류의 분열을 끊임없이 확대해왔습니다. 그러면 어떻게 해야 할까요? 수도사가 되어야 할까요? 선(禪)의 수업을 해야 할까요? 어떤 철학에 몰두해야 할까요? 자기 최면과 같은 명상을 하면서 자아로부터 도피해야 할까요? 그러나 그래도 문제는 해결되지 않는다는 것을 이치적으로가 아니라 진실로 깨닫는다면, 당신은 아무런 노력도 하지 않고 자연히 그런 행위를 모두 포기하게 될 것입니다.

위대한 것과 자신을 동일화시킨다든지 환경이 인간을 변화시켜줄

것이라고 기대한다든지 하는 어리석음을 깨달은 사람은, 즉 그것이 아무리 고상한 것이든 천한 것이든 믿는다는 것이 얼마나 천박한 일인가 하는 것을 깨달은 사람은 그 모든 것을 완전히 포기하게 되지 않을까요? 만일 당신이 그 모든 것을 완전히 포기한다면 (이것은 문제입니다만), 즉 당신이 어떠한 왜곡이나 좋고 나쁘다는 판단도 하지 않고 사물을 있는 그대로 관찰할 수 있게 된다면, 그 마음은 어떻게 될까요? 거기에서는 관찰과 행동 사이에 분열이 없는 예지, 즉 위험성에 대한 지각과 그것에 즉각 대응하는 '예지있는 행위'가 솟아나지 않을까요? 즉 지각 자체가 행동인 것입니다. 우리는 자주 '이것은 나에게 어렵기 때문에 할 수 없다. 어떻게 해야 좋을까?' 하고 고민할 때가 있습니다. 실상 그것은 적절한 행동을 취하지 않았기 때문에 우리의 정신에 이상이 생긴 상태인 것입니다.

  행동할 때 하나의 관념에 따라 행동하면, 관념과 행동이 분열되어 갈등이 생깁니다. 이 '관념'과 '행동' 사이에서 생기는 갈등이야말로 우리의 삶을 혼란시키는 최대의 요인인 것입니다. 그러면 우리는 고정관념을 갖지 않고 행동할 수는 없을까요?――지각과 행동을 동시에 일으킬 수는 없을까요? 사람은 육체적인 위험에 직면하게 되면 즉시 행동을 취합니다. 그러면 우리는 그와 같은 식으로 '국가주의'나 '신앙' 같은, 인간을 서로 분열시키는 위험성에 대하여 즉시 마음속 깊이 깨달을 수 있을까요?――그 잘못을 이해할 수 있을까요? (그것은 위험성을 믿어버린다는 것은 아닙니다.) '지각하는 것'과 '믿는 것'은 전혀 다른 것입니다. 오히려 '믿는 것'은 '지각하는 것'을 방해합니다. 가령 당신이 '나는 인도 사람이다'라는 선입관에 속박되어 있다면, 그 분열감이 당신 마음속에 '적대심', '증오', '폭력적인 마음'을 만들어내며, 그 때문에 당신은 사실을 지각하지 못하게 될 것입니다. '관념'과 '행동'이 일치하지 못할 때 그곳에는 반드시 갈등이 있게 됩니다. 이 갈등은 일종의 신경질적인 상태입니다. 그러면 지각 자체가 행동이 될 수 있도록 우리는 자신의 마음을 순수하게 지각할 수 있게 만들 수 있을까요? 그렇게 하기 위해서는 우리의 마음이 신속하고 주의 깊고 민감해져야만 합니다.

여기에서 이상의 것을 깨달은 사람 중에 '그 예지 있는 지각을 가지려면 어떻게 해야 할까?' 하고 생각하는 사람이 있을 것입니다. 그러나 그 순간 이미 분열이 있게 됩니다. 요컨대 실제로 일어나고 있는 사실을 깨닫는 순간에만 참된 행동이 일어나는 것입니다——이 점을 이해해주었으면 합니다.

내적인 갈등이든 외적인 투쟁이든——단 당신의 내면과 당신의 주위환경 사이에 분열은 없는 것입니다만——'투쟁'이라는 것은 모두 사실을 왜곡하는 것입니다. 아마 여러분은 아직 이것을 명백하게 이해할 수 없으리라고 생각합니다. 우리는 고민한다든지 몸부림치는 데 익숙해져 있으며, 게다가 고민하지 않으면 성장하지 못한다든지 바르게 살 수 없다고 생각하고 있습니다. 우리는 저항하는 것이 분열감을 일으킨다는 것을 알지 못하고 즉시 저항하려 합니다. 어떠한 마찰이나 저항도 분열감을 일으켜서 우리를 신경질적으로 만듭니다. 그러면 마음은 어떠한 저항이나 갈등도 일으키지 않고 활동할 수 있을까요?

우리가 우리 내부에 가지고 있는 것(자신의 생각, 자아의 움직임, '나', 에고, 성적 충동)을 전혀 수반하지 않고 지각하며 행동한다면, 그때까지 우리 내부에서 활동하고 있던 '관찰자'도 '검열관'도 자기를 통제하고 있는 자신도 '사고자(思考者)'도 '경험자'도 모두 소멸될 것입니다. 당신 내부에 축적된 실용적이며 과학적인 지식을 제외하고 그 밖의 당신의 내부에 있는 관념이 바로 '당신' 자체인 것입니다. 즉 자극에 반응하는 '당신'이라는 중심은 과거의 경험을 바탕으로 한 반응인 것입니다. 그리고 그 '당신'이 개입하지 않는다면, 당신은 식섭 지각을 하며 행동하게 될 것입니다.

제12장 모순과 조화

'인도 사람', '아랍 사람', '유태인', '기독교 신자', '공산주의자'라는 관념을 바탕으로 반응한다는 것은 주어진 당신의 낡은 조건――몇천 년 전부터의 사회 습관이나 종교적 가르침 같은 것――이 반응한다는 것입니다. 그래서 그 중심적인 관념이 반응하게 되면 반드시 혼란이 일어나게 됩니다.

사물을 똑똑히 알고 행동하는 사람에게는 분열이 없습니다. 그러나 이런 것은 책으로는 배울 수 없습니다. 그것은 자신을 직접 배움으로써 얻어지는 것입니다.

그렇다면 만물은 무상한 것이라는 것을 깨달은 사람은 '시간과 관계없는 무한한 것'을 발견할 수 있을까요? 우리의 두뇌는 몇천 년 동안 조건지어져온 '시간의 산물'입니다. 당신의 두뇌가 생각해낸 것은 당신의 조건지어진 기억, 지식, 경험이 반응한 것에 불과하며, 따라서 그 낡아빠진 사고는 결코 새로운 것을 발견할 수 없습니다. 사고가 어떠한 것을 생각해내도 그것은 모두 과거의 시간에 한정된 것입니다. 그것은 '신'이든 '무한한 것'이든 '천국'이든 모두 사고의 산물이며 또한 시간의 산물이고 과거의 산물이며 비현실적인 것입니다.

그래서 그 시간의 성질――사고가 필요 이상으로 활동하고 있는 심리적인 시간의 성질――을 깨달은 사람들은 그것을 초월한 것을 찾아서 신앙에 빠지거나, 공포심에서 '신'을 생각해내거나 하여왔습니다. 명상법이나 반복훈련법을 행하는 것은 마음을 기계적으로 둔하게 만드는 바보 같은 짓입니다. 비록 그렇게 함으로써 어떤 신비스런 것이나 초월한 경지를 체험했다고 해도, 그것은 마음 자신이 지기를 투영한 그림사일 뿐 그러한 것은 명상이 아닌 것입니다.

명상을 하기 위해서는 어떠한 자기 기만도 소멸되어버린 맑은 마음을 갖고 있어야 합니다. 아무리 자신이 참된 명상을 하고 있다고 생각하여도 그것은 자신의 주어신 조건이 만들어낸 영상을 보며 자신을 속이고 있는 것이며, 보통 사람들이 행하고 있는 명상은 거의 다 그와 같은 자기 최면인 것입니다. 예를 들면 기독교인들은 그들 나름대로의 그리스도 상(像)을 보고 있는 것이고, 힌두교도인들은 그들 나름대로의 크리슈나 신을 보고 있는 것입니다. 그런 것은 명상이라고 할 수 없습니다. 명상이란 마음이 완전히 조용한 상태, 뇌가 완전히 조용한 상태를 말하는 것입니다. 우리가 일상적으로 어떤 태도를 취하고 있는가, 무엇을 생각하고 있는가 하는 것이 명상의 기초인 것입니다. 사람은 폭력적인 존재로 남아 있으면서 명상을 할 수는 없습니다. 그리고 당신에게 조금이라도 공포심이 있게 되면 당신의 명상은 현실도피가 되어버립니다. 마음을 완전히 조용하게 하려면 어떤 굉장한 훈련이 필요합니다. 그 훈련은 자신을 억압하거나 순응시키거나 혹은 어떤 권위를 따르는 것이 아니라 자기 사고의 모든 움직임을 하루 종일 배우는 것입니다. 그렇게 되면 그 마음은 통일된 '경건한 마음'이 되어서 우리는 모순이 없는 행동을 취하게 될 것입니다.

 그러면 꿈은 어떤 활동을 하고 있다고 생각합니까? 마음은 당신이 깨어 있을 때든 잠자고 있을 때든 쉬지 않고 활동하고 있으며 결코 조용할 때가 없습니다. 즉 당신이 자고 있을 때에도 고민, 언짢은 생각, 갈등, 걱정, 공포, 쾌락 같은 것이 활동을 계속하며 그 중에서 가장 상징적인 것이 꿈이 되어 나타나는 것입니다. 그러면 수면 중에 마음을 완전히 침묵시킬 수 있을까요?──그럴 수 있습니다. 그러나 그렇게 하기 위해서는 낮에 있었던 당신의 고통을 언제까지나 마음속에 남겨두지 말고 고통의 순간 순간에 그 감각을 이해하면서 그 감각을 끝내버릴 필요가 있습니다. 남에게 비난을 받든 칭찬을 받든 그 순간에 그 감각을 끝내버리도록 하십시오. 그렇게 하면 당신의 마음은 언제나 문제로부터 해방될 것입니다. 이상과 같이 해서 마음이 완전히 휴식하게 되면──낮의 정신활동을 그 순간에 끝내고, 그 이상 마음속에 남겨두지 않게 되면――지금까지와는 전혀 다른 감각이 수면중에 당신에게 일어나게 될 것입니다.

　이상의 말을 이해한 사람은 '지식(이미 알고 있는 것)의 속박에서 해방되어 모든 지식의 사용자가 된 마음이야말로 명상이다'는 것을 깨닫고 있으리라고 생각합니다. 이미 알고 있는 지식의 사용자가 된 마음만이 건전하고 객관적이며 비개인적이고 비독단적인 마음인 것입니다.

　만일 당신의 마음이 완전히 침묵하여 이미 알고 있는 지식의 사용자가 되었다면 그곳에는 '무한한 것'이 있을 것입니다. 그러나 이전에도 말한 바와 같이 '설명된 것'도 '묘사된 것'도 사실 자체는 아닌 것입니다. 대부분의 사람들은 설명이나 묘사에 만족하고 있지만, '말'이라는 것이 '사실 자체'는 아닌 것입니다. 그러므로 우리는 말에 속박되어서는 안됩니다. 따라서 만일 당신이 마음을 이미 알고 있는 지식의 사용자로 하여 살아간다면, 당신의 인생은 지금까지와는 전혀 다른 아름다움에 싸이고 사랑이 넘치는 인생이 될 것입니다. 그러나 그 사랑은 쾌락이나 욕망과는 관계가 없는 것입니다. 왜냐하면 쾌락이나 욕망은 사고와 관계있는 것이지만, 사랑은 사고의 산물이 아니기 때문입니다.

　질문: 나 자신을 관찰해보면, 나의 내면에서는 사고나 감각이 굉장한 속도로 통과하여 갑니다. 그러므로 나로서는 하나의 사고를 최후까지 관찰할 수는 없습니다.

　크리슈나무르티: 사물은 다음에서 다음으로 항상 변화해가고 있습니다. 그래서 당신은 어떻게 할 것입니까? 당신이 하나의 사고를 최후까지 관찰하며 이해하려고 할 때 또 다른 사고가 일어납니다――그와 같은 상태가 당신의 내면에서 차례차례로 연속되고 있습니다.

즉 당신은 하나의 사고를 관찰하면서도 여러 가지 생각을 하게 됨으로써 그 사고를 종식시킬 수 없는 것입니다──당신에게 있어서는 이것이 문제입니다. 당신은 자신의 내부에서 솟아오르는 사고를 어떻게 하려고 생각하고 있습니까? 다시 말해서 왜 당신의 마음은 독백을 계속하는 것일까요? 마음이 지껄이는 것을 그만두게 되면 어떻게 될까요? 무엇인가로 마음속을 가득 채우고 싶어하는 마음이 독백을 계속하고 있는 것일까요? 마음속이 텅 비어 있으면 어떻게 될까요? 만일 당신이 가정주부라면 당신의 마음속은 집안일로 가득 차 있을 것입니다. 혹은 회사의 일로 당신의 마음속이 가득 차 있을지도 모르겠지만, 아무튼 무엇인가로 마음속을 가득 채우고 있으면 사람은 그 일에 열중하게 됩니다. 왜 마음은 그와 같이 자신의 마음속이 무엇인가로 점령되기(독백)를 바라는 것일까요? 당신의 마음이 지껄이는 것을 그만두게 되면 어떻게 될까요? 공포심이 일어나지 않을까요? 그러면 그것은 어떠한 공포일까요?

질문: 자신이 무(無)라는 공포입니다.

크리슈나무르티: 즉 자신이 비어 있다, 고독하다는 마음의 동요를 깨닫는 것이 두려워서 우리의 마음은 자기 속에 무엇인가를 채워넣고 있는 것입니다. 승려들까지도 그들의 마음을 채우고 있는 '신'이나 기원하는 말이 마음속에서 사라지게 되면 그 순간 공포심을 느끼게 됩니다. 따라서 당신은 있는 그대로의 자신을 발견하는 것을 두려워하고 있는 것입니다. 그래서 마음속을 무엇인가로 가득 채워놓고 싶어하는 것입니다. 그러므로 당신이 그 공포의 문제를 해결하지 않는 한, 당신의 마음은 지껄이는 것을 그만두지 않을 것입니다.

질문: 나는 나 자신을 관찰하게 되면 공포심이 커집니다.

크리슈나무르티: 당연한 일입니다. '어떻게 하면 공포심이 커지지 않도록 할 수 있을까?' 하는 것이 아니라 '공포심을 소멸시킬 수 있을까?' 하는 것입니다.

공포란 무엇일까요? 지금 부인은 거기에 앉아 있으므로 공포를 느끼지 않을 것이기 때문에, 아마 이곳에서 공포를 조사한다든지 배운다든지 할 수는 없으리라 생각합니다. 그러나 지금 부인은 무엇인가에 의지하며 살고 있다는 것은 즉시 지각할 수 있으리라고 생각합니다. 부인은 언제나 친구라든지 책이라든지 관념이라든지 남편에 의지하며 살고 있지요?――인간은 항상 정신적으로 의존하고 있습니다. 그러면 왜 당신은 그런 것에 의존하고 있습니까? 그런 것이 당신에게 안도감이나 좋은 기분(친근감)을 제공하기 때문입니까? 그 의존관계가 약해지면 당신은 질투심이 강해지기도 하고 화를 내기도 하고 혹은 그런 것에 의존하는 것을 그만두려고도 합니다. 왜 마음은 그런 일을 할까요? 마음 자신이 표면적이고 비어 있으며 둔하기 때문일까요?――그래서 마음은 무엇인가를 의지하며 자신을 대단한 존재로 느끼려고 하는 것일까요?

마음은 자신의 내부를 무엇인가로 채워놓고 싶어서 독백을 하고 있는 것입니다(채우려는 것에는 '경건한 인간이 되고 싶다'는 최고의 것으로부터 '사람을 죽이는 병사가 되고 싶다'는 최저의 것에 이르기까지 여러 가지가 있습니다). 그러면 마음은 왜 그 속에다 항상 어떤 것을 채워 넣으려고 할까요? 마음은 그렇게 하지 않으면 자신으로서는 도저히 이해할 수 없는, 굉장히 무서운 어떤 것과 마주치게 될지도 모른다고 생각하기 때문입니다.

그러면 공포란 무엇일까요? 공포란 자신이 경험한 과거의 사건이라든지 혹은 자신이 상상한 미래의 사건을 연상하는 데서 생기는 것이 아닐까요? 과거에 자신이 경험한 병과 '언젠가 그 병에 또 걸리는 것은 아닐까?' 라는 생각――과거의 사건과 미래의 사건――즉 사고가 공포를 만들어내고 있는 것입니다. 사고는 쾌락을 유지시키며 기르고 있는 동시에 공포도 기르고 있습니다. 그러면 그 사고를 정지시킬 수는 없을까요? 공포도 쾌락도 두 번 다시 일어나지 않도록 사고를 정지시킬 수는 없을까요? 우리는 공포를 거부하고 쾌락만을 추구해왔습니다. 그런 것은 그만두도록 합시다. 이와 같은 두 가지 감각이 동시에 진행되고 있는 것을 우리는 몰랐던 것입니다.

공포와 쾌락을 유지시키고 있는 책임은 사고의 습관성에 있습니다. 그러므로 문제는 '마음의 습관적인 운동을 정지시킬 수는 없을까?' 하는 것입니다. 가령 당신이 아름다운 저녁놀을 보고 있었다고 합시다. 그때 당신은 '이것은 기억에 남겨두자' 라든지 '또 한 번 그 경치를 보고 싶다' 는 사고를 개입시켜 그 사건을 조건지어버리지 않도록 하십시오. 그런 사건을 봄과 동시에 망각해버리는 것이야말로 '행동'인 것입니다. 그러나 대부분의 사람들은 그런 행동을 하고 있지 않습니다. 그래서 여러분의 마음은 언제나 지껄이고 있는 것입니다.

질문: 그렇다면 당신은 자신의 마음이 지껄이고 있을 때, 그것을 그저 관찰만 하고 있습니까?

크리슈나무르티: 마음을 관찰한다는 것은 '마음이 지껄이는 것을 지각한다' 는 의미입니다. 게다가 어떠한 심판도 내리지 않으면서 마음을 지각한다는 것입니다. 즉 그것은 자신의 사고를 억압한다든지 '이것은 좋은 사고, 저것은 나쁜 사고' 라고 생각한다든지 '이 사고를 극복하지 않으면 안된다' 라고 생각한다든지 해서는 안된다는 것입니다. 당신도 자신의 마음이 독백을 하고 있는 상태를 관찰해보십시오. 그러면 왜 마음이 독백을 하고 있는지를 알게 될 것입니다. 자신의 내부에서 솟아오르는 사고에 저항하지 않아도 그 사고를 배

우기만 하면 그것으로 마음은 침묵해버립니다. 그렇게 해서 마음의 움직임을 부정하게 되었을 때에야 비로소 당신은 긍정적인 행동을 취하게 될 것입니다.

1970년 9월 13일

제5부 로마에서

제13장 정신 변혁

> 우리가 자기 자신의 내면이나 주위 환경이 분열되어 있다는 것을 깨달았을 때 생각하게 되는 것은 오직 하나, 그것은 '인간은 자기 자신을 근본적으로 변화시키지 않으면 안된다' 는 것이다.

인생이란 전심 전력을 다해서 대처하지 않으면 안될 만큼 중요성을 띤 것으로 이것을 소홀히 다루어서는 안됩니다. 이 세상에는 종교적·정신적인 분열이나 투쟁과 같은 많은 문제가 있으며 부정, 비참, 사건, 빈곤 등이 소용돌이치고 있고 또한 우리 인간의 정신 자체에도 결함이 있습니다. 참으로 진지한 사람(감정적인 사람이 아니라 참된 예지를 가진 사람)은 이 사실을 알게 되었을 때 그것을 변화시키지 않으면 안된다는 것을 깨닫게 되리라고 생각합니다.

그러나 '변화시킨다'고 해도 그것에는 인간정신의 성질을 완전히 변화시키는 '정신변혁'과 사회구조를 변화시키는 '사회변혁', 이 두 가지가 있습니다. 인생에 있어 최대의 문제는 '정치나 종교에 의존하지 않고 자신의 정신을 완전히 변화시킬 수 있는가?' 하는 것입니다.

이 부패된 사회는 우리 인간이 선조 때부터 만들어온 것이며, 우리는 그 산물입니다. 즉 우리가 이 사회며 이 세계인 것입니다. 그러므로 이 부패된 사회의 질서를 변화시키기 위해서는 우리는 자기 자신을 참으로 변화시키지 않으면 안됩니다. 그러나 거의 모든 사람들은 이 사실을 깨닫지 못하고 있습니다. 사람들은, 특히 젊은 사람들은 사회를 변화시키지 않으면 안된다고 생각하고 있습니다. 그러나 사람들은 그저 의견만 말하고 있을 뿐, 정말로 사회를 변화시키지는 못하고 있습니다. 변화시켜야 할 것은 '사회'가 아니라 '자기 자신'인 것입니다. 부디 이 점을 알아주십시오. 우리는 자기 자신의 사고, 생활, 감각 모두를 구석구석에 이르기까지 완전하게 변화시키지 않으면 안됩니다. 그렇게 해야만 사회변혁도 가능해집니다. 단지 사회를 변혁시키는 정치적 혁명은 역사를 보아도 알 수 있는 바와 같이 사람들의 자유를 방해하는 독재정치나 전체주의사상을 만들어 낼 뿐입니다.

  우리는 항상 성심성의를 다하여 자기 자신의 안과 밖에서 일어나고 있는 사물을 지각해야만 합니다. 즉 자기 자신을 변화시키는 일은 우리 일생의 과업인 것입니다.

  우리는 반드시 무엇인가와 상호 관계를 맺으면서 살아가고 있습니다. 그렇지 않으면 우리는 살아갈 수 없습니다. '상호 관계를 맺는다'는 것은 '전체적으로 산다'는 의미입니다. 그렇게 살기 위해서는 우리는 자신을 근본적으로 변화시키지 않으면 안됩니다. 그러면 우리는 어떻게 자기 자신을 변화시켜야 될까요? 이 문제에 흥미가 있는 사람이면, 반드시 나와 함께 같은 문제를 생각하고 느끼며 서로를 이해하게 되리라고 생각합니다. 자, 어떻게 하면 우리는 완전히 변화될 수 있을까요?――젊은 사람에게 있어서나 늙은 사람에게 있어서나 이것이야말로 최대의 문제인 것입니다.

  이 세상에는 커다란 고통을 받고 있는 사람도 많고 슬픔에 차 있는 사람도 많이 있으며, 전쟁 같은 야만적 행위를 하는 사람도 있고, 여러분이 모르는 곳에서 굶주림으로 고통받는 사람도 있습니다. 그러나 사람들은 이 세상이 많은 정치집단이나 종교단체로 분열되어 있지 않다면, 대단히 많은 가능성이 있을 수 있음을 깨닫고 있습니다. 즉 정치가나 종교가들은 모두 입을 모아서 평화에 관한 말을 하고 있지만, 사실상 그들은 평화를 부정하고 있습니다. 이 세상이 많은 국가나 종교로 분열되어 있는 한, 사랑도 평화도 진실도 있을 수 없습니다.

따라서 우리가 자기 자신의 내면과 주위환경이 분열되어 있다는 것을 깨달았을 때 생각하게 되는 것은 오직 하나, 그것은 '인간은 자기 자신을 근본적으로 변화시키지 않으면 안된다' 는 것입니다. 이 문제는 각 사람의 전생애에 영향을 미치는 것이기 때문에 우리는 진지하게 이 문제를 다루어야 합니다. 그리고 이 문제에는 '명상', '진리', '미', '사랑' 같은 문제도 포함되어 있습니다. 이것은 단순한 이치가 아닙니다. 우리는 진실에 도달하는 길을 발견해야만 합니다. 인생에서 가장 중요한 것은 '사랑' 입니다. 그러나 사람들은 흔히 사랑을 섹스와 관련시켜서 생각하고 있고, 오히려 섹스 쪽을 중요시하고 있으며, 세상의 모든 일이 섹스를 중심으로 움직이고 있는 것 같은 생각조차 듭니다. 세계는 여러 가지 문화와 종교, 도덕으로 분열되어 있습니다. 그 모든 사람들이 왜 그처럼 섹스를 중요시하고 있을까요? 왜 사랑과 섹스를 관련시켜서 생각하는 것일까요?

여러분도 자신의 생활을 관찰해보십시오. 우리 생활이 얼마나 기계적으로 되어 있는가를 말입니다. 우리의 교육이 기계적이기 때문에 우리는 기계적으로 지식이나 정보를 얻게 되어버렸습니다. 우리는 로봇입니다. 2차적인 인간입니다. 우리는 많은 책을 읽고 남의 말을 써가며 지껄이고 있습니다. 즉 우리는 지금까지 인류가 경험해 온 몇천년 역사의 결과인 것입니다. 우리는 정신적으로 그리고 지성적으로 로봇화되어버렸습니다. 기계는 자유가 없습니다. 그리고 그런 우리에게는 섹스의 시간만이 자기 자신과 자신들의 기계적인 생활을 잊어버리게 하고 자유를 느끼게 하는 순간적인 시간인 것입니다. 그래서 우리는 섹스를 중요시하며 그 쾌락을 '사랑' 이라고 부르고 있는 것입니다. 그러면 사랑은 정말 쾌락을 말하는 것일까요? 그렇지 않으면 사랑이란 쾌락이나 질투나 의존심이나 소유욕과는 전혀 무관한 것일까요?

우리는 명상이나 진리에 대해 탐구할 때와 같이 사랑의 의미를 탐구할 때에도 자신의 모든 주의력을 기울여야 합니다.

'진리 자체'와 '진리를 믿는 것'은 전혀 다른 것입니다. 우리는 무엇인가를 두려워할 때에 믿습니다. 즉 신을 믿는 사람은 그 내면이 대단히 불안하기 때문인 것입니다. 이 세상은 일시적인 세계이며, 무엇 하나 확실한 것도 안전한 것도 안심할 수 있는 것도 없고, 있는 것은 오로지 슬픔뿐입니다. 그래서 우리의 마음은 무엇인가 영원한 것('신'이라고 불리는 것)을 만들어내서 거기에서 안도감을 찾아내고 있지만, 그런 것은 진리가 아닙니다.

진리라는 것은 우리가 아무런 공포심도 갖지 않게 되었을 때 비로소 찾아낼 수 있는 것입니다. 우리는 정신적인 공포에 대해서나 육체적인 공포에 대해서나 그것을 이해하기 위해서는 굉장한 주의력을 기울여야 합니다. 우리는 이런 문제를 이해하지 못한 채(초월하지 못한 채) 살아왔기 때문에 우리의 사회를 계속 부패시키고 있는 것입니다. 그러므로 이 부패된 사회 속에서 아무리 우리가 '덕'이나 '선', '미', '사랑' 같은 것을 외치더라도 이런 것들 역시 즉시 부패되어 버립니다.

그러면 이런 문제를 이해하기 위해서는 시간이 필요할까요? 인간의 정신혁명은 순간적으로 일어날 수 있을까요, 그렇지 않으면 서서히 일어나는 것일까요? 자신을 변화시키기 위해서 시간이 필요하다면——즉 언젠가 '깨달음'에 도달할 것이라고 한다면——우리는 그때까지 계속해서 부패나 전쟁이나 증오의 씨앗을 뿌리게 될 것입니다. 그러면 우리의 정신이 순간적으로 근본적인 변화를 일으킬 수 있느냐 하면, 그것은 당신이 이 문제의 위험성을 깨닫는 순간 그럴 수 있습니다. 그것은 마치 우리가 맹수나 독사를 만났을 때 위험을 느끼며 순간적인 행동을 일으키는 것과 같은 것입니다. 그러나 유감스럽게도 우리는 '자기'와 '자기가 아닌 것'으로 나누고 있는 단편화의 위험성을 전혀 깨닫지 못하고 있습니다. 당신의 내면에 이런 분열감이 있는 한, 당신의 마음은 반드시 혼란되어 있을 것입니다. 바로 그 혼란이 이 사회를 부패시키고 있는 원인이 되고 있습니다. 그러므로 우리는 자기 혼자의 힘으로 명상의 훌륭함을 발견해야 합니다. 그렇게 되면 우리의 마음은 어떤 것에도 속박되지 않고 자유로운 상태로 진리를 지각할 수 있게 될 것입니다.

질문한다는 것은 중요한 일입니다. 그것은 자기 자신을 드러낼 뿐만 아니라 그 해답을 자기 스스로 발견하게 만들기 때문입니다. 바른 질문을 하게 되면 그 안에 바른 대답이 있습니다. 자신의 머리 모습, 의복, 걸음걸이, 먹는 버릇, 사고방식, 느끼는 태도 등 자기 생활의 모든 것에 대하여 의문을 가질 필요가 있습니다. 그렇게 되면 그 마음은 굉장히 민감해지고 예지있게 됩니다. 그런 마음만이 참된 사랑을 가질 수 있습니다. 그리고 그런 마음이라야 참으로 경건한 마음이 어떤 것인가를 알 수 있습니다.

질문: 당신이 말하는 '명상'이란 어떤 의미입니까?

크리슈나무르티: 당신은 일반적으로 말하는 명상의 의미는 모두 알고 있습니까?

질문: 여러 가지 명상방법이 있는 것은 알고 있습니다. 그러나 당신이 말하는 명상이 그 중의 어떤 방법인지는 모르겠습니다.

크리슈나무르티: 한 가지 형식에 따라서 명상하는 것은 참된 명상

제13장 정신 변혁   191

이 아닙니다. '하나의 형식을 따른다'는 것은 '하나의 목적에 도달하기 위하여 훈련한다'는 뜻입니다. 같은 것을 몇 번이고 반복하여 훈련하게 되면 그것은 기계적으로 되어버립니다. 틀립니까? 명상이라는 형태에 순응하도록 지금까지 훈련받아왔거나 왜곡되어 (언젠가 그 보답을 받기 위하여) 기계적으로 되어 있는 마음이 도대체 어떻게 하면 자유롭게 관찰하며 배울 수가 있게 될까요?

　동양에는 명상법을 가르치는 학교가 많이 있습니다만, 이것은 인간에게 있어서 가장 무서운 것입니다. 마음을 기계적으로 훈련시키면 그 자유로운 상태가 속박되어서 마음은 하나하나의 문제를 이해할 수 없게 됩니다.

　따라서 내가 말하는 '명상'은 마음을 훈련시키는 것이 아닙니다. 여기에는 정해놓은 방법 같은 것은 없습니다. 다시 말하면 '명상'은 '지각한다'는 의미입니다. 즉 자신의 행동이나 생각 또는 감각 같은 것을 좋고 나쁜 것으로 선택하지 않고 있는 그대로 지각하고 관찰하며 배운다는 것입니다. 당신이 지금까지 살아온 사회나 종교에 의하여 어떻게 조건지어져왔는가를, 즉 당신 자신의 주어진 조건을 당신이 좋아하는 대로 선택하거나 왜곡하거나 혹은 사실과는 다른 상상을 품고 그 사실로부터 눈을 돌리거나 하지 않고 있는 그대로를 지각하는 것이 명상인 것입니다. 그리고 이 지각으로부터 '주의력(완전히 주의하는 능력)'이 생깁니다. 그때의 당신은 사물을 왜곡하지 않고 있는 그대로 자유로이 관찰하게 되며, 그 마음은 어떠한 모순도 없이 맑은 하늘과 같이 청명하며 완전한 침묵으로 대단히 민감한 상태가 될 것입니다. 이 마음의 조용함에 대해서는 누구나 말할 수 있지만, 그 조용함이 그 사람의 마음속에 없으면 그 말은 아무런 의미도 없는 것입니다.

　질문: 그러나 그런 일을 하게 되면 우리 안에 있는 고독감이나 갈

등이 더욱 커지게 되지 않을까요?

크리슈나무르티: 우선 첫째로 대부분의 사람들의 마음은 대단히 혼란되어 있지 않을까요? 당신의 마음은 혼란되어 있지 않습니까? 당신 자신을 잘 관찰해보십시오. 당신이 무엇을 하더라도 혼란된 마음은 혼란된 결과밖에 가져오지 못합니다. '명상을 훈련하자', '사랑을 찾아내자'라고 혼란된 마음은 말합니다. 그러나 혼란된 마음에서 그 자신이 투영한 '혼란' 이외에 다른 무엇이 발견될 수 있을까요? 이런 사실을 깨달았을 때 우리는 어떻게 해야 될까요?

혼란된 마음을 가진 사람은 그것을 조용한 마음으로 만들려고 여러 가지 일을 하고 있습니다――술, 마약, 섹스, 신앙, 도피, 전쟁 같은 여러 가지 일을 마음내키는 대로 하고 있습니다. 그러나 당신이 먼저 해야 할 일은 아무것도 하지 않는 것입니다. 그리고 당신은 그 혼란상태로부터 도피해서도 안됩니다. 그렇게 되면 그 혼란에 대항한다든지 그로부터 도피한다든지 하는 행동은 일체 없어지게 됩니다. 당신이 아무것도 하고 있지 않으면 그곳에는 '혼란되어 있는 당신'만이 남게 됩니다――사고가 행동하는 것에 관심을 갖지 않고 그 혼란상태로부터 도피하려 한다든지 그 혼란을 질서로 바꾸려고 생각하지 않게 되었을 때에는 혼란도 이미 더 이상은 생기지 않고 그곳에는 그 혼란만이 남게 됩니다. 여기에서 문제가 되는 것은 '그때 당신은 자신의 혼란상태의 국외자적인 입장에 있는 것인가, 그렇지 않으면 당신이 그 혼란상태 자체인가?' 하는 것입니다. 만일 당신이 국외자적인 입장에서 자신을 관찰한다면, 그곳에는 모순이 있는 것입니다. 그리고 그 모순 자체가 혼란의 원인인 것입니다. 즉 당신의 마음이 자신의 혼란상태를 어떻게 관찰하는가가 문제인 것입니다. 그러면 당신은 국외자적인 입장에서 당신 자신을 관찰하고 있습니까? 그렇지 않으면 그 '관찰자'까지도 관찰하고 있습니까? 이것은 가장 중요한 것이므로 확실히 이해해주기 바랍니다. 이것을 당신이 일단 이해하게 된다면 그 마음으로부터 모든 혼란이 사라지고 당신의 인생은 완전히 변하게 될 것입니다. 그러나 만일 당신이 국외자적인 입장에서 자신이 혼란한 상태를 관찰하게 된다면 '이것을 바꾸지 않으면', '마음을 조용하게 하지 않으면', '이것을 극복하지 않으면', '이것을 이해하지 않으면', '이곳에서 도피하지 않으면' 하면서 당신은 그 혼란상태와 그 '관찰자' 사이에서 몸부림치며 괴로워하게 될 것입니다.

질문: 나는 자신이 혼란되어 있다는 것을 인정합니다.

크리슈나무르티: 잠깐, '자신이 혼란되어 있다는 것을 인정한다'고 당신이 생각하는 순간 당신 속에는 자신의 혼란을 인정하고 있는 실체가 있는 것입니다. 당신은 아직도 이 문제의 중요성을 알지 못하고 있는 것 같군요. 당신은 자신이 혼란되어 있는 상태를 그것으로부터 떨어진 곳에서 관찰하고 있습니까, 그렇지 않으면 당신이 그 혼란 자체입니까? 만일 당신이 자신의 혼란 그 자체라면, 당신은 벌써 그것으로부터 도피하려는 생각은 하지 않게 되어 있을 것이고, 당신의 마음은 완전히 조용해져 있을 것입니다. 따라서 '관찰자'와 '관찰되는 것'의 분열이 없게 되면, 우리의 내면에 있는 혼란은 완전히 사라지게 됩니다.

거기에서 나에게 이렇게 묻는 사람이 있었습니다. "만일 내가 나 자신으로부터 배워야 한다면, 가령 징병으로 전쟁터로 가야할 때 나는 어떻게 해야 될까요? 정치적인 문제, 경제적인 문제, 종교적인 문제에 대하여 나는 어떤 행동을 취해야 될까요?" 심리학자나 정신 지도자들은 모두 이렇게 해라 저렇게 해라 하고 말합니다. 그러나 그 지시를 따르면 우리는 기계적으로 되어버립니다. '지시를 따른다

(obey)'라는 말의 어원은 '듣는다(hear)'는 것입니다. 타인의 말을 계속 듣고 있으면 사람은 차츰 타인에게 복종하게 됩니다. 자기 자신에게 배운다는 것은 타인에게서도 배운다는 것입니다. 만일 정부가 나에게 군대에 들어가라고 말한다면, 나는 그때 자신이 옳다고 생각하는 행동을 취할 것입니다. 자유로운 마음은 명령을 따른다든지 하지 않습니다. 그 마음에는 아무런 망설임도 없습니다. 그래서 자유인 것입니다. 그렇다면 당신은 이렇게 물을지도 모릅니다. "이 부패되어버린 세상에서 그와 같은 자유로운 마음을 갖는 것이 무슨 소용이 있겠는가?"라고. 그러나 **당신의 마음이 자유로운데도 당신이 그런 의문을 가질 수 있을까요?**

'완전히 맑아서 아무런 망설임도 없는 마음을 갖는다'는 것은 어떤 것일까요?

질문: 이미 자신의 머릿속에 아무런 말도 떠오르지 않게 된다는 것입니다.

크리슈나무르티: 그것은 당신의 상상이 아닐까요? 조금 더 자세히 설명해주기 바랍니다.

질문: 즉 관념(idea)이라는 것은 말이 만들어내는 것이므로 말이 떠오르지 않게 되면 관념도 떠오르지 않게 되고, 그 마음이 자유롭게 되면 우리는 어떠한 말과도 관계를 갖지 않게 되기 때문에 이미 아무것도 찾지 않게 됩니다. 그렇게 되면 우리의 마음은 완전히 침묵해져서 사물을 이해할 수 있게 됩니다. 어떤 사람이라도 자유로운 마음을 가질 수 있게 됩니다.

크리슈나무르티: 당신의 말은 잘 알았습니다.

그러나 당신은 자기 자신과 주위의 세계를 별개의 것으로 생각하고 있는 것이 아닙니까? 이론적이 아니라 실제로 '당신'이 이 세계가 아닐까요? '내가 이 세계이며 이 세계는 나다. 나와 이 세계는 하나다'라는 마음의 본질을 당신은 느끼고 있습니까? 당신을 이 사회로부터 분리시키고 있는 것도 당신의 '자아'인 것입니다. 사회나 친구나 육친과 대립하고 있는 것은 당신의 '자아'인 것입니다. 문제는 우리의 자아 자체에 있는 것입니다. 그러면 우리의 자아는 '자아가 없으면 이 세상은 어떻게 될까?'라는 의문을 품게 됩니다. 자아가 없이 살 수 있는가, 없는가 조사해보십시오. 그러면 그 진리를 알게 될 것입니다. 그리고 또한 '부패되어버린 이 세상에서 그와 같은 자유로운 마음을 갖고 사는 것이 무슨 소용이 있겠는가?' 하는 의문을 갖는 사람도 있는데 (이 의문은 아까도 나왔습니다), 그런 의문을 품는 사람은 대체 어떤 사람일까요? 혼란된 마음을 가진 사람일까요, 그렇지 않으면 자유롭고 맑아진 마음을 가진 사람일까요? 꽃이 그런 의문을 품을까요, 그렇지 않으면 사랑이 그런 의문을 품을까요? 대단히 훌륭한 상태에 직면하고 있을 때 당신은 그런 의문을 갖겠습니까? 만일 여러 사람 중에서 당신 혼자만이 사랑의 의미를 알고 있다면, '그것이 무슨 소용이 있겠는가?' 하고 당신은 생각하겠습니까? 그때의 당신은 사랑을 하고 있을 뿐일 것이며 그런 생각은 하지 않을 것입니다. 만일 여러 사람 중에서 당신만이 공포심을 갖고 있지 않다면, 당신은 '여러 사람이 공포를 느끼고 있는데 나만이 공포를 느끼지 않는 것에 어떤 가치가 있을까?' 하고 생각할까요? 아닙니다. 그때에는 공포심이 없는 사람은 여러 사람들이 공포의 선체+조를 배우도록 도와줄 것입니다.

질문: 하나하나의 말은 각각 특정한 구조를 갖고 있어서 그것이 각각의 말을 사실로부터 분리시켜 벽을 만들고 있는데, 그렇다면 당

신은 어떻게 함으로써 말에 의한 분열감을 품지 않도록 하고 있습니까?

크리슈나무르티: 어떻게 하면 사람은 그 말의 벽을 초월할 수 있을까요? 그러나 말은 '사실 자체'가 아닙니다. 예컨대 영어든 이탈리아어든 그리스어든 말은 '사실 자체'가 아닙니다. '문'이라는 말이 실제의 문인 것은 아닙니다. 말도 묘사도 설명도 '사실 자체'가 아닙니다. 이 점을 확실히 이해한다면, 당신은 이미 단순한 말에 의존하지 않게 될 것입니다. 사고는 말에 의하여 만들어지고 있습니다. 사고는 언제나 말을 사용하면서 기억에 따라 반응하고 있습니다. 사고는 말에 속박되어 있는 말의 노예입니다. 그러면 사람은 말을 개입시키지 않고 들을 수 있을까요? 만일 당신이 나를 향해서 "사랑하고 있다"고 말한다면 거기에서 무엇이 일어날까요? 그 말 자체에는 아무런 의미도 없는 것이지만, 때로는 사고의 반응에 의한 상호 관계와는 다른 '직접적인 관계'의 감정이 당신과 나 사이에 있을 때가 있습니다. 즉 그때의 나의 마음은 '이 말은 사실 자체가 아니다', '지금은 말(사고)이 개입하고 있는 것이다'라는 것을 확실하게 지각하고 있기 때문에 어떠한 선입관에도 좌우되지 않고 자유롭게 당신의 말을 듣고 있는 것입니다.

새가 지저귀는 소리를 들을 때, 당신은 아무런 선입관이나 생각없이 들을 수 있습니까? (이 이탈리아에서는 인간이 새를 죽이고 있기 때문에 새가 거의 없어졌습니다. 인간이란 정말 무서운 생물입니다) '저것은 검은 새다', '이 새소리를 계속 듣고 싶다'와 같은 생각을 하지 않고 당신은 새가 지저귀는 소리를 들을 수 있습니까?──어떻습니까? 할 수 있습니까? 그리고 이와 마찬가지로 당신은 자기 자신의 내면에서 일어나고 있는 일을 아무런 선입관이나 생각 없이 들을 수 있습니까? (초인종 소리) 만약 당신이 아무런 연상도 하지 않고 단지 그 종소리만 듣게 된다면, 당신은 그 소리를 자신으로부터 분리시키지 않고 듣고 있는 것이 됩니다. 즉 당신이 그 소리 자체가 된 것입니다.

질문: 그러나 그렇게 하기 위해서는 훈련하지 않으면 안됩니다.

크리슈나무르티: '그렇게 하기 위해서는 훈련이 필요하다! 누구에게서 배워야만 한다!'는 것은 당신에게 선생이 필요하다는 뜻이지요? 그런데 당신은 그 종이 울렸을 때 아무런 생각도 하지 않고 완전히 그것에 주의를 기울였습니까? 만일 당신이 그 종소리를 들었을 때 '지금 몇 시일까?', '낮이구나', '점심 시간이다'고 생각하고 있는 자신을 깨달았다면, 당신은 자신이 그 종소리에 주의를 기울여 완전하게 듣고 있지 않았다는 것도 깨달았을 것입니다. 즉 그때 당신은 '나는 진실로 듣고 있지 않았다'는 것을 타인에게서 배운 것이 아니라 스스로 배운 것입니다.

질문: 그러나 종소리나 새소리를 듣는 것과 사람의 말을 듣는 것은 전혀 다른 것이라고 생각합니다. 왜냐하면 새소리는 일부분만 들어도 알 수 있지만, 사람의 말은 하나하나의 단어가 모여서 이루어진 것이므로 그 말의 한 단어만 듣고는 그 문장의 의미를 알 수 없기 때문입니다.

크리슈나무르티: 새소리를 들을 때는 자신의 외부에 있는 것을 객관적으로 듣는 것입니다. 그러면 사람은 말을 지껄이고 있는 순간 자기 자신에게 귀를 기울일 수 있을까요? 즉 자신이 지껄이고 있는 말을 들으면서 그 말이나 문장에 속박되지 않을 수 있을까요?

누군가가 이 테이블은 '아름답다'고 말했을 때, 그 사람은 이 테이블에 감격해서 그것을 '아름답다'고 말한 것입니다. 그러나 나는 이 테이블은 '보기 싫다'고 생각할지도 모릅니다. 즉 말은 그 사람의 감각을 나타내는 것이지, 결코 '사실 자체'는 아닌 것입니다. 그 말은 연상이 되어서 나온 것입니다. 당신은 친구를 볼 때 지금까지 당신이 품고 있던 그 친구에 관한 이미지(말, 심벌)를 갖지 않고 볼 수 있습니까? 아마 그렇게는 안될 것입니다. 왜냐하면 어떻게 해서 그 이미지가 만들어졌는지를 당신은 모르기 때문입니다. 당신이 나에게 어떤 즐거운 말을 하면, 나는 '당신은 친구다'라는 이미지를 자신 속에 만들어냅니다. 이와 마찬가지로 다른 사람이 나에게 어떤 싫은 말을 하면, '이 사람은 싫은 사람이다'라는 이미지가 나에게 남게 됩니다. 그래서 나는 당신과 말할 때에는 '친구'라고 생각하면서 말하게 되고, 그 다른 사람과 말할 때에는 '싫은 녀석'이라고 생각하면서 말하게 됩니다. 따라서 문제는 '비록 다른 사람으로부터 어떤 말을 들어도 나의 마음은 그 어떤 이미지도 만들어내지 않을 수 있을까?' 하는 것입니다. 당신이 충분한 주의를 하고 있으면 자신의 내부에 이미지를 만드는 것을 그만두게 할 수 있습니다. 그렇게 되면 당신은 어떤 이미지에도 유혹되지 않고 사람의 말을 들을 수 있게 될 것입니다.

질문: 당신이 앞서 말한 '이 사회에 살면서 자기 자신을 변화시키는 것'에 대하여 묻고자 합니다. 나는 지금 자본주의사회에서 살고 있기 때문에 나도 '자본주의자'로서 이 사회와 관계를 유지해나가지 않으면 일자리가 없어 굶어 죽게 될 것입니다. 그래서 묻는 것인데, 어떻게 하면 우리는 이 사회와 관계를 유지하면서 자기 자신을 변화시킬 수 있을까요?

크리슈나무르티: 그것은 다시 말해 만일 당신이 공산주의국가에

살고 있다면, 당신은 그 사회를 따르겠다는 뜻입니까?

질문: 그렇습니다.

크리슈나무르티: 그러면 당신은 어떻게 하겠습니까?

질문: 자신을 변화시키려면 어떻게 해야 할까요?

크리슈나무르티: 자본주의사회에 살고 있으면 그것에 따라야 하고, 공산주의사회에 살고 있으면 또 그것에 따라야 하며 그 밖의 어떤 사회에 살아도 그 사회와 같은 일을 해야만 한다. 그렇다면 자신은 어떻게 할 것입니까?

질문: 어느 사회에서나 모두 똑같다고는 생각하지 않습니다.

크리슈나무르티: 그러나 그것들은 모두 같은 유형입니다. 그 나라에서 당신이 짧은 머리를 하고 있든지 일을 하든지 또는 무엇을 하든지 그것은 결국 같은 우물 안에서 생기는 현상에 불과한 것입니다. 자, 당신은 어떻게 할 것입니까? 어떤 사회에서 살고 있든지 자기 자신의 정신을 변화시키는 것이 제일이라고 깨달은 사람이 생각하는 것은 '자기 자신을 변화시키는 것은 어떤 것인가?' 하는 것입니다. 그리고 그것은 공포심으로부터 자유롭게 되는 것, 자신의 탐욕·선망·질투심·의존심·고독감 등의 공포로부터 자유롭게 되는 것, 타인에게 순응하려는 공포로부터 자유롭게 되는 것이 아닐까요? 만일 당신이 순응한다는 것은 우둔한 짓이라는 것을 깨닫고 자신의 내부에서 일어나는 그와 같은 감정에 속박되지 않고 살아간다면, 비록 어떤 사회에서 살더라도 당신은 가능한 한, 그곳에서 살아갈 것

입니다. 그러나 유감스럽게도 사람들은 자신의 정신을 변화시키기보다는 외부의 환경을 변화시키는 쪽을 더 중요하게 생각하고 있습니다.

질문: 그러나 만일 누군가가 당신을 죽인다면 어떻게 하겠습니까?

크리슈나무르티: 아! 누구도 '자유인'을 죽일 수는 없습니다. 비록 그 육체는 죽일 수 있을지라도 그 사람의 내부에 있는 '자유'를 해칠 수는 없습니다.

질문: 이기주의의 정의는 무엇입니까.

크리슈나무르티: 정의라면 사전을 찾아보십시오. '정의'——조금 전에 나는 말로 묘사된 것은 '사실 자체'가 아니라는 것을 몇 번이고 말했습니다. 언제나 자기 자신을 고립시키고 있는 '자아'란 무엇일까요? 만일 여러분이 누구를 사랑하며 그 사람과 함께 잔다고 해도 여러분의 마음속에 있는 야심, 공포심, 고민, 자기에 대한 연민이라는 '자아'는 언제나 그 주위의 것과 분열감을 갖고 있습니다. 자아를 갖고 있는 한, 우리는 분열감과 갈등을 피할 길이 없습니다——그렇지 않겠습니까? 그러면 어떻게 해야 우리는 자신의 안에 있는 자아를 소멸시킬 수 있을까요?——그것도 아무 노력도 기울이지 않고 말입니다. 왜냐하면 노력이란 소위 '높은 자아'가 '낮은 자아'를 억제하는 것에 불과한 것이기 때문입니다. 그러면 우리의 마음은 어떻게 해야 자아를 소멸시킬 수 있을까요? 그런데 자아란 무엇일까요? 그것은 '영원한 것'일까요, 그렇지 않으면 '기억의 덩어리'에 불과한 것일까요? 기억은 과거의 경험입니다. 그리고 우리는 '기억'이라는 비영원한 것밖에 갖고 있지 않습니다. 즉 자아란 지식이나 경험을 '기억'이나 '고통'으로 축적해온 '자기'라는 감각을 말

합니다. 그리고 우리는 그 축적된 지식과 경험을 토대로 모든 행동을 취하는 것입니다. 이것을 있는 그대로 이해해주기 바랍니다.

　인간의 자아라는 것은 그 자신을 표현하고 싶어하는 것으로서, 특히 예술분야에 있어서의 자아는 '자기 표현'이라는 것을 대단히 중요시 하고 있습니다. 그리고 또한 자아는 '남을 지배하고 싶다'는 그 자신의 주장도 중요시하고 있으며, 이와 같은 일은 어느 사회나 문화나 종교에 있어서도 잘 알려져 있는 사실입니다. 모든 종교는 '자아를 무시하라', '자아를 버리고 신에게 복종하라', '자아를 버리고 국가를 위하여 진력하라'고 하며 사람들의 자아를 제거하려고 하지만, 그것은 모두 실패로 끝나고 있습니다. 지금까지 우리의 자아는 자신을 국가나 신과 동일화시켜왔지만, 그래도 자아는 소멸되지 않고 계속 존재하고 있습니다. 요컨대 자아란 그런 것입니다. 활동하고 있는 자아를 관찰하며 배우십시오. 파괴하려들거나 변경시키려들거나 혹은 그것을 극복하려들지 말고 자아를 지각하십시오. 아무런 선택도 간섭도 하지 말고 그저 자아를 관찰하십시오. 그렇게 하면 그 **관찰과 학습에 의하여 자아는 소멸될 것입니다.**

1970년 10월 21일

제6부 자유에의 길

제14장 자 유

사상·쾌락·고통

    대부분의 인간에게 있어서 자유라는 것은 관념일 뿐이고 현실적인 것은 아닙니다. 자유라는 것에 대하여 이야기할 때 우리는 외적인 자유를 탐내고 있습니다. 여행을 한다든지 하고 싶은 말을 마음대로 지껄인다든지 좋아하는 대로 생각한다든지 하는 자유를 말입니다. 자유의 외적인 표현은 특히 압정(壓政)이나 독재정치가 행해지고 있는 여러 나라에서는 더없이 중요한 것으로 여겨지고 있습니다. 이에 반하여 외적인 자유를 누리는 여러 나라에서는 사람들은 보다 많은 쾌락을 요구하며 보다 많은 것을 소유하려고 하고 있습니다.
    자유란 도대체 어떤 것인가? 내적인 의미에서 완전하고 또한 완벽한 자유란 어떤 것인가? 아무튼 이 자유는 외부를 향해서 사회와 인간관계 속에서 표현되어야 하는 것이지만, 이 자유에 대해서 깊이 생각해보면 다음과 같은 문제에 봉착하게 되리라 생각합니다. 그것은 소위 인간의 정신은 엄격하게 한정되어 있기 때문에 자유롭게 될 수는 거의 없는 일이 아닐까?——인간의 마음은 독자적인 조건의 테두리 안에서 살며 활동할 수밖에 없는 것이기 때문에 자유의 가능성 같은 것은 없는 것이 아닐까 하는 것입니다. 이렇게 인간정신이 이 세상에는 내적 자유든 외적 자유든 자유란 있을 수 없다는 이치를 깨닫게 되면, 이번에는 내세(來世)에서 자유를 찾아보자——즉 미래의 해방, 천국 같은 것을 운운하게 됩니다.
　자유의 이론적이고 이념적인 개념에 관해서는 잠시 뒤로 미룹시다. 그리고 우리의 마음, 나의 마음, 당신의 마음이 도대체 자유로워질 수 있는가 하는 것부터 조사해봅시다——아무것에도 의존하지 않는 자유, 공포나 걱정으로부터의 자유, 여러 가지 문제로부터의 자유, 또한 의식면과 무의식의 깊은 면에서도 동시에 자유로워질 수 있는 그런 자유가 있을 수 있을까요? 마음의 완전한 자유——시간이나 사고에 구애받지 않는 경지에 도달하고, 또한 일상 생활의 실제면으로부터의 도피도 아닌——그러한 자유가 도대체 존재할 수 있을까요?
　그런데 인간의 마음은 내적으로나 심리적으로 완전히 자유롭지 못하면 진실을 분간할 수 없습니다——공포에 좌우되어 생겨난 것도 아니고 또한 우리가 살고 있는 사회나 문화의 산물도 아닌 진실, 그러면서도 일상 생활의 단조로움, 권태, 고독, 절망, 걱정 같은 것들로부터의 도피도 아닌 참된 모습, 이런 것은 자유로운 마음의 소유자가 아니면 볼 수 없는 것입니다. 사실 인간은 이러한 자유가 있다는 것을 알기 위해서는 자기 자신의 조건과 모든 문제 그리고 일상 생활의 단조로운 천박함, 공허함, 불충분함을 자각하지 않으면 안되며, 특히 공포에 대해서는 이것을 잘 알지 않으면 안됩니다. 스스로 자각한다고 해도 정면으로 보지 않고 뒤돌아본다든지 분석적으로 보아서는 안되며, 현실적으로 있는 그대로의 자기를 인식하고 인간의 마음을 방해하는 것처럼 생각되는 모든 사물로부터 완전히 자유로워질 수 있는가 하는 것을 묻지 않으면 안됩니다.
　우리가 이제부터 행하려고 하고 있는 것과 같은 탐구를 하기 위해서는, 먼저 어떤 것을 행하여 궁극적으로 자유로워지는 것이 아니라 우선 우리가 자유로워지지 않으면 안됩니다. 왜냐하면 인간은 자유롭지 못하면 탐구하고 조사하며 검토할 수 없기 때문입니다. 깊이 관찰하기 위해서는 자유뿐만 아니라 관찰에 필요한 훈련(규율)도 있어야 합니다. 자유와 훈련은 서로 공존해야 합니다(그러나 자유롭기 위하여 훈련을 쌓아야 한다는 의미는 아닙니다). 나는 '훈련'이라는 말을 사용하고 있지만, 그것은 행동을 규제하거나 모방하거나 억압해서 일정한 양식을 따르게 하는 전통적인 훈련이 아니라 오히려 이 말의 어원인 '학습한다'는 뜻입니다. 따라서 학습과 자유는 서로 공존하는 것이며 자유는 거기에 필요한 학습을 수반한다고 말할 수 있습니다. 즉 어떤 결과를 얻기 위하여 정신적으로 부과하는 훈련이라는 의미가 아닌 것입니다. 이 두 가지――자유와 학습활동은 본질적으로 필요 불가결한 요소입니다. 인간은 자유롭지 못하면 자신에 관해서 배울 수 없습니다. 자유로워야 비로소 관찰할 수 있습니다. 그것도 어떤 패턴이나 방식이나 개념에 맞춰서 관찰하는 것이 아니라 있는 그대로의 자신을 관찰하는 것을 말합니다. 이와 같은 관찰과 지각 그리고 관조를 하게 되면 자체 훈련, 즉 학습을 하게 됩니다. 왜냐하면 거기에는 규제, 모방, 억압, 통제 같은 것이 없기 때문입니다――즉 새롭고 참으로 아름다운 자세가 되기 때문에 그런 의미에서 학습이 진행되는 것입니다.

우리의 정신은 조건지어져 있습니다――이것은 명백한 사실입니다. 어떤 특정한 문화나 사회에 의하여 규제를 받으며 여러 가지 경험의 영향을 받게 되고 인간 관계의 알력에 의하여 또한 경제적·기후적·교육적 원인에 의하여, 나아가서는 종교적 통일성 같은 것에 의하여 제약을 받고 있습니다. 우리의 정신은 쉽게 공포를 느끼게 되어 있어서 될 수 있으면 그 공포를 회피하려고 합니다. 그래서 이 공포의 전체적인 성격과 구조를 전면적으로 또 완전하게 해소시킬 수는 없는 것입니다. 따라서 문제는 '이와 같이 무거운 짐을 지고 있는 마음이 그 속박뿐만 아니라 공포 자체까지도 완전히 해소시킬 수 있을까?' 하는 것입니다. 왜냐하면 우리에게 순종을 강요하는 것은 공포이기 때문입니다.

　여러 가지 말이나 사상을 단순히 듣는 일은 그만두십시오――이런 일은 사실 쓸데없는 것이기 때문입니다. 그 대신 들으면서 자신의 마음의 상태를 지켜보고, 언어의 면에서나 또는 언어 이외의 면에서 도대체 마음이 자유로워질 수 있을까 탐구해보십시오. 공포에 사로잡히지도 말고 도피하지도 말고 또 '나는 용감하게 저항해야 한다'와 같은 핑계도 대지 말고 실제로 자신이 빠져 있는 공포를 진지하게 자각하도록 하십시오. 왜냐하면 사람은 공포로부터 해방되어 있지 않으면 사물을 명석하고 깊게 관찰할 수 없기 때문입니다. 그리고 공포가 있는 곳에서는 사랑이 자라날 수 없다는 것도 명백하기 때문입니다.

　그러므로 '인간의 마음이 과연 공포로부터 해방될 수 있을까?' 하는 의문은 나뿐만 아니라 진지한 사람이라면 누구에게나 가장 근본적이고 본질적인 의문이며 우리가 탐구해서 해결해야 할 문제인 것입니다. 또한 공포에는 육체적인 것도 있고 심리적인 것도 있습니다. 육체적인 것으로는 실제적인 고통에 대한 공포가 있습니다. 심리적인 것으로는 과거에 맛본 고통의 기억으로서의 공포라든지 장차 그 고통이 되풀이되지는 않을까 하는 공포가 있습니다. 그리고 늙는 것에 대한 공포, 죽음에 대한 공포, 건강이 나빠지는 것에 대한 공포, 불안정한 내일의 생활에 대한 공포, 커다란 성공이나 성과를 얻지 못하게 될 것에 대한 공포――즉 이 괴로운 세상에서 뛰어난 사람이 되어보지 못하고 마는 것이 아닐까 하는 공포 등이 있습니다. 또한 자신이 쓸모없이 되어버리는 것은 아닐까, 고독에 빠지지 않을까, 사랑힌디든지 사랑빋는 일도 없지 않을까 하는 공포도 있습니다. 그리고 이런 공포에는 의식적으로 알고 있는 것도 있고, 무의식적으로 모르고 있는 것도 있습니다. 도대체 어떻게 하면 이와 같은 모든 고민으로부터 인간의 마음이 완전히 자유롭게 될 수 있을까요?

만일 우리의 정신이 그런 자유는 있을 수 없다고 말한다면, 그것이야말로 마음이 스스로 자신을 무능력자로 만드는 것이며 따라서 자신을 왜곡하여 사물을 지각하고 이해하는 것, 즉 완전한 정적을 맛보는 것을 불가능하게 만들어버리는 것입니다. 그것은 마치 암흑 속에서 빛을 구하려다 구하지 못한 사람이 '언어상의, 개념상의, 이론상의 빛'이라는 것을 꾸며내는 것과 같은 것입니다.

이와 같이 공포라는 무거운 짐에 허덕이며 여러 가지 속박을 받고 있는 사람의 마음은 어떻게 하면 해방될 수 있는 것일까요, 그렇지 않으면 우리는 공포라는 것을 인생과 불가분의 관계로 받아들여야 하는 것일까요?――실제로 많은 사람들이 공포를 감수하며 그것을 참고 있습니다. 어떻게 해야 하리라 생각합니까? 일개의 인간으로서의 나는, 똑같은 인간으로서의 당신은 이 공포로부터 어떻게 해야 해방될 수 있을까요?――그것도 어떤 특정한 공포로부터가 아니라 공포 그 자체로부터, 그 전체적 성질과 구조로부터 어떻게 해야 해방될 수 있을까요?

그러면 공포란 무엇일까요? (발언자인 나의 말을 그대로 받아들이지 마십시오. 강연자라고 해서 어떤 권위가 있는 것은 아닙니다. 교사도 아니고 도사(guru)도 아닙니다. 강연자가 교사라면 당신들은 제자가 되는 것입니다. 그렇게 되면 선생도 제자도 모두 쓸모없게 되고 맙니다.) 우리는 지금 공포의 문제를 진지하게 탐구하고 있습니다. 마음에 공포가 없고, 마음의 내부가 다른 어떤 것에도 종속되지 않는 상태를 추구하고 있습니다. 자유의 아름다움은 아무런 걱정도 없는 것을 말합니다. 즉 '날아가는 새는 뒤에 남기는 것이 없다(날아가는 매는 흔적을 남기지 않는다)'는 것이지만, 학자는 그렇지 않습니다(이론에 사로잡혀 있습니다). 자유의 문제를 탐구하는 것은 학자의 관찰만으로는 되지 않는 것이며, 흔적을 남기지 않고 날아가는 매의 태도가 있어야 합니다. 말로 설명하는 것과 말을 수반하지 않는 지각, 이 두 가지가 있어야 합니다. 왜냐하면 기술(記述)한다고 해도 그것은 실제로 결코 나타내지 못하고, 설명한다고 해도 그것은 사태 자체를 설명할 수 없으며 말은 결코 사물을 대변할 수 없기 때문입니다.

이상 말한 것이 명확해졌다면 다음 이야기로 넘어가도록 합시다. 그리고 강연자의 말이나 이념이나 사상에 의해서가 아니라 자기 스스로 마음이 공포로부터 완전히 해방되어 자유로워질 수 있겠는가를 탐구해보도록 합시다.

서두에 말한 것이라고 해서 그저 서론이겠거니 하고 아무렇게나 생각해서는 안됩니다. 이 부분을 충분히 이해하지 않으면 여러분은 다음 문제로 들어갈 수 없습니다.

탐구하기 위해서는 자유롭게 관찰할 수 있어야 합니다. 편견을 피하고 미리 결론도 내리지 말고 개념이나 이념 같은 여러 가지 견해에서도 떠나 스스로 무엇이 공포인가를 관찰할 수 있어야 합니다. 여러분이 진지하게 관찰했을 때, 대체 공포라는 것이 있을까요? 즉 자세히 관찰했을 경우——'관찰자'가 '관찰되는 것'으로 되었을 때, 어떤 공포가 존재하는지를 알 수 있습니다. 이 문제를 탐구해봅시다. 그때 공포란 어떤 것인가? 그것은 어떻게 해서 생기는 것인가? 육체적 위기라는 명백한 육체적 공포는 직접적인 감정의 반응을 일으키는 것이기 때문에 이해하기 쉽습니다. 따라서 육체적 공포에 대해서는 깊이 추구할 필요가 없습니다. 그러나 심리적인 공포가 문제입니다. 그것은 어떻게 해서 생기는 것인가? 그 기원은 무엇인가?——이것이 중대한 문제입니다. 어제 일어난 일에 대한 공포도 있고, 또한 오늘이라든지 내일 일어날지도 모르는 일에 대한 공포도 있습니다. 이미 알고 있는 사실에 대한 공포도 있고, 내일 일어날지도 모르는 미지의 사실에 대한 공포도 있습니다. 그러나 어쨌든 공포라는 것은 사고의 구조에 의하여 일어나는 것입니다——어제 일어난 무서운 일을 생각함으로써, 또한 미래에 대해 생각함으로써 공포가 생긴다는 것은 누구에게나 명백한 일이 아니겠습니까? 따라서 사고라는 것이 공포를 길러주는 것이 아닐까요? 부디 이것을 확인해주십시오. 강연자의 말을 그대로 삼키지 말고, 당신 스스로 사고가 공포의 원인인지 아닌지를 확인해주십시오. 고통에 대해 생각을 하는 것, 이전에 경험했던 심리적 고통을 되풀이하고 싶지 않은 것, 다시 생각하고 싶지도 않은 것——이런 것들을 생각하기 때문에 공포가 길러지는 것이 아닐까요? 좀더 이 의론을 진전시켜봅시다. 그러나 이 점을 명확히 파악하지 못하면 앞으로 더 나아갈 수 없습니다. 지금 이 의론의 요점은 마음의 혼란이라든지 위기 또는 비탄, 고통 등이 일어났을 때의 사건, 경험, 사태 등에 관해서 사고하며 생각하는 것——이런 것이 공포를 가져온다는 것입니다. 그리고 심리적인 면에서 어떤 종류의 안정을 얻었다고 해도 그 안정이 붕괴되는 것을 원치 않기 때문에 만약 붕괴되면 위험하다는 생각으로 말미암아 결국 공포가 생긴다는 것입니다.

  사고가 공포의 원인인 것입니다. 동시에 사고는 쾌락의 원인도 됩니다. 사람이 즐거운 경험을 갖게 되면, 사고는 그 경험을 생각해내면서 그런 일이 반복되기를 원합니다. 그런 일을 반복할 수 없게 될 때에는 저항, 분노, 절망, 공포 같은 것이 생깁니다. 따라서 사고야말로 공포와 쾌락의 원인이라고 할 수 있지 않을까요? 이것은 말로써의 결론이 아닙니다. 또한 공포를 회피하기 위한 단순한 방법도 아닙니다. 쾌락이 있는 곳에 고통이 있고, 이 두 가지가 사고에 의하여 반복됩니다. 즉 쾌락은 고통을 동반하게 되며, 양자는 불가분의 관계에 있습니다. 그리고 양자의 원인은 다같이 사고입니다. 만일 쾌락이나 고통을 생각해볼 수 있는 내일이 없다면, 즉 미래의 순간이 없다면 공포도 쾌락도 다같이 생기지 않을 것입니다. 의론을 더욱 진전시켜볼까요? 이것은 단순한 이념이 아니고 현실인 것입니다. 그리고 여러분 자신이 발견한 사실이기도 합니다. 그러므로 여러분은 "나는 쾌락도 공포도 사고에 의하여 생긴다는 것을 발견했습니다"고 말해도 좋을 것입니다. 여러분은 성적인 향락, 즉 쾌락을 맛보게 되면 그 후 그것을 상상이나 사고의 세계 속에서 생각하게 됩니다. 그리고 그것을 생각하는 자체가 사고의 상상 속에서 이루어진 것이라고 해도 당신은 그 쾌락에 손을 대게 됩니다. 그러나 그 이미지가 뒤틀리게 될 때에는 고통, 걱정, 공포, 질투, 곤혹, 노여움, 잔인성 같은 것으로 변합니다. 그렇다고 해서 여러분이 쾌락을 맛보아서는 안된다는 것은 아닙니다.

참된 행복은 쾌락이 아닙니다. 또한 법열(法悅 : 진리에 사무칠 때의 기쁨)도 사고가 갖다주는 것이 아닙니다. 그것은 전혀 이질적인 것입니다. 우리는 쾌락과 공포를 가져오는 사고의 본성을 이해할 때에만 비로소 참된 행복이나 법열의 경지로 들어갈 수 있습니다.

여기서 다음과 같은 의문이 생깁니다. '사람은 사고를 정지시킬 수 없을까?' 만일 사고가 공포와 쾌락을 낳는다면——쾌락과 고통이 동반되는 것은 명백하므로——사람은 사고에 종지부를 찍을 수는 없을까? 사고가 정지한다고 해서 아름다운 것에 대한 지각이 끝나는 것은 아닙니다. 아름다운 것의 향락이 없어지는 것은 아닙니다. 그것은 마치 아름다운 구름이나 나무 같은 것을 보면서 충분히 감상하는 것과 같습니다. 이와 반대로 사고가 개입하여 내일도 같은 경험을 하려고 노력한다면, 즉 어제의 그 구름, 그 나무, 그 꽃, 그 미인의 얼굴 등을 감상하여 느낀 향락을 또다시 얻으려고 노력한다면, 실망과 고통 그리고 공포와 쾌락이 혼합된 감정을 초래하게 됩니다.

그러면 도대체 사고를 종식시킬 수 있을까요? 혹은 그것은 애초부터 잘못된 질문일까요? 우리가 단순한 쾌락이 아닌 참된 행복이나 법열을 경험하려고 생각한다면 그것은 잘못된 생각입니다. 사고를 종식시킴으로써 우리는 쾌락이나 공포의 산물과는 다른, 보다 큰 어떤 것을 경험하기를 원합니다. 그런데 사고는 인생에서 어떤 지위를 차지하고 있을까요?――단순히 사고의 종식방법을 묻지 말고 이렇게 물어보도록 합시다. 사고와 행위 또는 부작위(不作爲)는 어떤 관계에 있는 것일까요? 행동하는 것이 필요할 때 사고와 행위의 관계는 어떤 것일까요? 아름다움을 충분히 향유하고 있을 때, 사고는 으레 개입하는 것일까요? 만일 사고가 개입하지 않는다면, 그것이 내일까지 지속되는 일은 없을 것입니다. 늘어서 있는 산이라든지 미려한 용모라든지 흐르는 물이라든지 하는 아름다운 것을 순수하게 즐기고 있을 때, 사고가 개입해서 그것을 왜곡하여 '내일도 이런 즐거움을 가져야 한다'고 생각하지 않으면 안될 이유가 있는 것일까요? 행동할 때 사고가 어떤 관계에 있는가를 우리는 관찰해야 합니다. 그리고 사고가 필요하지도 않은데 왜 사고의 개입이 요구되는가를 탐구해야 합니다. 하늘을 배경으로 낙엽이 다 저버린 아름다운 나무가 보인다. 낙엽이 다 지니 얼마나 아름다운가! 이것만으로도 충분합니다. 이럴 때 왜 사고가 개입해와서 '내일도 같은 즐거움을 맛보고 싶다'고 생각하지 않으면 안될까요? 그러나 나는 행동할 때 사고가 수행하는 역할은 인정하려고 합니다. 행동 면에서의 기술은 곧 사고 면에서의 기술이기도 합니다. 이런 의미에서 사고와 행동의 실제적인 관계는 어떤 것일까요? 실제로 우리의 행위는 개념이나 이념에 기인하고 있습니다. 우리는 어떻게 해야 한다는 이념이나 개념을 갖고 있으며, 행동은 그 이념이나 개념과 비슷한 것입니다(그러나 같은 것은 아닙니다). 거기에서 행동과 개념이나 이념 또는 '해야 한다(당위)'는 것과의 사이에 분열이 생기고 갈등이 일어납니다. 심리적인 분열은 반드시 갈등을 일으킵니다. 지금 나는 '행동할 때의 사고의 역할은 무엇인가?'라는 것을 자문자답하고 있습니다. 행위와 이념 사이에 분열이 있다면, 그것은 그 행위는 불완전하다는 것이다. 사고가 무엇인가를 발견하는 즉시 행동하며 이념이라는 것이 뿔뿔이 흩어진 활동을 하지 않는 그런 행위가 있을 수 있을까? 보는 즉시 행동으로 옮겨지며, 그때 사고 자체가 행동이 될 수 있는 행위가 도대체 있을 수 있을까? 사고가 공포와 쾌락을 만든다는 것은 알고 있다. 또한 쾌락이 있는 곳에 고통이 있고 고통에 대한 저항(공포)이 생긴다는 것도 나는 분명히 알고 있다, 그러나 그것을 안다는 것은 직접적인 행동이기도 하다, 그것을 안다라는 것에 사고, 윤리, 명석한 생각 등이 포함되어 있다. 더구나 그것을 안다는 것은 순간적으로 이루어지고 행동도 순간적으로 이루어진다――따라서 이 경우에는 사고로부터 풀려난 자유가 있다고 말할 수 있지 않을까요?

　여러분, 아시겠습니까? 천천히 진행하도록 합시다. 이것은 매우 어렵습니다. 쉽사리 "네, 알았습니다"라고 말하지 않는 것이 좋습니다. "예" 하고 말했다면 여러분은 이 강당을 나갈 때에 실제로 공포에서 풀려나 있어야 할 것입니다. 여러분이 "예" 하고 말한 것은 여러분은 언어상으로, 또한 지적(知的)으로만 알았다는 신호에 불과합니다. 언어상으로 이해한다는 것은 의미가 없습니다. 여러분과 나는 오늘 아침 이곳에서 공포의 문제를 검토하고 있습니다. 따라서 여러분은 이 강당을 나가는 순간에 완전하게 공포로부터 풀려나 있지 않으면 안됩니다. 즉 여러분이 자유로운 인간, 완전히 새로 태어난 인간이 되는 것을 의미합니다. 내일이 아니라 지금 말입니다. 여러분은 사고가 공포와 쾌락을 낳는다는 것을 알게 되었습니다. 그리고 우리의 모든 가치――도덕적·윤리적·사회적·종교적인 가치도 공포와 쾌락에 입각하고 있다는 것을 알게 되었습니다. 그러면 이 진리를 여러분이 진정으로 알게 되었을까요? 이 진리를 알려면 여러분은 시시각각으로 일어나는 사고의 움직임을 열심히, 논리적으로 당당하게, 똑바로 관찰하지 않으면 안됩니다. 그렇게 하면 이와 같은 지각 자체가 행위 자체로 통하게 됩니다. 따라서 여러분은 이 장소를 나갈 때에는 완전히 공포에서 풀려나 있을 것입니다――그렇지 않으면 여러분은 "내일 나는 공포에서 풀려나고 싶은데 어떻게 하면 좋습니까?" 하고 물어보게 될 것입니다.

물론 행동할 때 사고가 활동해주지 않으면 곤란합니다. 여러분이 집으로 돌아갈 때, 버스나 전차를 타려고 할 때 또는 회사에 갈 때 사고가 활동하는 것은 당연한 것입니다. 사고는 인격적이거나 정서적은 아니지만, 능률적이며 객관적으로 활동을 합니다. 이런 사고의 작용은 필요한 것입니다. 그러나 사고가 과거의 경험을 기억하고 그것을 고집하며 미래로 연결시킨다면, 그런 행위는 적당치 못한 것으로 투쟁이 일어나게 될 것입니다.

다음 문제로 넘어가봅시다. 이번에는 다음과 같은 형태로 의문을 제기해봅시다―― '사고의 기원은 무엇일까? 사상가는 어떤 사람일까?' 사상의 배경에는 지식이나 경험, 즉 축적된 기억이 있다. 그리고 무엇인가의 자극이 있다. 여기에서 사고가 반응하게 된다――이런 것은 누구나 알고 있습니다. 예를 들어 "당신은 어디에 살고 있습니까?" 하고 물으면 즉시 반응을 일으킵니다. 기억, 경험, 지식이 배경으로 있는 것으로부터 사고가 일어납니다. 따라서 사고는 결코 새로운 것이 아니며 언제나 낡은 것입니다. 사상은 자유롭게 될 수 없습니다. 그것은 언제나 과거와 결부되어 있어서 새로운 것은 보이지 않습니다. 이 점을 명백히 이해하게 되면 마음이 평정해집니다. 인생은 운동(movement)입니다. 모든 관련 속에서 항상 움직이고 있습니다. 이에 대하여 사고는 과거를 기준으로 해서 생명의 움직임을 기억으로 포착하려는 것이며, 생명의 새로운 움직임을 두려워하기까지 합니다.

이상의 사실들――즉 문제를 검토하기 위해서는 마음에 자유가 있어야 한다는 것, 억압이나 모방이 아니라 참으로 배우는 방법이 문제라는 것, 인간의 마음이 그 사회나 과거에 의하여 조건지어져 있다는 것, 사상은 두뇌에서 생기며 낡은 사물과 결부되어 있어 새로운 것을 이해할 능력이 결여되어 있다는 것――을 이해하면, 사람의 마음은 완전히 조용해집니다. 그러나 조용해지려고 통제한다든지 그렇게 만들어서는 안됩니다. 마음의 평정을 위해서는 체계라든지 방법 같은 것은 필요없습니다. 그것이 일본식 선(禪)이든, 인도식 방법이든 말입니다. 마음을 평정시키려고 어떤 특정한 방법을 만들어내는 것——이것이야말로 가장 바보 같은 짓입니다. 이상과 같은 것을 이해하면——단지 이론으로만이 아니고 그것 자체를 체득하면——그때 지각에 의한 행동이 일어납니다. 즉 알았다는 것 자체가 공포로부터의 해방이라는 행위로 연결됩니다. 따라서 어떠한 것이든 공포가 생겼을 때에는 즉시 그것을 관찰하고 이해해야만 공포가 종식되게 됩니다.

그런데 사랑이라는 것, 이것은 무엇일까요? 우리의 대부분에게 있어서는 그것은 쾌락인 동시에 공포이기도 합니다. 보통 애정이라는 것은 그런 것입니다. 그러나 공포와 쾌락의 본질을 이해했을 때는 애정은 어떻게 될까요? 이 물음에 '누가' 대답해줄까요? 강연자인 나일까요, 목사일까요, 책일까요? 또는 외부의 어떤 조직이 "너희들은 훌륭하게 배우고 있으니 그대로 계속하라"고 말해줄까요? 그렇지 않습니다. 우리는 이미 쾌락이나 공포의 전체적 구조와 본질을 말로써만이 아니라 있는 그대로를 검토하고 관찰하며 이해한 것입니다. 따라서 '관찰자'라든지 '사상가' 따위는 사고의 일부분에 불과하다는 것을 알게 된 것입니다. 사고한다는 작용이 없게 되면 '사상가'라는 인물 따위는 존재할 수가 없습니다. 이 두 가지는 불가분의 것입니다. 사상가가 사고인 것입니다. 이런 것을 이해해나갈 때 절묘한 맛이 있는 것입니다. 알겠습니까? 공포문제를 탐구하며 관찰해온 우리의 마음은 지금 어떤 상태에 있을까요? 탐구를 시작하기 전과 같습니까? 우리의 마음은 이것——소위 사고라든지 공포라든지 쾌락이라든지 하는 것——의 본성에 다다랐으며, 그것을 이해하고 납득한 것입니다. 어떤 기분입니까? 물론 이것은 여러분 자신만이 대답할 수 있는 문제입니다. 만일 여러분이 이 탐구에 실제로 참가하고 있다면, 여러분의 마음이 지금 완전히 변용되어 있음을 알게 되리라 생각합니다.

질문: ……..

크리슈나무르티: 질문을 한다는 것은 가장 쉬운 일 중의 하나입니다. 질문자가 질문을 하고 있을 때, 우리들 중에는 나 같으면 질문을 이런 식으로 했을텐데 하고 생각하는 사람도 있을 것입니다. 우리는 타인이 말하는 것을 듣기보다는 자신의 질문에 관심이 있습니다. 사람은 여기에서든 어느 곳에서든 자신의 문제를 물어보아야 합니다. 문제의 해결은 그 문제를 이해하는 데 있습니다. 해답은 그 문제 밖에 있는 것이 아니라 그 안에 잠재해 있습니다. 답을 얻는 것에만 관심을 갖게 되면 그 문제를 명확하게 관찰할 수 없게 됩니다. 많은 사람들은 문제를 관찰하지 않고 그 해답을 얻는 것에만 열중합니다. 그런데 똑바로 관찰하기 위해서는 사람은 힘이라든지 강한 정열을 갖고 있어야 합니다. 많은 다른 사람들과 같이 성의가 없고 게으르면, 누군가 다른 사람이 문제를 해결해주기를 바라게 됩니다. 그런데 우리 자신의 문제――정치적·종교적·심리적인 문제――를 해결해줄 사람은 자기 이외에는 아무도 없습니다. 사람은 왕성한 생명력과 정열 그리고 완강함을 갖추지 못하면 문제를 응시할 수 없습니다. 이와 같은 응시과정에서 해답이 스스로 명확해집니다.

그렇다고 해서 여러분이 질문을 해서는 안된다고 말하는 것은 아닙니다. 그 반대로 여러분은 질문을 해야 합니다. 나를 포함해서 누구의 말에 대해서나 의문을 가져볼 필요가 있습니다.

질문: 개인적인 문제를 관찰하고 있으면 내성(內省)만 하게 되는

위험성이 생기지 않을까요?

크리슈나무르티: 위험이 있으면 왜 안됩니까? 길을 건너는 것도 위험한 행위인 것입니다. 관찰하면 위험하므로 관찰하지 않는 편이 좋다는 말입니까? 나는 한 번 이런 경험을 한 적이 있습니다. 이런 말을 해도 좋다면 말입니다. 대단히 돈이 많은 사람이 나를 찾아와서 "당신 말씀에 크게 관심을 갖고 있는 사람인데, 나의 '여러 가지' 걱정거리를 해결하고 싶습니다"라고 말했습니다. 나는 "아, 그렇습니까? 그 문제를 풀어봅시다"하며 그와 이야기를 나누었습니다. 그 사람은 몇 번 찾아왔었는데, 2주일이 지나서 찾아왔을 때에는 이렇게 말했습니다――"두려운 꿈, 무서운 꿈을 꾸곤 합니다. 나의 주위의 사물이 모두 소멸되어갑니다." 그리고 계속하여 "이것은 아마 내가 자신을 관찰하려고 한 결과인 것 같습니다. 그래서 지금은 자신을 관찰하는 데 수반되는 위험을 느낍니다"고 말했습니다. 그런 뒤에 그 사람은 두 번 다시 찾아오지 않았습니다.

　우리는 모두 안전하기를 바라고 있습니다. 우리는 보잘것없는 이 세계에서 안전을 탐내고 있습니다. 우리 주위의 세계에는 틀이 잘 잡힌 질서가 있는 것 같으면서도 사실은 질서가 없습니다――어떤 인간관계, 예를 들면 남편과 아내는 확고한 인연으로 결합된 것같이 보입니다. 그러나 거기에는 비참, 불신, 공포가 있으며 위험, 질투, 분노, 지배욕도 포함되어 있습니다.

　자신을 관찰할 경우 공포도 없고 위험도 포함되지 않은 관찰방법이 있습니다. 그것은 타인을 비난하거나 어떤 정당화도 하지 않고 똑바로 보는 것입니다. 해석을 하려고 한다든지 판단이나 평가를 하려고 하지 않고 단지 응시만 하는 방법입니다. 이런 관찰을 하려면 우리의 마음은 실제로 있는 것을 보며 열심히 배워나가야 합니다. '무엇'이 있으며 거기에 어떤 위험이 있는가 하고 물어보아야 합니다. 이 세상에서 인간이 갖고 있는 위험은 마음속에 있는 폭력의 결과이며 공포의 산물입니다. 그런 것을 관찰하고 그 공포를 완전히 없애버리려는 노력 가운데 어떤 위험이 있다는 것일까요?――우리는 공포를 제거하고 현재와 다른 사회, 다른 가치를 수립하려고 하고 있는 것입니다. 관찰 자체 속에, 그리고 심리적·내적으로 있는 그대로의 사물을 관찰하는 가운데 큰 아름다움이 포함되어 있습니다. 그렇다고 사물의 현상을 그대로 인정하라는 것은 아닙니다. 또한 '존재하는 것'에 대해서 어떤 것을 배척한다든지 바란다든지 하여도 안 됩니다. '존재하는 것'을 자각한다는 자체가 독자적인 화해를 초래합니다. 그러나 우리는 관찰하는 방법을 알아야만 하며, 그 방법은 내성적(內省的)이거나 분석적이어서는 안되고 아무런 생각 없이 그저 관찰해야만 하는 것입니다.

질문: 생각하지 않아도 자연히 느끼게 되는 공포도 있지 않을까요?

크리슈나무르티: 그럴 경우에 그것을 공포라고 부릅니까? 화재라든지 절벽을 보고 급히 피하려고 하는 것이 공포 때문입니까? 맹수나 뱀을 보고 생기는 것이 공포일까요, 혹은 예지일까요? 그런 예지는 조건반사의 결과입니다. 절벽에서 떨어질 위험에 놓여 있으면서도 아무런 생각이 없다면, 당신은 떨어져 죽을 것입니다. 당신의 예지가 주의를 시켜줍니다. 그 예지가 공포일까요? 그러나 우리가 여러 나라로 분열되거나 여러 종파로 분열될 때 작용하는 것도 예지일까요? 만일 당신과 나 사이에, 우리와 그들 사이에 이런 분열이 생겼다면 그것도 예지 때문일까요? 그와 같은 분열을 도와주며 위기를 초래해서 사람들을 분열시키고 전쟁을 불러일으키는 것은 예지일까요, 그렇지 않으면 공포일까요? 이런 경우에는 예지가 아니라 공포입니다. 다시 말해서 우리는 자신을 부품화하여 그 중의 어느 부분

이 필요에 따라 지적으로 활동하는 것입니다. 절벽을 피할 때나 지나가는 버스를 피하는 것이 그런 경우입니다. 그러나 국가주의의 위험성이라든지 사람들을 분열시키는 위험성을 깨달을 정도로 우리는 지적인 혜택을 받지 못하고 있습니다. 따라서 이런 결론이 나오게 됩니다. 인간의 어떤 부분, 극히 적은 부분은 지적이지만 그 나머지 많은 부분은 지적이 아니라는 것입니다. 부분화(部分化)가 있는 곳에서는 반드시 갈등이 있고 비참한 일이 생깁니다. 갈등의 본질은 마음의 분열, 내부의 모순인 것입니다. 이 모순은 절대로 그대로는 해소되지 않습니다. 그러나 자기를 통합하지 않으면 안된다는 것은 인간이 지닌 특이성의 하나입니다. 그것이 뜻하는 바가 실제로 무엇인지는 나도 알 수 없습니다. '인간의 분열하고 대립하는 두 가지 부분을 통합하는 자는 누구일까?' 하는 의문을 제기하게 되는 것은, 통합하려고 하는 자기 자신이 이런 분열의 어느 한쪽일지도 모르기 때문입니다. 그러나 사람이 자신의 전체를 관찰하며 아무런 거리낌이 없이 그 전체를 이해한다면, 분열은 해소될 것입니다.

질문: 바른 사고와 바른 행위 사이에는 차이가 있습니까?

크리슈나무르티: '바른'이라는 말을 사고와 행동 사이에서 사용하게 되면, '바른' 행동은 '바르지 않은' 행위로 되어버리지 않을까요? 즉 '바른'이라는 말을 사용할 때, 당신은 이미 무엇이 바른 것인지에 대한 관념을 갖고 있는 것입니다. 그런데 '바른' 것에 대한 관념을 갖는 것은 '바르지 않은' 것입니다. 왜냐하면 이 '바른'이라는 것은 당신의 편견――주어진 조건, 당신의 두려움, 당신의 교양, 당신의 사회, 당신 자신의 특이성인 여러 가지 공포 그리고 종교적 제재 같은 것에 기인하고 있기 때문입니다. 당신이 계산기와 같은 정확한 패턴을 가지고 있다고 해도 그 패턴 자체는 정확하다고 할

수 없습니다. 즉 부도덕한 것입니다. 사회적인 행동의 관습은 부도덕합니다. 당신은 이 말에 동의합니까? 만일 이 말에 동의한다면, 당신은 사회도덕을 거부했을 것입니다. 왜냐하면 사회도덕은 탐욕, 선망, 야망, 애국심, 계급의식 같은 것을 기초로 하고 있기 때문입니다. 사회적 행동의 관습이 도덕적이 아니라는 것에 당신이 찬성했을 때, 당신은 정말로 그렇게 생각하고 있었습니까, 그렇지 않으면 말로만 그랬습니까? 참으로 도덕적인 미덕을 갖춘다는 것은 인생에서 가장 드문 일이며 곤란한 일 중의 하나입니다. 왜냐하면 도덕이란 사회적·환경적인 관습과는 전혀 관계가 없는 것이기 때문입니다. 인간은 자유로워야 합니다. 그리고 참된 도덕을 갖추어야 합니다. 그러나 여러분은 탐욕, 선망, 경쟁심, 성공욕 같은 것을 기초로 한 사회도덕을 따르고 있는 한, 자유로워질 수 없습니다. 그러나 그처럼 곤란한 사회도덕을 교회나 사회가 도덕적인 것이라고 부채질하고 있는 것입니다.

질문: 우리는 그런 전환이 일어나는 것을 그저 기다리고 있어야만 하는 것일까요, 그렇지 않으면 우리가 할 수 있는 훈련이 있을까요?

크리슈나무르티: 관찰한다는 자체가 행동이 된다는 것을 이해하는데 우리는 어떤 훈련을 받지 않으면 안될까요?

질문: 조용한 마음에 대하여 말씀해주시겠습니까? 그것은 훈련의 결과가 아닐까요? 틀렸습니까?

크리슈나무르티: 주의해주십시오. 사열식에 참가한 병사는 부동자세로 총을 정확하게 들고 조용히 서 있습니다. 그는 매일 훈련을 받고 있습니다. 그의 자유는 소멸되었습니다. 그는 조용히 서 있지

만 그것이 조용한 마음일까요? 또한 아이가 장난감에 정신이 팔렸을 때 그것이 조용한 마음일까요?――그 장난감으로부터 떠났을 때, 그 아이는 참된 자신으로 돌아옵니다. 그런데 훈련(부디 이 점을 명확히 이해하십시오. 아주 간단하니까요)에 의하여 조용한 마음이 생길까요? 그것은 권태와 폐쇄상황을 낳을 뿐이고, 참으로 행동적이며 평안이라는 의미에서의 조용한 마음을 가져오는 것은 아닙니다.

질문: 선생께서는 이 세상 사람들에게 무엇을 하라고 요구하는 것입니까?

크리슈나무르티: 아무것도 요구하지 않습니다. 이것이 첫번째입니다. 두번째는 이 세상에서 살아가는 것입니다. 이 세상은 훌륭하고 아름답기 때문입니다. 그것은 우리의 세계, 우리가 사는 지구입니다. 그러나 우리는 (참된 의미에서) 살아가고 있다고 할 수 없습니다――우리의 마음은 편협하고 고립되어 있으며 걱정과 공포로 떨고 있습니다. 그러므로 참으로 살아 있다고 할 수 없습니다――인간으로서의 관련을 갖지 못하고 뿔뿔이 흩어져서 절망하고 있습니다. 현대인은 살아 있다는 훌륭하고 행복된 의미를 납득하지 못하고 있습니다. 그러므로 인간은 인생의 하찮은 것으로부터 어떻게 해방될 수 있는가를 알게 되었을 때 비로소 그와 같은 훌륭한 생활을 할 수 있게 된다고 나는 말하고 싶습니다. 그리고 하찮은 것으로부터 해방되기 위해서는 인간의 상관관계라는 것을 자각해야 합니다. 여기에는 인간끼리의 관계뿐만이 아니라 인간이 생각하는 방법이나 인간을 둘러싸고 있는 자연과의 관계도 포함되어 있습니다. 즉 세상 모든 일과의 상관관계를 자각하지 않으면 안됩니다. 이와 같은 인간관계 속에서 인간이란 무엇인가――그 공포, 걱정, 절망, 고독 그리고 애정이 결핍되어 있는 것을 자각하는 것입니다. 인간은 수많은 이론을

알고 있으며 수많은 말, 그리고 타인이 전해준 지식을 지니고 있습니다. 그러나 사람들은 자기 자신에 대해서 아는 것이 적기 때문에 어떤 태도로 살아나가야 할지를 모르고 있습니다.

질문: 인간의 두뇌라는 점에서 의식의 여러 가지 단계를 설명해주시겠습니까? 두뇌는 육체적인 문제지만, 정신활동은 육체적인 문제라고 생각되지 않습니다. 또한 정신은 의식적인 부분과 무의식적인 부분으로 분리된다고 생각합니다. 이 개념들을 명확하게 알기 위해서는 어떻게 해야 할까요?

크리슈나무르티: 즉 정신과 두뇌의 차이는 무엇이냐는 것이지요? 사실 육체적인 두뇌는 과거의 집적이며, 몇천 개의 '어제'를 경과한 진화의 결과이기 때문에 기억과 지식과 경험을 포함하고 있습니다. 그와 같은 두뇌는 마음이라는 전체 속에 있는 지적 부분이 아닐까요? 물론 마음에도 의식적인 수준과 무의식적인 수준이 있지만, 육체적 또는 비육체적(심리적)이라 해도 그것은 하나의 전체적인 것이 아닐까요? 우리 인간이 그 전체적인 것을 의식과 무의식으로 분리하거나 두뇌와 두뇌와는 다른 정신으로 분리하고 있을 뿐이 아닐까요? 마음을 나누어서 보는 것이 아니라 전체적으로 볼 수는 없을까요?

또한 무의식이라고 하면 의식과 전혀 다른 것일까요? 혹은 그것도 역시 전체의 일부인데, 우리가 그것을 분리하고 있는 것은 아닐까요? 여기에서 다음과 같은 문제가 생깁니다. 그것은 '일상 생활에서 작용하고 있는 적극적인 마음의 부분은 무의식의 부분을 관찰할 수 있는가 없는가?' 하는 것입니다.

이 문제를 다룰 만한 시간이 있을지 모르겠습니다. 이런 기회를 그저 심심풀이의 시간으로 생각하지 마십시오. 즉 편안하고 따뜻한 방에서 단지 누군가의 이야기를 듣고 있다고 생각하지 마십시오. 우리는 진지한 문제를 다루어왔습니다. 문제를 올바르게 다루면 피로가 옵니다. 두뇌는 정해진 만큼의 일밖에 할 수 없습니다. 의식과 무의식의 문제로 들어가기 위해서는 대단히 예민하고 명확한 마음으로 관찰할 필요가 있습니다. 한 시간 반 정도의 시간으로 그것이 가능하다고는 생각지 않습니다. 그러므로 여러분만 좋으시다면, 이 문제는 다음에 다시 생각해보기로 합시다.

1969년 3월 16일 런던

제15장 단편화에 대하여

**분열, 의식과 무의식, 기성
(旣成)의 것과의 결별.**

오늘 저녁에는 의식과 무의식의 문제에 대하여 이야기하겠습니다. 즉 정신의 상층부와 의식의 심층에 대하여 말입니다. 그런데 우리는 인생이라는 것을 왜 여러 개의 단편으로 구분하는 것일까요?——직장생활, 사회생활, 가정생활, 종교생활, 스포츠생활 같은 것으로 말입니다. 이와 같은 구분을 자기 내부에서뿐만 아니라 사회적으로도 구분하는 것은 무엇 때문일까요?——우리와 그들, 너와 나, 사랑과 증오, 삶과 죽음과 같이 말입니다. 나는 이 문제를 깊이 탐구하여 이런 구분을 하지 않는 생활 방법이 있는지 없는지를 불어보아야겠다고 생각합니다. 즉 삶과 죽음, 의식과 무의식, 실제 생활과 사회생활, 가정생활과 개인생활 등으로 구분하지 않는 생활 방법은 없을까요?

인간은 왜 국적, 종교, 계급이라는 모순으로 찬 구분을 몸에 지니고 살아가고 있을까요? 차별은 분쟁, 투쟁, 전쟁을 낳습니다. 그것은 내적인 것에 한하지 않고 외적으로 실제적인 불안정을 초래합니다. 신과 악마, 선과 악, '당위'와 '존재' 같은 실로 수많은 구분이 있습니다.

그래서 오늘 저녁에는 이와 같이 구분하는 생활에 대해서 구분하지 않고 사는 방법이 이론적이거나 지적으로가 아니라 실제로 존재하는지를 검토해보고자 합니다. 즉 행위가 단편화되지 않고 항상 흐르면서 차례차례로 밀접하게 연결되어가는 그런 생활이 있는지 없는지를 조사해보고자 하는 것입니다. 이것은 매우 가치있는 일이기 때문입니다.

  단편화되지 않은 생활방법을 발견하기 위해서는 사랑과 죽음의 문제를 깊이 다루지 않으면 안됩니다. 그리고 우리는 단절되지 않고 계속 흐르는 고도의 지적인 생활을 맞이할 수 있다는 것을 이해하지 않으면 안됩니다.

  제각기 흩어져 있는 정신에는 예지가 결여되어 있습니다. 몇 가지의 생활방식을 골라가면서 살아가는 사람은 어느 정도 훌륭해보이기도 하지만, 사실은 예지에서 뒤떨어져 있음이 분명합니다.

  그렇다면 통합이라는 생각——즉 몇 가지의 단편을 모아서 하나의 전체적인 것으로 만드는 것은 어떤가 하는 생각도 분명히 지성적인 것은 아닙니다. 왜냐하면 이 생각 속에는 모든 단편을 모아놓는 기관이 있어서 통합하여준다는 뜻이 포함되어 있으며, 더구나 이런 통합을 하는 기관의 본질이 역시 또 하나의 단편일 수도 있기 때문입니다.

  필요한 것은 예지와 정열로써 인생을 크게 전환시켜 모순이 없고 전체적이며 연속적인 생명의 운동이 되도록 하는 일입니다. 인생에 있어서 이와 같은 전환을 초래하기 위해서는 정열이 필요합니다. 가치있는 어떤 일을 성취하려고 한다면, 인간은 이와 같은 강한 정열을 갖고 있어야 합니다. 이 정열은 쾌락과는 다른 것입니다. 그리고 단편화나 대립이 없는 생활을 이해하기 위해서는 인간은 이런 종류의 정열을 갖고 있어야 합니다. 지적인 개념이나 법칙에 의해서는 인간의 생활을 변화시킬 수 없습니다. '존재하고 있는 것'을 있는 그대로 이해하는 것만이 그런 힘을 가질 수 있게 합니다. 그리고 그와 같은 이해를 하기 위해서는 정신집중과 정열이 필요합니다.

인간은 이와 같은 정열과 예지를 갖고 있는 생활, 게다가 도피하는 생활이 아니면서도 세속적인 생활이 있다는 것을 발견하기 위해서는 쾌락의 본성을 이해해야 합니다. 나는 저번 날 이 쾌락의 문제를 다루었습니다. 그때 환희 같은 것을 맛본 경험을 사고가 고집하고 있다는 것과, 그 경험을 사고함으로써 쾌락이 유지된다는 것과, 쾌락이 있는 곳에는 고통과 공포가 수반되지 않을 수 없다는 것을 우리는 배웠습니다. 그런데 사랑이 쾌락일까요? 대부분의 우리는 도덕적 가치를 쾌락에 의존시키고 있습니다. 자기 희생이라든지 적응하기 위한 자기 통제 같은 것도 쾌락의 요구에 따른 것입니다――어떠한 형태를 취하더라도 한층 더 위대하고 고귀해보이도록 하려는 것입니다. 그러면 사랑은 쾌락과 결부되는 것일까요? 여기에서도 또한 '사랑'이라는 말은 너무나 많은 의미를 포함하고 있습니다. 정치가로부터 가정주부에 이르기까지 모두 이 말을 적당히 사용하고 있습니다. 그러나 이 말이 가장 깊은 의미로 사용된 것은 단편화되지 않은 생활을 가져올 수 있는 것은 사랑뿐이라고 한 것일 것입니다. (쾌락은 어떨까요?) 공포는 언제나 쾌락의 일부로서, 공포가 관련되어 있는 곳에는 항상 단편화가 있고 분열이 있습니다. 인간의 마음은 언제나 남을 적으로 보면서 자기 분열을 일으킵니다. 그 결과 폭력에 이르게 됩니다. 폭력에 의해 바라는 것을 달성하려고 합니다. 왜 그렇게 되었는가 하는 것을 검토해본다는 것은 사실 대단히 심원한 문제입니다. 우리 인간은 전쟁을 불러일으키는 생활양식과 연결되어 있습니다. 그와 동시에 우리는 평화나 자유를 원하고 있습니다. 그러나 그것은 관념이나 이데올로기로서의 평화에 불과합니다. 그와 함께 우리가 현재 행하고 있는 모든 일이 우리를 조건짓고 있는 것입니다.

 시간에 관해서도 심리적으로 구분이 행해집니다. 과거(어제), 현재(오늘), 미래(내일)와 같이 말입니다. 분열이 없는 생활을 찾으려면

제15장 단편화에 대하여

이 문제도 탐구해야 합니다. 이와 같은 구분――과거, 현재, 미래라는 심리적인 시간 구분의 근거는 시간 쪽에 있는 것일까요, 아니면 이 구분은 알려진 사실인 과거를 근거로 한 현재의 두뇌 자체의 내용물인 기억에 의해 생겨난 것일까요? 또한 이 구분은 '관찰자', '경험자', '사상가'가 자신을 항상 자신의 관찰이나 경험 내용으로부터 분리시키고 있기 때문에 일어나는 것일까요? 혹은 이 구분은 자기 중심적인(나라든지 너라고 하는) 행위로서 스스로 저항물을 설치하여 고립된 행동을 취하는 데 그 원인이 있을까요? 이런 질문을 해결하기 위해서는 다음과 같은 문제를 자각할 필요가 있습니다. 시간이란 무엇인가 하는 문제, '관찰자'가 관찰된 사물과 분리되어 있다는 문제, 경험자와 경험된 것은 다르다는 문제, 쾌락은 무엇인가 하는 문제, 그리고 그러한 것들은 사랑과 어떤 관계에 있는가 하는 문제――이런 문제를 생각해야 합니다.

　심리적인 의미에서의 내일, 즉 사고에 의하여 만들어지지 않은 실제의 내일이 있을까요? 물론 연대기적(年代記的)인 시간상의 내일은 있을 것입니다. 그러나 심리적이고 내적인 내일이 정말 있을까요? 만일 관념으로서의 내일이 있다면 그때 행위는 미완성이라는 뜻이 되며, 그 미완성의 행위는 대립과 모순을 초래하게 됩니다. 내일이라는 관념, 미래라는 관념이 있기 때문에 우리는 현재의 사물을 자세히 보지 않게 되는 것이 아닐까요? 즉 '그것은 내일 보면 되지' 하는 식으로 말입니다. 인간은 게으른 존재입니다. 탐구해야겠다는 의욕과 생기로 넘치는 관심을 갖고 있지 않습니다. 차츰 목표에 가까이 가게 되면 결국 이해할 수 있게 되리라는 안이한 생각을 사고가 만들어냅니다. 그리고 그렇게 이해하기 위해서는 시간이 걸립니다. 수많은 날들이 필요하게 됩니다. 그런데 시간을 들이게 되면 이해하는 데 진전이 있게 될까요? 어떤 것을 명확하게 파악할 수 있게 될까요?

마음이 과거로부터 해방되어 시간의 속박을 벗어날 수 있을까요? 심리적으로 내일이라는 것은 알려진 사실과의 관련 속에서 나오는 것입니다. 그러면 이 알려진 사실(알고 있는 것)로부터 인간은 자유롭게 될 수 있을까요? 알려진 사실(과거의 지식)과의 관련을 단절해 버릴 수 있는 행동을 취할 수 있을까요?

가장 곤란한 것 중의 하나로 의지의 전달이라는 것이 있습니다. 물론 말에 의한 전달이 많지만, 나는 이 밖에 서로의 마음이 일체화된, 훨씬 깊은 수준의 전달이 있다고 생각합니다. 이러한 전달은 서로가 같은 정신 집중력과 정열을 갖고 있으며, 같은 수준에 있는 사람들끼리 만났을 때에만 생기는 것입니다. 이와 같은 상호간의 일체화라는 것은 말에 의한 단순한 전달보다 훨씬 중요한 것입니다. 지금 우리는 일상 생활의 깊은 곳에 있는 복잡한 문제에 대하여 이야기하고 있기 때문에 말에 의한 전달뿐만 아니라 서로의 마음의 일체화가 필요합니다. 우리가 관심을 가지고 있는 것은 마음을 근본적으로 전환시키는 일이며, 그것도 장래에 있어서가 아니라 오늘 이 시점에서 즉시 행해야 하는 것입니다. 여러 가지 규제를 받고 있는 인간의 마음이 즉시 이와 같은 전환을 할 수 있을까요? 우리는 정신이 분열된 결과로 회한, 절망, 고통, 공포, 걱정, 죄의식(양심의 가책) 등으로 얼룩져 있지만, 이런 것으로부터 풀려나서 전체가 하나로 연결될 수 있는 그런 전환의 길을 모색하고 있는 것입니다. 인간의 마음은 어떻게 해야 그러한 잡념을 모두 버리고 완전히 신선하게 소생하여 순수한 것이 될 수 있을까요?――이것이야말로 진실한 문제입니다. 그러나 이와 같은 근본적인 마음의 혁명은 '관찰자'와 '관찰되는 것'으로 분열되어 있고 '경험자'와 '경험 내용'으로 분열되어 있는 한 불가능하다고 생각합니다. 이러한 마음의 분열 때문에 갈등이 생기는 것입니다. 모든 분열은 갈등을 초래하고, 그 갈등과 항쟁 그리고 투쟁이 있기 때문에 마음의 깊은 곳에서 전환이 이루어질 수

제15장 단편화에 대하여   229

없는 것입니다. 물론 사소한 전환이라면 할 수 있을 것입니다. 따라서 정신이든 마음이든 두뇌이든 모든 것이 이 분열이라는 문제와 대결해야만 하는데, 어떻게 해야 좋을까요?

 조금 전에 우리는 의식과 그 심층인 무의식의 문제로 들어가서 생각해보자고 말했습니다. 그리고 우리는 정신의 의식 면에서까지 분열이 생기고 있는 이유를 조사하고 있습니다. 의식은 일상적인 모든 활동——걱정, 하찮은 일, 피상적인 쾌락, 돈버는 일 같은 것에 쫓기고 있으며, 의식의 심층부는 동기, 충동, 강한 욕구, 공포 같은 것으로 둘러싸여 있습니다. 왜 분열이 생기는 것일까요? 우리가 이것저것 지껄이며 차례차례로 천박한 쾌락을 누리려고 하고 종교적이고 세속적인 여러 가지 일에 마음을 빼앗기고 있기 때문에 분열되는 것일까요? 천박한 정신은 탐구하고 침잠할 수 없기 때문에 분열이 생기는 것일까요?

 마음의 심층에 있는 내용은 무엇일까요? 심리학자인 프로이트의 학설 같은 것을 생각하지 않고 타인의 학설 같은 것을 읽어보지 않았다고 하고 자기 혼자서 생각해볼 때 어떤 것일까요? 당신의 무의식 부분이 어떤 것인지를 당신은 어떻게 발견할 것입니까? 그것을 관찰해보든지 그렇지 않으면 꿈을 실마리로 하여 무의식의 내용을 해석하려고 할 것입니까? 그럴 경우 꿈에 대한 해석권을 가진 자는 누구입니까? 전문가입니까? 그러나 그들도 협소한 전문이라는 조건에 의해 제약을 받고 있습니다. 또한 꿈 같은 것은 꾸지 않을 수도 있지 않을까요? 전날 밤에 적당치 못한 음식으로 과식을 해서 악몽에 시달리는 경우는 별도입니다만. 무의식——우선 이 말을 쓰고 있습니다만——이라는 것이 있습니다. 이 무의식의 구성요소는 무엇일까요? 과거의 것임은 자명합니다. 인종 의식, 인종 특유의 기본 성격, 여러 가지 종교적·사회적 규제——이런 것들은 잠재적이며 암흑 속에 그대로 싸여 있습니다. 꿈을 통한다든지 분석을 한다든지 하지 않고 이런 것을 발견하고 해명할 수는 없을까요? 그리하여 수면중에 정신이 쉴 새 없이 행동하지 않고 평안하도록 말입니다. 이와 같이 수면중에 마음이 평안하게 되면 일상적인 걱정, 공포, 문제, 욕구 같은 것과는 전혀 다른 종류의 행동이 생겨나게 됩니다. 그리고 꿈에 의해서가 아니라 실제로 이런 일을 발견하게 되면, 아침에 눈을 떴을 때 정신이 참으로 신선해집니다. 그러나 이렇게 하기 위해서는 낮에 활동할 때 막연하게 나타나는 일들을 자각할 필요가 있습니다. 이런 자각은 인간관계에서만 찾아볼 수 있습니다. 가령 당신과 타인과의 관계를 비난, 판단, 평가하지 않고 관찰했다고 합시다. 그리고 당신의 행동과 반응이 어떠했는가를 관찰했다고 합시다. 즉 어떻게 해야겠다는 생각을 버리고 그저 있는 그대로를 본 것입니다. 그렇게 하면 낮에도 마음속에 숨어 있는 무의식적인 것을 해명할 수 있습니다.

 그런데 우리는 무의식에 대해서 왜 이와 같이 중대한 의의와 의미를 부여하는 것일까요? 결국은 무의식이라고 해도 의식과 같이 사소한 것에 불과한 것이 아닐까요? 의식이 극히 활동적이며 응시하고 경청하고 감상할 수 있는 힘을 갖게 되면 오히려 정신의 의식적인 부분이 무의식보다 중요하게 됩니다. 이 경우에는 의식 속에서 무의식의 모든 내용이 해명되기 때문입니다. 그리고 정신을 여러 가지 층으로 분리할 필요가 없게 될 것입니다. 버스를 타고 있을 때, 부부끼리 이야기를 나누고 있을 때, 회사에서 일을 하고 있을 때 또는 혼자 있을 때——그럴 경우가 있다면——자신의 반응이 어떠한가를 관찰해보십시오. 그렇게 하면 그 관찰 행위 자체가 (여기에서는 '관찰자'와 '관찰물'의 구분이 없게 될 것입니다) 대립과 구분에 종지부를 찍게 될 것입니다.

 이상과 같은 것이 어느 정도 명백하게 된 지금, 우리는 다음과 같이 물어도 좋을 것입니다——사랑이란 무엇인가? 사랑이란 쾌락인가? 사랑이란 질투인가? 사랑이란 소유하는 것인가? 사랑이란 지배적인 것인가? 남편이 아내를, 아내가 남편을 지배하는 것인가? 이와 같은 물음 중의 그 어느 것도 사랑이라고 말할 수 없다는 것은 명백합니다. 그러나 실제로 우리는 그런 생각이 몸에 배어 있습니다. 그러면서도 우리는 남편에 대하여, 아내에 대하여 또는 누구에게나 "당신을 사랑합니다!"라고 말합니다. 우리의 대부분은 여러 가지 형태를 띠고 있지만, 모두 선망을 갖고 있습니다. 이 선망은 타인과 비교해보는 데서 생깁니다. 즉 있는 그대로의 자신과 다른 뛰어난 사람이 되고 싶다고 바라는 것에 의해 생기는 것입니다. 우리는 이 선망을 있는 그대로 관찰하여 그것으로부터 완전하게——두 번 다시 되풀이하지 않도록 탈피할 수는 없을까요? 그렇지 못하면 사랑은 존재할 수 없습니다. 사랑은 시간적인 것이 아니며 양성할 수도 없는 것이고, 또한 쾌락과 관계있는 것도 아닙니다.

죽음이란 무엇일까요? 사랑과 죽음의 관계는 어떻게 되어 있을까요? '죽음'의 의미를 이해했을 때에야 비로소 이 양자의 관계를 알게 된다고 생각합니다. 그런데 죽음을 이해하기 위해서는 살아 있다는 것이 무엇인가를 이해해야 한다는 것은 명백합니다. 즉 사상적인 것, 지적인 것이어야 한다고 생각하지만, 실제로는 그러한 지적인 어떤 것이 아니라 일상적인 생명, 보통의 생명을 알아야 한다는 것입니다. 우리의 생명은 실제로 무엇일까요? 우리의 생명은 갈등, 절망, 고독, 고립의 일상 생활입니다. 우리의 인생은 자나깨나 마치 전쟁터와 같은 것입니다. 우리는 가지각색의 수단——음악, 예술, 오락, 종교, 철학적 위안, 여러 가지 이론의 구축, 지식에의 몰두 등 항상 슬픔이 따라다니는 이 생활의 갈등과 투쟁에 종지부를 찌으려는 일체의 것——을 통해서 이 상황으로부터 탈출하려고 합니다.

일상 생활에서 슬픔을 종식시킬 수 있을까요? 근본적인 마음의 변화가 없이는 산다는 것에 큰 의미가 없습니다. 매일 회사에 나가 돈을 벌고, 몇 권의 책을 읽어 지식을 자랑하며 다른 사람들에게 지식인이라는 말을 들어보아도 그 생활은 공허한 것이며, 결국 부르주아적인 생활에 불과합니다. 인간은 이런 사실을 자각하게 될 때 인생이 가져야 할 의미를 생각해보며 그 의의를 찾으려고 합니다. 따라서 인간은 인생의 의의와 목적을 제공해줄 수 있는 현인을 찾게 됩니다. 그러나 이것 또한 사는 것으로부터의 도피에 불과합니다. 그러므로 이와 같은 생활은 근본적으로 전환되어야만 합니다.

 우리는 어째서 죽음을 두려워할까요? 무엇을 두려워하는 것일까요? 죽음을 두려워하는 자신을 관찰해보십시오. 산다는 것이 투쟁이나 다름이 없는데, 그런 생명에 종말이 오는 것을 왜 두려워할까요? 우리는 미래의 것을, 또한 일어날지도 모르는 일을 두려워합니다. 알고 있는 사물과 헤어지는 것──가족, 책, 집과 가구, 가까운 사람에 대한 애착으로부터 떨어지는 것을 두려워합니다. 익숙해진 사물이 내 손에서 떨어져나가는 것을 두려워합니다. 익숙한 사물에서 어쩌다 환희를 맛보는 때도 있지만, 그것은 비통, 고통, 절망 같은 것을 동반하는 것이며 그 투쟁은 끝이 없습니다. 이것이 삶의 실상인데도 사람들은 이것을 놓치는 것을 두려워합니다. 종말이 온다고 두려워하는 것은 그런 고뇌를 짊어지고 있는 장본인인 바로 나 자신인 것입니다. 따라서 재생(再生)에 대한 요구가 생깁니다. 다시 태어난다는 생각은 동양 사람들이 믿고 있는 것인데, 이것은 다음 세상에서 당신이 이 세상에서보다 한 계단 더 높게 살 수 있다는 것입니다. 당신은 이 세상에서 접시 닦는 일을 했지만, 저 세상에서는 임금이나 다른 것으로 된다, 그리고 접시 닦는 일은 다른 사람이 하게 된다, 이런 생각인 것입니다. 다시 태어난다는 것을 믿고 있는 사람에게 있어서는 이 세상에서의 그의 처세가 큰 문제가 됩니다. 저 세상에서는 그 사람이 하던 일, 그 사람의 행위, 그 사람의 사상에 입각해서 상도 주고 처벌도 하기 때문입니다. 그러나 일단 저 세상 사람이 되면 자신의 행동에 대해서는 전혀 걱정을 하지 않게 된다는 것입니다. 그들에게 있어서 그런 것은 신앙에 불과합니다. 천국이라든지 신의 존재를 믿는 신앙과 다를 바 없습니다. 그런 것보다도 실제로 중요한 것은 당신이 오늘 지금 어떤 존재인가, 실제로 어떤 행동을 하고 있는가(외적이나 내적으로) 하는 것입니다. 서구에도 죽음에 관하여 위안을 받기 위한 독자적인 생각이 있습니다. 그것은 죽음을 합리화해서 그들의 독특한 종교적 조건을 받아들이는 것입니다.

그러면 실제로 생명의 종말인 죽음이란 무엇일까요? 그것은 나이를 먹고 병에 걸리거나 사고가 생겨서 그 유기체가 살 수 없게 된 것을 말합니다. 아름답게 늙어가는 사람은 많지 않습니다. 우리는 고통받는 존재이며, 우리의 얼굴이 나이와 함께 그것을 반영하고 있기 때문입니다. 노인에게는 비애가 있으며, 그것은 그의 과거 일의 흔적입니다.

사람은 항상 마음속에 있는 '기지(既知)의 것'과 결별할 수 있을까요? 그 '기지의 것'으로부터의 자유가 없으면 '가능한 일'은 일어나지 않습니다. 확실히 우리에게 '가능한 일'은 '기지의 것'의 한계 내에서 언제나 일어나고 있는 데 불과합니다. 그러나 자유가 있는 곳에서는 '가능한 것'도 증대합니다. 사람은 과거와 그 과거의 부착물——공포, 걱정, 허영, 자존심을 떨쳐버리고 내일은 새로운 인간으로서 각성할 수 있을까요? 여러분은 "어떻게 하면 그렇게 될 수 있습니까? 그 방법은 무엇입니까?"라고 물을 것입니다. 그러나 방법 같은 것은 없습니다. '방법'이라는 것은 내일을 의미합니다. 그것은 당신이 어떤 일을 실천하면서 내일이나 며칠 뒤에나 달성할 수 있다는 것을 암시하는 것입니다. 그러나 진실은 여러분이 즉석에서 알게 되는 것이 아닐까요? 이론적이 아니라 실제로 '마음이라는 것은 과거의 것에 내적으로 종지부를 찍지 않는 한, 신선하고 순수하며 생생하게 정열적으로 될 수는 없다'는 것을 여러분은 깨달을 수 없습니까? 그런데 우리 인간은 과거의 산물인 까닭에 이런 과거의 것을 쉽사리 놓으려 하지 않습니다. 우리의 사고는 모두 과거의 것을 기초로 하고 있습니다. 지식도 그렇습니다. 따라서 마음도 그것으로부터 떠날 수 없습니다. 이탈하려고 노력하는 것 자체가 과거와 다른 상태를 달성하려고 하는 것이며, 그것 역시 과거의 일부에 지나지 않는 것이기 때문입니다.

 마음은 완전한 정적과 평정을 이루지 않으면 안됩니다. 아무런 대립도 항쟁도 없고 어떠한 체계화도 없는 완전한 정적은 마음이 문제 전체를 관찰할 때 얻어질 수 있습니다. 인간은 언제나 불사(不死)라는 것을 추구해왔습니다. 그래서 어떤 사람은 그림을 그리고 그곳에 자신의 이름을 적어놓습니다. 그러나 이것이 정말 불사의 표식일까요. 후세에 이름을 남기려고 하는 것 따위가 말입니다. 인간은 언제나 무엇인가를 후세에 남기려고 노력합니다. 기술적인 것은 예외로 하고, 도대체 인간은 자기에 관해서 후세에 물려줄 만한 무엇을 갖고 있을까요? 자기란 무엇일까요? 당신이나 나의 내적인 자아란 무엇일까요? 여러분은 은행에 예금도 많고 나보다도 훨씬 현명하며 그 밖의 여러 가지 경험을 갖고 있습니다. 그러나 내적이나 정신적인 면에서 우리는 무엇일까요?

 많은 지식과 기억과 경험이 있으며, 이것을 자손에게 물려주려고 합니다. 책을 쓰거나 '자기'의 초상화를 그리게 합니다――이 '자기'라는 것이 지극히 대단한 것이 됩니다. 사회에 대한 '자기', 본질을 추구하는 '자기', 충실과 확대를 요구하는 '자기' 같은 것이 말입니다. 이런 '자기'라는 것을 관찰해보면 그것은 한 덩어리의 기억과 공허한 지식에 불과하다는 것을 알게 됩니다. 그런데 우리는 이런 것에 집착하고 있습니다. 그리고 바로 이것이 너와 나, 그들과 우리로 구별을 하는 원천인 것입니다.

 여러분이 이것을 알게 되고 남의 눈이 아니라 자신의 눈으로 잘 관찰했을 때 그리고 판단, 평가, 억압이 없이 다만 있는 그대로를 보게 되었을 때 비로소 사랑은 '자기'의 사멸에 의해서만 가능하다는 것을 알게 됩니다. 사랑은 기억도 아니고 쾌락도 아닙니다. 또한 사랑은 남녀간의 성에 관계되는 것이라고 말하지만, 거기에는 비속한 사랑과 신성한 사랑의 구분이라든지 누군가의 승인과 다른 누군가의 비난이 포함되어 있습니다. 따라서 사랑은 그런 것이 아닌 것입니다. 사람은 과거와 결별하는 일이 없으면 완전한 사랑을 얻을 수 없습니다. 즉 고통, 투쟁, 비탄 같은 것과 결별하게 되었을 때 비로소 사람은 사랑을 얻을 수 있고 스스로의 의지에 따라 생활할 수 있습니다.

지난번에도 말했습니다만, 질문한다는 것 자체는 쉬운 일입니다. 목적에 따라서 질문을 제기하고, 그 질문을 지속시키며 자기 스스로 완전히 해결한다는 것은 중요한 것입니다. 그런 질문은 중요하지만, 심심풀이로 하는 질문은 아무 의미도 없습니다.

질문: 당신은 '존재'와 '당위'를 구별하지 않는다고 하는데, 그러면 자기 만족에 빠져버려서 현재 진행중인 나쁜 일까지도 걱정하지 않게 되지 않는지요?

크리슈나무르티: '당위'의 실체는 무엇일까요? 어떤 현실성이 있을까요? 사람은 투쟁적이면서도 또한 평화적이며, "그래야 한다"고 말하고 있습니다. 이 경우에 '⋯⋯이라야 한다'의 실체는 무엇일까요? 왜 우리는 이 '⋯⋯이라야 한다'는 말을 할까요? 이 구분을 소멸시키면 사람은 자기 만족에 빠져 모든 것을 허용하게 된다는 말입니까? 그러면 비폭력이라는 이념을 갖지 않으면 폭력을 받아들이게 된다는 말입니까? 비폭력이라는 것은 예로부터 설교되어왔습니다. 이를테면 "죽이지 마라", "남에게 동정을 베풀라"와 같이 말입니다.

그러나 실상은 인간은 투쟁적이라는 것이 '현실'인 것입니다. 만일 사람들이 이 현실을 불가피한 것으로 용인한다면, 현재와 마찬가지로 사람들은 그것에 만족할 것입니다. 사람들은 그들의 생활양식으로서 전쟁을 용인해왔으며, 지금도 전쟁을 계속하고 있습니다. 많은 제재가 있고 종교적·사회적으로 여러 가지 제재가 있어도 그렇다는 말입니다. 세상에는 "죽이지 마라"고 가르치고 있습니다. 인간뿐만 아니라 동물도 그래야 한다고 말입니다. 그러나 인간은 먹기 위하여 동물을 죽입니다. 또 전쟁을 일으킵니다. 그러므로 인간은 이념이 있을 때나 없을 때나 '현실'과 함께 살고 있는 것입니다. 그러나 인간이 그것으로 만족할까요? 이 때 여러분은 '현실'을 해결할 만한 힘과 관심과 왕성함을 가지고 있을까요? 비폭력이라는 이상은 폭력적 사실로부터의 도피가 아닐까요? 마음이 도피하지 않고 폭력적 사실과 직면하여 그것을 비난하거나 판단하지 않고 그 폭력을 있는 그대로 직시한다면, 그 마음은 전혀 다른 자질을 갖게 되면서 폭력적이 아닌 것으로 될 것입니다. 그 마음은 폭력을 용인하지 않을 것입니다. 폭력이라는 것은 단지 누군가를 해치거나 살해하는 것이 아니고, 그와 같은 비중으로 자기 자신을 왜곡해서 어떤 것과 일체화된다든지 사회적 도덕을 모방한다든지 또는 자기 나름대로의 도덕성을 추종하는 것을 의미합니다. 통제와 억압의 형식은 그것이 어떤 것이든 왜곡이며, 따라서 폭력적인 것입니다. '현실'을 이해하는 데는 물론 정신력이 필요하며, 실제로 존재하는 것을 발견하려는 의지가 필요합니다. 이 세상에 실제로 존재하는 것은, 예를 들면 애국심에서 만들어진 차별 따위인데, 이것은 전쟁의 원인 중의 하나입니다. 우리는 이것을 받아들이며 국기를 숭배합니다. 또한 종교에 의해 만들어진 구분도 있습니다. 기독교도라든지 불교도라든지 하는 것입니다. 우리는 이와 같은 사실을 관찰함으로써 '현실'로부터 해방될 수 있을까요? 여러분은 마음이 관찰되는 것을 왜곡하지 않을 때 비로소 그것으로부터 해방될 수 있습니다.

질문: 개념적으로 본다는 것과 실제로 본다는 것의 차이는 무엇일까요?

크리슈나무르티: 당신은 나무를 볼 때 개념적으로 봅니까, 혹은 실제로 봅니까? 꽃을 볼 때 당신은 있는 그대로를 봅니까, 그렇지 않으면 어떤 지식——식물학이나 그 밖의 학문이라는 스크린을 통해서 봅니까, 아니면 꽃이 우리에게 주는 즐거움을 통해서 봅니까? 당신은 어떤 식으로 관찰하고 있습니까? 만일 그것이 개념적으로 보는 것이라면, 즉 사상을 개입시켜서 보는 것이라면 참된 것이 보일까요? 당신은 자신의 아내나 남편을 보고 있습니까, 아니면 아내나 남편에 대한 이미지〔心象〕를 보고 있습니까? 그 이미지야말로 당신이 구실을 붙여가면서 사물을 볼 때의 개념인 것입니다. 만들어낸 이미지가 존재하지 않을 때에만 당신은 실제의 것을 보고 있는 것이며 참된 관계를 맺고 있는 것입니다.

그러면 이미지라는 것을 만들어 나무든 아내든 남편이든 친구든 무엇이나 실제로 볼 수 없게 하는 마음의 메커니즘은 어떤 것일까요? 분명히——나의 오해라면 다행이지만——당신은 강연자인 나에 대한 이미지를 만들어놓고 있을 것입니다. 만일 당신이 강연자의 이미지를 만들어놓았다면, 당신은 그 사람의 말을 전혀 듣지 않고 있는 것입니다. 아내를 본다든지 남편을 본다든지 할 때 만들어놓은 이미지를 통해서 사람을 보게 되면 참된 상호 관련이 이루어지지 않습니다. "나는 당신을 사랑한다"고 말해도 그것은 무의미한 것입니다.

우리의 마음이 지금 말한 것과 같은 이미지를 만들지 않도록 할 수 있을까요? 그렇게 하려면 어떤 일이 일어났을 때 또는 어떤 인상을 받는 순간에 마음이 완전히 수의 깊게 되어 있어야 합니다. 간단히 예를 들어봅시다. 당신은 누군가에게서 칭찬을 받게 되면 호감을 갖게 되고, 이 호감이 그에 대한 이미지를 만듭니다. 그러나 당신의 주의력이 대단히 깊게 그 칭찬의 말을 듣는다면, 즉 좋다 싫다 하는 생각을 갖지 않고 그 말을 그대로 전체적으로 듣는다면 이미지가 형성되지 않습니다. 이렇게 하면 모욕을 준 사람마저도 적대시하지 않게 됩니다. 이미지가 생기는 것은 마음이 주의 깊게 되어 있지 않기 때문인 것입니다. 따라서 마음이 어떤 일에든 주의 깊게 되면 개념의 구축 같은 것은 생기지 않습니다. 여러분 스스로 주의 깊게 되어 보십시오. 그러면 간단히 알 수 있을 것입니다. 당신이 나무나 꽃이나 구름을 관찰하는 데에만 완전히 전념한다면, 식물학의 지식이나 좋고 싫은 감정을 관찰하는 대상물에 투영하면서 관찰하지 않을 것입니다. 그저 관찰하십시오——그렇다고 당신보고 나무와 일체가 되라는 뜻은 아닙니다. 당신이 어떻게 나무와 동일한 것이 될 수 있겠습니까? 만일 당신이 아내나 남편이나 친구를 아무런 이미지도 없이 순수하게 관찰한다면, 그 인간관계는 전혀 다른 것이 될 것입니다. 아마 그 때에는 사고가 개입하지 않고 사랑의 가능성이 생길 것입니다.

질문: 사랑과 자유는 공존하는 것입니까?

크리슈나무르티: 자유없이 사랑할 수 있겠습니까? 자유롭지 못하다면 어떻게 사랑을 할 수 있겠습니까? 질투심이 많다면 어떻게 사랑할 수 있겠습니까? 공포심을 지니고 있다면 어떻게 사랑할 수 있겠습니까? 회사에서는 어떤 야심에 불타면서 집에 가서는 "여보, 당신을 사랑해요"라고 말한들 그것이 어디 애정이겠습니까? 회사에서는 잔혹하고 교활하면서 가정에서는 온화하고 사랑스러운 사람이 되려고 노력한들 그것이 가능하겠습니까? 한편으로는 살인을 하고, 또 한편으로는 사랑을 한다는 것이 가능하겠습니까? 야심이 많은 사람

에게 사랑이 있겠습니까? 경쟁심이 강한 남자가 과연 사랑의 의미 따위를 알 수 있겠습니까? 우리는 이와 같은 모든 것을 '사회 도덕'으로 받아들이고 있습니다. 그러나 이 '사회 도덕'이라는 것을 완전히 그리고 모든 면에서 부정해버릴 때, 우리는 참으로 도덕적이 될 수 있습니다――그러나 그것은 그렇게 쉬운 일이 아닙니다. 우리는 사회적인 면에서도 도덕적인 면에서도 '훌륭하게' 되려고 합니다. 그래서 사랑이 무엇인지를 알지 못하는 것입니다. 사랑없이는 진리가 무엇인지 알 수 없으며, 또한 신과 같은 것이 있는지 없는지도 알 수 없습니다. 우리는 과거의 것과 결별할 때, 쾌락(성적이든 어떤 것이든)의 이미지와 결별할 때에만 사랑이 무엇인지를 알 수 있습니다. 사랑은 그 자체가 미덕이고 도덕이며 모든 윤리는 그 안에 있습니다. 그런 사랑이 있는 곳에만 진실이 있으며 헤아릴 수 없이 귀중한 무엇인가가 존재하게 됩니다.

질문: 혼란되어 있는 개인이 모여 사회를 구성하고 있습니다. 당신은 그 사회를 변혁시키기 위해서는 개인은 자기를 떼어놓아야 하며 그 사회에 의존하지 말아야 한다고 주장하고 있는 것입니까?

크리슈나무르티: 개인이 사회가 아닙니까? 당신과 내가 욕심과 야심, 애국심과 경쟁심, 잔혹성과 폭력을 가지고 이 사회를 만들었으며 그것은 우리가 외면적으로 행한 일입니다. 그러나 그것은 또한 내면적인 마음에서 온 것입니다. 따라서 월남전쟁에 대해서 당신도 나도 다 같이 실제로 책임이 있습니다. 왜냐하면 우리는 전쟁을 우리의 생활양식에 포함시켜버렸기 때문입니다. 당신은 우리가 자기 자신을 사회로부터 떼어놓고보면 어떻겠느냐고 말하고 있지만, 당신은 자신을 자신으로부터 어떻게 분리시킬 수 있다고 생각합니까? 당신은 이 혼란된 사회의 일부입니다. 그 안에 있는 추악한 일이나 폭

력으로부터 해방되려면 자기를 사회로부터 분리시키는 것이 아니라 그것을 배워야 합니다. 즉 당신 자신 속에 있는 모든 것을 관찰하고 이해함으로써 폭력적인 모든 것으로부터 해방될 수 있습니다. 당신은 자기를 자기로부터 분리시킬 수는 없습니다. 이 질문은 도대체 '누가' 그런 일을 하는가 하는 문제를 제기합니다. 즉 '누가' '나'를 사회로부터 떼어놓는가? 또는 '누가' '나'를 나로부터 떼어놓는가 하는 의문을 말입니다. 자기를 떼어놓으려고 하는 주체가 바로 이 전체적 혼란의 일원이 아닐까요? 이런 것을——'관찰자'와 관찰되는 사실은 다르다는 것——이해하는 것이 명상입니다. 그것은 자기의 내부로 깊이 들어갈 것을 요구합니다. 그리고 모든 사물과의 관련성——특질, 국민, 이념, 자연과의 관련성을 관찰함으로써 사람은 '마음의 완전한 자유'라는 본질을 획득하게 되는 것입니다.

1969년 3월 20일 런던

제16장 명상에 대하여

'탐구'의 의미, 실천과 통
제에 포함되는 제 문제,
정적의 성질.

나는 지금부터 대단히 중요하다고 생각되는 것에 관해서 이야기하려고 합니다. 이것을 이해하고 있으면 단편화가 없는 생활을 할 수 있으며, 자유롭고 행복하게 행동할 수 있는 것에 관한 것입니다.

우리는 실제 생활에 불만을 갖고 있습니다. 그다지 의미도 없는 천박한 행동을 하고 있는 생활, 따라서 그것에 의미나 의의를 붙여 보려는 생활에 싫증이 났습니다. 그래서 어떤 신비스러운 것을 언제나 탐구하고 있습니다. 그러나 그 탐구는 지적인 활동이고 표면적인 트릭(술책)에 지나지 않아 결국 의미가 없는 것입니다. 우리가 이런 것을 알고 있고, 또한 쾌락은 일시적인 것이고 그것이 끝나면 다시 평범한 일상 생활로 돌아오게 되는 것을 알고 있으며, 우리의 문제의 대부분이 거의 해결될 수 없다는 것을 깨닫고 있어도 소용없는 일입니다. 의지할 만한 것이 없다는 것을 깨닫고 있고, 어떤 전통적인 가치──교사나 지도자의 가르침이나, 교회 또는 사회의 제재 같은 것──를 신뢰하는 일이 없다고 해도 우리의 대부분은 여전히 무엇인가 참으로 가치있는 것은 없을까, 즉 사고가 개입되지 않은 최고의 미라든지 참된 행복 같은 것이 없을까 하고 탐구하며 추구하려 하고 있습니다. 대부분의 우리는 영속성이 있으며 쉽사리 무너지지 않을 그 무엇인가를 추구하고 있다고 생각합니다. 우리는 모두 표면적이고 화려한 것을 제쳐놓고 마음의 깊숙한 곳에서 무엇인가를 갈망하고 있습니다. 정서적이거나 감상적으로써가 아니라 사려 분별로써 헤아려볼 수 없는 무엇인가를 추구하고 있습니다. 그리고 신앙이나 신념의 틀에 들어갈 수 없는 진실에 이르는 길을 추구하고 있습니다. 그러면 이와 같은 탐구나 추구에 어떤 의미가 있을까요?

우리는 지금부터 명상이라는 문제에 대하여 토론해보려고 하고 있지만, 이것은 뜻밖에 까다로운 문제입니다. 그래서 이 문제로 들어가기 전에 먼저 추구한다는 것——경험을 추구해서 진실을 발견하려는 것을 명백히 할 필요가 있습니다. 즉 진리의 추구, 새로운 것을 지적으로 모색한다는 것에 대한 의미를 이해하고 있어야 합니다. 명상의 문제는 시간이 지나면 저절로 알게 되는 문제가 아니며, 또한 인간의 요구나 강제나 절망에 의해서 이루어지는 것도 아닙니다. 도대체 진리가 추구한다고 해서 될 수 있는 것일까요? 설혹 사람이 진리를 발견했다고 해도 그것을 분간할 수 있을까요? "이것이야말로 진리다. 이것이 참된 실재다"고 말할 수 있을까요? 그렇다면 진리의 탐구라는 것은 의미가 있는 것일까요? 신앙심이 강한 사람들은 언제나 진리의 추구라는 말을 쓰고 있습니다. 그러나 우리는 '진리라는 것은 추구할 수 있는 것인가' 하는 것을 문제로 삼고 있는 것입니다. 진리를 추구해서 발견한다는 생각 속에는 그렇게 하면 그것을 알 수 있다는 생각이 동시에 들어 있는 것이 아닐까요? 즉 진리를 발견하게 되면 그것을 알게 되리라는 생각 말입니다. 그런데 '안다'는 말에는 '나는 이미 그것을 알 수 있다'는 암시가 들어 있는 것이 아닐까요? 진리가 이미 경험했다는 의미에서 알 수 있는 것일까요? 그리고 사람들이 "이것이야말로 진리다"라고 말할 수 있는 것일까요? 이렇게 생각을 한다면 진리탐구의 가치는 대체 어떤 것일까요? 또한 만일 탐구에 가치가 없는 것이라면 관찰과 경청을 끊임없이 계속하는 것 자체에만 가치가 있는 것일까요?——물론 관찰은 탐구와 같은 것이 아닙니다. 계속 관찰을 하고 있으면 과거의 반복 같은 움직임은 일어나지 않습니다. '관찰한다'는 것은 명확하게 본다는 의미입니다. 명확하게 보려면 마음이 자유로워야 합니다. 회한, 적개심, 편견, 불평 같은 것에서 풀려나 있어야 합니다. 지식으로 축적해놓은 기억 같은 것을 모두 버리고 보아야 합니다. 그런 때문은 지식이 관찰하는 것을 방해하기 때문입니다. 그리고 자유로운 심경이 되어서 끊임없이 관찰할 수 있게 되면——외적 사항뿐만 아니라 마음속까지 관찰하게 되면——그곳에서 어떤 일이 실제로 진행되고 있는가, 따라서 탐구의 필요성은 무엇인가를 관찰하게 되면, 모든 것이 그 가운데서 나타나게 됩니다. 그리하여 사실 그대로가 '존재하고 있는 것'을 보게 됩니다. 그러나 우리가 이 '존재하는 것'을 무엇인가 다른 것으로 바꾸려고 하는 순간에 왜곡의 과정이 시작됩니다. 이런 왜곡도 없이 아무런 거리낌도 없이 관찰한다는 것, 즉 평가한다든지 쾌락을 찾지 않고 그저 관찰하는 데에서 우리는 '존재하고 있는 것'이 크게 전환되고 있음을 알게 됩니다.

    대부분의 우리는 삶을 지식이나 오락 그리고 정신적인 갈망이나 신념으로 채우려고 하고 있습니다. 그러나 이런 것들은 이미 보아온 것처럼 그다지 가치가 있는 것이 아닙니다. 우리는 세속을 떠나서 무엇인가 초월적인 것을 경험해보고 싶어합니다. 시공(時空)의 제한이 없는 어떤 거대한 것을 경험하고 싶어합니다. 이같이 헤아려볼 수 없는 어떤 것을 '경험하기' 위해서는 사람은 '경험'의 뜻을 이해하지 않으면 안됩니다. 우리는 왜 경험을 구하는 것일까요?

    강연자의 말을 그대로 삼켜버리거나 처음부터 반발한다든지 하지 말고 검토해보십시오. 그리고 강연자라고 해서 반드시 가치가 있는 존재는 아니라는 점도 꼭 인식해주십시오(그것은 마치 전화기와 같은 것입니다. 여러분은 전화기가 말하는 것에 복종하지 않습니다. 전화기에 무슨 권위가 있겠습니까? 여러분은 그저 귀를 대고 듣고 있을 뿐입니다). 만일 여러분이 주의 깊게 듣고 있으면 거기에서 애정이 솟아납니다. 찬성이라든지 반대 같은 것이 아닌, '당신의 주장을 한 번 들어보자, 가치가 있는지 없는지를 검토해보자, 무엇이 진실이고 무엇이 잘못인가를 알아보자!'라는 마음의 상태가 생기게 됩니다. 그대로 받아들이는 것도 처음부터 반발하는 것도 좋지 않습니다. 관찰하며 경청하는 것이 중요합니다. 말을 듣고만 있을 것이 아니라 당신 자신의 반응에 대하여, 당신 자신이 행하는 왜곡에 대하여, 그리고 자신이 만드는 이미지나 경험에 대해서도 세밀하게 관찰해야 합니다. 그리고 이런 것들이 어떻게 경청할 수 없도록 작용하는가 하는 것도 살펴보아야 합니다.

  우리는 '경험의 의의는 무엇인가'를 묻고 있습니다. 경험에는 어떤 의의가 있을까요? 경험을 통해 잠자고 있는 정신을 각성시킬 수 있을까요? 어떤 결론을 얻어 그것에 집착하며 굳어져버린, 신념에 사로잡혀 있는 마음을 계몽할 수 있을까요? 여러 가지 문제나 절망, 비탄으로 조건지어져 있고 무거운 짐을 지고 있는 마음이 경험에 의한 작용에 정말로 호응할 수 있을까요? 만일 그런 호응이 있다고 해도 그것은 불충분한 것이며, 갈등은 피할 수 없는 것이 아닐까요? 한층 더 광범위하고 원대한 경험을 추구한다는 것은 현재에 '존재하고 있는' 우리 자신과 그 마음의 실태로부터의 일종의 도피인 것입니다. 명석하게 각성된 마음과 지적이며 자유로운 정신이 있다면, 무엇 때문에 '경험' 따위를 가지려고 하겠습니까? 빛은 빛입니다. 그러므로 더 많은 빛을 달라고 요구할 필요가 없습니다. '경험'의 확대를 바란다는 것은 실제에 있어 '존재하는 것'으로부터의 도피인 것입니다.

  우리가 끊임없이 하고 있는 탐구로부터 풀려나고 어떤 특별한 것을 경험해보겠다는 욕망이나 욕구로부터 해방되었을 때, 우리는 한 걸음 더 나아가서 명상이 무엇인지를 이해하게 됩니다. 이 명상이라는 말에도 사랑, 죽음, 아름다움, 복 따위의 여러 가지 의미가 붙어 있습니다. 또한 명상하는 방법에 관해서 가르치고 있는 여러 종파도 있습니다. 그러나 명상이 무엇인지를 이해하려면 사람은 바른(명상이라고 하는) 행동의 기초를 닦아야 합니다. 그 기초가 없으면 실제에 있어 명상이라는 것은 자기 최면법의 하나의 형식에 불과하게 됩니다. 따라서 노여움, 질투, 선망, 탐욕, 소유욕, 증오, 경쟁, 성공욕과 같은, 세상에서는 바른 것으로 간주되고 있는 모든 훌륭한 행동양식을 버리지 않으면 안됩니다. 이런 기초가 없으면——실제적인 일상 생활에서 개인적인 공포, 걱정, 탐욕과 같은 왜곡에서 벗어나지 않고서는 명상이라고 해도 아무런 의미가 없습니다. 따라서 이와 같은 명상의 기초를 닦는 것이 가장 중요합니다. 그래서 사람은 "미덕이란 무엇인가?", "도덕이란 무엇인가?" 하고 묻게 됩니다. 이런 질문은 부르주아적인 것이며 자유롭고 해방된 사회에서는 의미가 없는 것이라고 지금은 제발 말하지 마십시오. 우리는 그와 같은 사회의 일들을 취급하고 있는 것이 아니기 때문입니다. 우리가 다루고 있는 것은 공포에서 벗어나 깊고 영속적인 사랑을 할 수 있는 인생 문제입니다. 사랑이 없으면 명상은 편향되어 이탈해버립니다. 그것은 마치——많은 사람들이 하고 있는 것같이——마약을 먹고 이상한 경험을 하는 것과 마찬가지로 겉보기만 그럴 듯한 쓸데없는 짓입니다. 물론 사람이 마약을 먹게 되면 이상한 경험을 갖게 되는 것은 확실합니다——한층 더 풍부한 색채도 느끼게 됩니다. 어느 정도 감수성도 커집니다. 즉 약의 힘으로 감수성이 민감해져서 '관찰자'와 '관찰물'의 거리가 없어지고 사물과 일체화될 수도 있습니다. 그러나 일단 약의 작용이 끝나면 그들은 다시 공포와 지루한 상태로 되돌아갑니다. 언제나 똑같은 그 평범한 상태로 되돌아갑니다. 그래서 그들은 또다시 약을 먹게 되는 것입니다.

따라서 덕의 기초를 쌓지 않으면 명상은 마음을 통솔하는 교활한 수단으로 타락해버립니다. 즉 마음을 무리하게 평정시키고 '이것을 하게 되면 보상을 받는다'고 약속해주는 체제의 틀에 자신의 마음을 합치시키는 수단에 불과하게 됩니다. 그러나 이런 마음은 어떤 방법이나 체계가 제공된다 하더라도 여전히 작고 자질구레한 제약을 받게 되며, 가치없는 것으로 끝나버립니다. 그러므로 인간은 '덕이란 무엇인가, 행동이란 무엇인가' 하고 묻지 않으면 안됩니다. 행동이란 환경적 제약――우리가 자라난 사회나 문화에서 받는 제약의 결과일까요? 즉 여러분은 단순히 그 사회의 제약을 따르기만 하면 되는 것일까요? 그런 것이 미덕일까요? 혹은 참된 덕이라는 것은 탐욕 같은 여러 가지 요소에 기인한 '사회 도덕'――이것이 대단히 '훌륭'한 것인 듯 보이지만――을 벗어난 자유 속에 있는 것일까요? 또한 덕이란 양성할 수 있는 것일까요? 비록 그것이 양성된다고 해도 그것은 기계적인 것으로 되어, 그 때문에 덕이라고 할 수 없는 것이 되어버리지는 않을까요? 덕이라는 것은 계속 살아 움직이면서 항상 자기를 개선해나가는 것입니다. 이것은 그 즉시로 정리해서 마무리 지을 수 없는 것입니다. 덕을 양성하라고 하는 것은 겸손이라는 덕을 양성하라고 하는 것과 같은 것입니다. 겸양의 덕이 양성할 수 있는 것일까요? 겸양을 '양성하는' 것은 공허한 사람만이 하는 것입니다. 어떤 것을 양성하더라도 그 사람 자신은 여전히 공허한 존재임에는 변함이 없습니다. 그러나 그런 것을 지켜보고 있으면 인간의 허영으로부터 자유로워집니다. 그리고 거기에서 겸허한 덕이 솟아납니다. 이런 점을 명확하게 해놓고 명상이란 무엇인가 하는 문제로 들어가보도록 합시다. 그러나 만일 진지하고 신중하게 명상에 들어가는 것이 아니라면――하루나 이틀만 해보고 포기해버릴 것이라면――명상이란 말은 입 밖에도 내지 않는 것이 좋을 것입니다. 또한 여러분이 자기 나름대로의 진리――이것은 자신의 투영이지만――를 탐구하거나 모색하거나 갈망하거나 그것에 집착하는 것을 그만두지 않는 한, 그것은 좀처럼 이해할 수 없는 것입니다. 그것은 '경험'을 더 이상 요구하지 않고 자기 주변의 혼돈이나 자기 인생의 무질서를 이해했을 때 비로소 도달할 수 있는 것입니다. 이 무질서를 관찰하는 가운데 질서가 생깁니다. 설계도 같은 것은 아니지만 이와 같은 경로를 통해서——이 경로 자체가 명상이라는 것인데——우리는 명상이란 어떤 것인가 하는 것뿐만 아니라 명상은 이런 것이어서는 안된다 하는 것까지도 물을 수 있게 됩니다. 왜냐하면 거짓된 것을 부정하는 데서 진리는 명백해지게 되기 때문입니다.

예를 들면 명상을 가르치는 방법론이라는 것은 분명히 거짓된 것입니다. 그 이유는 지적이나 논리적으로 명백합니다. 예컨대 여러분이 어떤 일을 어떤 방법에 따라 실천했다고 합시다. 그러나 그 방법이 아무리 고귀하고 전통있는 것이라고 해도, 혹은 근대적이며 인기있는 것이라고 해도 당신은 자기를 기계적으로 만드는 것이며, 또한 단순히 되풀이하면서 그것을 습득하려고 하는 것이기 때문에 그것은 쓸데없는 것입니다. 명상에 있어서는 목적과 수단을 분리할 수 없습니다. 이에 대하여 방법론이라는 것은 어떤 결과를 기대하도록 하는 것이기 때문에 목적에 대한 수단이 됩니다. 수단이 기계적인 것이면 그 목적도 역시 기계에 의해 만들어진 것이 되어버립니다. 그리고 기계적인 마음은 '나는 무엇인가를 손에 넣고야 말겠다!'는 식으로 되어버리는 것입니다. 사람은 방법론이라든지 체계 같은 것으로부터 완전히 벗어나 있어야 합니다. 그렇게 하는 것이 곧 명상의 시작입니다. 여러분은 이미 허위적이고 무의미한 것을 부정하기 시작했습니다. 다시 말해서 '자각'을 연습하려고 하는 사람들이 있습니다. 그런데 당신은 자각이라는 것을 연습할 수 있다고 생각합니까? 만일 자각을 연습하는 사람이 있다면, 그 사람은 이제까지 주의력이 부족했다고 하지 않을 수 없습니다. 따라서 주의력이 깊어지려고 연습하기보다는 충분히 주의하지 않는 것을 자각하도록 해야 합니다. 자신의 주의력이 부족하다는 것을 자각하게 되면 그 자각으로부터 주의 깊은 태도가 생겨납니다. 그러므로 당신은 주의력이 깊어지는 어떤 연습도 할 필요가 없는 것입니다. 이것만은 부디 이해하여주기 바랍니다. 이것은 간단 명료한 것입니다. 따라서 미얀마라든지 중국이라든지 인도까지 가서 수업을 하려고 생각할 필요는 없습니다. 그런 곳으로 가서 수업한다는 것은 낭만적으로 들릴지는 모르지만, 과히 실제적인 것은 못됩니다. 마침 생각나는 이야기를 하나 해봅시다. 내가 인도에 있을 때 몇 사람과 함께 차로 달리고 있었습니다. 나는 운전사 옆자리에 앉고 세 사람은 뒤에 앉아 자각이라는 문제에 대해 얘기를 나누고 있었습니다. 이 세 사람은 자각이란 무엇인가에 대하여 나와 의논하고 싶었던 것 같았습니다. 차는 막 달리고 있었습니다. 그런데 그때 한 마리의 산양이 길 위에 나와 있다가 운전사의 부주의로 그만 차에 치었습니다. 그러나 세 사람은 자각이란 무엇인가 하는 문제에 몰두하고 있어서 밖에서 무슨 일이 생겼는지를 모르고 있었습니다. 여러분은 웃을지도 모르겠지만 이와 똑같은 일을 우리는 저지르고 있는 것입니다. 자각이라는 이념을 지적으로 다루는데, 즉 의논이나 말로 논리를 탐구하는 데 마음을 빼앗기고 실제로 눈앞에서 일어난 일은 자각하려고 하지 않고 있습니다.

살아간다는 것을 제외하고는 연습이라는 것은 없습니다. 따라서 다음으로 '사상을 통제하려면 어떻게 하는 것이 좋을까?' 하는 문제가 생깁니다. 사고는 공간을 정처없이 떠돌고 있습니다. 어떤 것으로부터 다음 것으로 옮겨 다닙니다. "마음을 집중하여 생각하라"고 많은 사람들이 말합니다. 그러나 사고는 다른 방향으로 움직여갑니다. 그래서 당신은 사고의 궤도를 바로잡으려고 합니다. 이렇게 해서 반역과 통제 사이에서 밀고 당기는 갈등이 일어나게 됩니다. 따라서 다음과 같은 질문이 제기되는 것은 당연한 것입니다──'도대체 사고의 통제라는 것이 있을 수 있는 것인가? 사고를 통제하려고 하는 주체는 무엇인가?' 이 점을 명확하게 파악해주십시오. 이와 같은 현실적인 문제를 이해하지 못하면 명상이 어떤 것인지도 모르게 되기 때문입니다. '사고를 통제해야겠다.'고 말할 때 그 통제자나 검열관은 누구일까요? 검열관이라고 하면, 그는 통제하며 개조하려고 하는 당사자와는 다른 존재일까요? 둘 모두 서로 같은 존재가 아닐까요? '사고자'와 사고는 하나입니다. '경험자'와 경험 내용이 하나라는 것을 이해하게 되었을 때는 어떻게 될까요? 문제의 소재를 알겠습니까? 사고자와 사고는 하나입니다. 그러나 사고는 방황합니다. 그래서 사고자는 자기가 사고를 분리시켰다고 생각하고 '사고를 통제해야겠다'고 말하게 되는 것입니다. 사고자와 사고는 다른 것일까요? 아니, 사고가 없는 곳에 사고자가 있을 수 있겠습니까?

　사고자와 사고가 하나라는 것을 이해하게 되었을 때는 어떻게 될까요? 사고자는 사고 자체에 불과하며 관찰자는 관찰물과 동일하다면 어떻게 될까요? 여기에서는 분리와 분열이 일어나지 않습니다. 따라서 갈등도 생기지 않습니다. 동시에 사고는 통제되거나 개조될 필요가 없습니다. 그러면 어떻게 될까요? 사고가 일탈(逸脫) 할까요? 이전에는 사고의 통제가 있었으며 집중적으로 생각하려고 했었습니다. 사고를 통제하려는 '사고자'와 일탈하려고 하는 사고가 서로 대립했었습니다. 이 싸움은 누구에게서나 일어나고 있습니다. 그런데 갑자기 '사고자'와 사고는 하나라는 것을 말로써만이 아니라 실제로 이해하고 체득했다면 어떻게 될까요? 그래도 사고가 일탈하는 일이 있을까요? 사고를 검열하려고 하는 것은 '관찰자'가 사고 내용과 서로 틀릴 때에만 생기는 것입니다. 즉 이 두 존재가 서로 틀린 때에는 '이것이 옳다, 저것이 틀렸다'든지 '사고가 일탈하기 때문에 통제할 필요가 있다'고 하게 됩니다. 그러나 사고자가 사고와 하나라는 것을 체득하게 되면 일탈이라는 것은 있을 수 없지 않을까요? 잘 생각해보십시오. 내 말을 그대로 삼키지 말고 스스로 생각하고 이해하십시오. 대립이 생기는 것은 저항이 있기 때문입니다. 저항은 사고자가 사고 자체와 분리되었을 때 생기는 것입니다. 사고자가 사고와 하나라는 것을 체득했을 때에는 저항이 생기는 일도 없으며, 사고가 일탈해서 딴 일을 저지르는 일도 없습니다.

　이렇게 되면 사고의 통제와 집중이라는 생각 전체가 크게 변화합니다. 그리고 그것은 깊은 주의력이라는 전혀 다른 것으로 됩니다. 만일 사람이 어떤 일에 주의한다는 행위의 본질을 이해한다면, 그것이 사고의 집중과는 전혀 다르다는 것을 발견하게 될 것입니다. 집중이라는 것은 배타적이고 배제적이기 때문입니다. 그리고 여러분은 다음과 같이 물을 것입니다. 사고를 집중시키지 않고 무엇을 할 수 있겠는가, 어떤 일을 수행하려면 사고의 집중이 필요하지 않겠는가 하고 말입니다. 그러나 여러분의 주의력이 깊다면 어떤 일이든 수행할 수 있지 않을까요? 주의력이 깊다는 것과 집중은 다른 것입니다. 주의한다는 것은 어떤 것과 함께 있다는 것이며, 당신의 전존재로써 관찰하며 경청한다는 것입니다. 육체, 신경, 눈, 귀, 정신, 감각을 모두 동원하는 것입니다. 이와 같이 전체적인 주의를 할 수 있게 되면, 이미 단편화는 없어지고 당신은 무엇인가를 성취할 수 있게 될 것입니다. 그같이 깊은 주의력 앞에서는 저항이 생기지 않습니다. 따라서 다음 질문은 아래와 같은 것이 될 것입니다――'마음은 평정해질 수 있을까?' 이 마음에는 두뇌도 포함됩니다. 두뇌는 몇만 년의 진화된 결과이고 기억으로 뭉쳐진 덩어리며 여러 가지로 조건지어져 있는데, 이런 것을 포함한 인간의 마음이 평안을 가질 수 있을까요? 인간의 마음은 평정할 때에만 혼란이 없이 명확하게 지각하며 관찰할 수 있습니다. 그러면 인간의 마음은 어떻게 하면 평정을 얻을 수 있을까요? 아름다운 나무나 광채가 나는 구름 같은 것을 감상하려면 조용히 남김없이 관찰하지 않으면 안됩니다. 이런 것은 스스로 알겠지요? 그렇지 않다면 당신은 직접 관찰하고 있지 않는 것입니다. 어떤 이미지를 만들어내서 그것을 통하여 관찰하고 있는 것입니다. 즉 쾌락의 이미지나 어제의 경험에 대한 기억과 같은 안경을 통해서 보고 있는 것이므로 실제로 보고 있는 것이 아닌 것입니다. 사실을 본다기보다는 이미지를 보고 있는 것입니다.

 따라서 두뇌를 포함하여 마음 전체가 평정해질 수 있을까요? 과거에도 많은 사람들이 진지하게 이 문제를 다루어왔습니다. 그들은 스스로 직접 이 문제를 해결할 수 없었기 때문에 책략도 써보았습니다——그들의 말은 어떤 말을 반복하게 되면 마음을 평정시킬 수 있다는 것입니다. 여러분은 이런 것을 시도해본 일이 있습니까? '아베 마리아'나 인도의 경전에 있는 '성어(聖語)'를 복창하게 되면 마음이 평정해진다는 것입니다. 복창되는 말은 리드미컬한 것이라면 무엇이나 다 좋기 때문에 '코카콜라'라는 말도 좋을 것입니다. 아무튼 그들은 마음이 가라앉는다고 합니다. 그러나 그럴 경우의 마음은 오히려 둔화된 마음으로서, 감수성이 있고 각성되어 생생하게 정열적으로 활발히 행동하는 마음과는 다른 것입니다. 그러므로 누군가가 "초월적이며 훌륭한 경험을 얻었다"고 말한다 해도 그것은 둔화된 마음의 자기 기만에 불과한 것입니다.

 따라서 마음의 평정은 성어의 복창이나 노력으로는 얻을 수 없는 것입니다. 마음의 평정에 도달하려고 종래에는 여러 가지 술책이 시도되었습니다. 그러나 사람의 마음의 깊은 곳에서 마음이 평정하게 되었을 때는 그런 낡은 수단은 소멸되고 진실에 대한 지각이 눈을 뜨게 되는 것을 깨닫게 됩니다.

 두뇌를 포함해서 인간의 마음은 정말 어떻게 해야 완전히 평정해질 수 있을까요? 호흡을 정돈하고 복식호흡에 익숙해지면 혈관속으로 깊숙이 산소를 보낼 수 있기 때문에 좋다는 사람도 있습니다. 날마다 이런 연습을 해서 상당한 효과를 올릴 수도 있겠지만, 그럴 때의 마음이란 여전히 겉치레에 불과한 소심(小心)임에는 변함이 없습니다. 요가 훈련은 어떨까요? 물론 여기에도 여러 가지 효용있는 것이 포함되어 있습니다. 요가라는 것은 행동의 기술로서 단순한 건강법, 즉 육체를 건강하고 민감하게 하는 체조가 아닙니다. 이것은 그 밖의 바른 식사법――육식을 피하고 과식을 금하는 것도 포함됩니다(그러나 지금 이 문제로 들어가지는 맙시다. 여러분은 채식주의자가 아닐 테니까 말입니다). 행동의 기술이라면 육체가 대단히 민감해야 합니다. 몸이 경쾌해지려면 혀로 보는 맛에 현혹되지 말고, 또한 습관에 빠지지 말고 바른 식사를 할 필요가 있습니다.

다음으로는 어떻게 하는 것이 좋을까요?――대개 이런 질문을 하는 사람은 어떤 부류의 사람일까요? 사람은 자신의 생활이 내면적이든 외면적이든 정돈되어 있지 않다는 것을 깨닫고, 수학의 법칙과도 같은 정연한 질서를 찾고 있습니다. 그러나 이 질서는 무질서를 관찰하는 것에 의해서만 가져올 수 있는 것이지 타인이, 아니 당신 자신이 생각하고 있는 질서의 청사진에 자기를 합치시키려고 노력함으로써 초래되는 것은 아닙니다. 혼돈을 지켜보며 그것을 자각하는 데서 질서가 생깁니다. 사람의 마음은 고요하고 감수성이 풍부하며 각성된 상태에서 외적이든 내적이든 나쁜 버릇에 빠지지 말아야 합니다. 이런 마음의 상태를 어떻게 하면 달성할 수 있을까요?――이런 질문을 하는 사람은 어떤 부류의 사람일까요? 복잡한 마음의 소유자나 지식 속에 파묻혀 있는 사람들이 제기하는 것이 아닐까요? 그런 마음이 신선한 어떤 것을 배울 수 있을까요? "마음이 평정할 때에만 사물을 명확하게 볼 수 있다"라고 말하면, "그러면 어떻게 해야 그 마음을 평정시킬 수 있는가?" 하고 묻습니다. 이런 질문은 그 자체가 잘못된 것입니다――마음이 '어떤 방법으로' 체계를 탐구할 것인가 하고 묻는 순간 질문의 대상인 그 자체가 파괴되어버립니다. 즉 마음이 기계적이거나 강제적이 아니라 자연적으로 정적에 도달하려면 어떻게 해야 좋은가 하는 물음에서는 방법론을 물어서는 안됩니다. 강제에 의하지 않고 정적에 도달한 마음은 극히 행동적이며 감수성이 풍부하고 각성되어 있지만, 일단 '어떤 방법으로'라고 묻게 되면 관찰자와 관찰물과의 사이에 분열이 일어납니다.

따라서 마음을 정적하게 하는 데 쓸 수 있는 방법이나 체계, 지도자, 교사 같은 것은 있을 수 없다는 것과 마음이 정적해짐으로써 비로소 사물을 볼 수 있게 된다는 진리를 여러분이 이해하게 되었을 때, 마음은 참된 정적을 갖게 됩니다. 그것은 마치 위험을 알고 회피하는 것과 같은 것입니다. 이와 같은 방법으로 마음의 정적은 자각에 의해서 달성되는 것입니다.

그러나 정적이라고 해도 그 질이 문제입니다. 아주 좁은 마음일지라도 차분하고 조용한, 작은 공간을 갖게 되면 평안해질 수가 있습니다. 그러나 그와 같이 평안하고 차분한 경지는 죽음의 정적과도 같은 것입니다. 알겠습니까? 무한하게 해방된 지평(地平)을 갖고 있는 마음은 정적이라는 점에서는 같은 것이지만, '나'라든지 '관찰자'를 중심점에 올려놓지는 않습니다. 이 점이 다릅니다. 후자에 있어서는 '관찰자'의 지위라는 것이 없습니다. 그리고 그 정적의 특질은 광활한 지평을 가지는 데 있습니다. 그것은 한계가 없고 극히 행동적입니다. 이 정적의 행동성은 자기 중심적인 행위와는 다른 것입니다. 그래서 우리의 마음이 이런 경지에 도달한다면(실제로 특별한 경지가 있는 것이 아니고 여러분이 관찰 방법을 알고 있으면 언제나 거기에 있는 것입니다), 인간이 몇천 년 동안 추구해온 일——헤아려볼 수도 없고 명칭도 없으며 시공의 제한이 없는 절대자라든지 진리라든지 하는 것이 어느 사이에 그곳에 있을 것입니다. 따라서 그와 같은 사람은 축복받은 존재이며, 그는 진리와 참된 행복을 성취한 것입니다.

그러면 지금까지 말한 것에 대하여 이야기해봅시다. 질문없습니까? '지금 말한 것이 일상 생활에 있어 어떤 가치가 있는가?' 하고 물을지도 모르겠습니다. '나는 살아야 한다. 그 때문에 회사에 다녀야 한다. 가족이 있고 상관도 있다. 그리고 경쟁도 심하다. 도대체 당신의 말은 이런 현실과 어떤 관계가 있단 말인가?' 하는 식의 질문도 있을지 모르겠습니다. 그러나 그와 같은 질문을 하는 사람은 오늘 아침에 내가 한 말을 따라오지 않은 사람입니다. 명상이라는 것은 매일의 생활과 동떨어진 곳에 있는 것이 아닙니다. 방 한쪽 구석에 가서 10분 동안 명상하고 그 방에서 나와서 '고기장수'가 된다――이것은 하나의 비유지만 사실입니다. 명상은 대단히 진지한 일의 하나입니다. 당신은 매일 실천해야 합니다. 회사에 있든 가족과 함께 있든 "나는 네가 좋아"라고 속삭이고 있을 때든 아이들 생각을 하고 있을 때든 언제나 명상은 필요한 것입니다. 그렇지 않으면 아이들을 교육시켜서 군인으로 만들고 살육, 애국, 국기 숭배와 같은 경로를 밟게 할 것입니다. 즉 아이를 훈련시켜 뻔히 알면서도 현대 사회의 함정 속으로 유도하게 됩니다. 이런 사태를 관찰하고 그곳에서 수행해야 할 당신의 역할을 자각하는 것――이런 일 모두가 명상의 요소인 것입니다. 당신은 그와 같은 명상을 할 때 대단히 아름다운 것을 그곳에서 발견하게 될 것입니다. 당신은 순간순간을 바르게 살아갈 수 있을 것입니다. 어느 순간 잘못하는 일이 있어도 당신은 즉시 바른 길로 들어서서 수정할 수 있을 것입니다. 우물쭈물하면서 시간을 낭비하지는 않을 것입니다. 명상은 인생의 일부이며 인생과 동떨어져서는 존재할 수 없는 것입니다.

질문: 인간의 나태함에 대하여 말해주십시오.

크리슈나무르티: 우선 왜 나태하면 안된다는 것입니까? 나태와 여가를 혼동하지 마십시오. 그런데 유감스럽게도 우리의 대부분은 나태하고 태만합니다. 그래서 기운을 차리려고 노력하지만, 이것이 오히려 나태에 박차를 가합니다. 태만하지 않으려고 저항하게 되면 그

만큼 더욱 태만해집니다. 그러면 태만이라는 현상을 관찰해봅시다. 가령 아침에 일어나면 기운이 없어서 아무것도 하기 싫다는 것을 관찰해봅시다. 왜 육체가 나태해졌을까요? 아마 그 사람이 그 전날 낮이나 밤에 행한 일――과식이라든지 지나친 성적 교섭 같은 것――이 몸을 고달프게 했을 것입니다. 그래서 육체는 '제발 잠깐 동안만 나를 내버려둬!' 하고 소리칩니다. 그런데 사람들은 이 육체를 혹사시키며 행동하고 있습니다. 그러나 생활의 궤도는 고쳐지지 않습니다. 그러므로 행동을 할 수 있게 하기 위하여 약을 먹습니다. 그런데 이런 사실들을 관찰할 수 있게 되면, 사람의 육체에는 고유의 지성이 구비되어 있음을 알게 됩니다. 그러나 육체에 구비되어 있는 이 지성을 안다는 것 또한 상당히 높은 지성을 필요로 합니다. 아무튼 사람들은 신체를 혹사시키고 있습니다. 육식을 하고 술을 마시고 담배를 피웁니다. 그 결과 어떻게 된다는 것은 말할 필요도 없습니다. 이와 같이 육체는 그 자신에 구비되어 있어야 할 유기체의 내재적인 지혜를 잃어갑니다. 육체가 현명하게 활동하도록 하기 위해서는 마음이 현명해져 육체를 방해하지 말아야 합니다. 그렇게 해보십시오. 게으른 태도가 크게 변해가는 것을 알게 될 것입니다.

다음으로 여가라는 문제가 있습니다. 특히 부유한 사회에서 사람들은 더욱더 많은 여가를 가질 수 있게 되었습니다. 여가가 생기면 사람들은 무엇을 할까요? 이것이 큰 문제입니다. 지금보다도 더 많이 놀러 다닙니다――영화, 텔레비전, 좋아하는 독서, 잡담, 요트, 크리켓 등 여러분도 잘 알 것입니다. 여가를 이런저런 오락으로 몽땅 채워버립니다. 교회에서는 여가를 하나님으로 채우라고 할 것입니다――교회에 나와 예배를 드리라고 권합니다. 그러나 이런 것도 성직자들이 전부터 사용해온 책략일 뿐, 별것이 아닙니다. 오락의 한 변형에 불과합니다. 그리고 이러쿵저러쿵 쓸데없는 잡담으로 여가를 보내는 사람도 있을 것입니다. 여러분은 여가를 어떻게 보냅니까? 외향적으로 보냅니까, 아니면 내향적으로 보냅니까? 인생은 물론 내면 생활만이 전부는 아닙니다. 인생은 움직임이며 큰 파도가 밀려들어왔다가는 다시 밀려나가는 것과 같은 것입니다. 당신은 여가를 어떻게 보냅니까? 지식을 몸에 담고 책에 통달하려는 것으로 보냅니까? 강연을 하며 돌아다닙니까? (유감스럽게도 나도 그 중의 한 부스러기입니다.) 또는 내부로 침잠합니까? 내부로 깊이 침잠하기 위해서는 외면의 것도 이해하고 있어야 합니다. 외면을 더욱 많이 이해하여야 내부로 깊이 들어갈 수 있습니다. 여기에서 외면이라고 하는 것은 지구와 달 사이의 거리와 같은 기술적인 지식을 말하는 것이 아니라 사회적으로 나타나는 현상――국가, 전쟁, 증오에 관한 지식을 말하는 것입니다. 이런 외면을 이해하게 되면 당신은 깊게 내부를 탐구할 수 있게 됩니다. 그런데 여러분은 설마 "나는 궁극점에 도달했다. 이것이 깨달음이다!"고는 말하지 않겠지요? 깨달음은 타인이 주는 것이 아닙니다. 깨달음은 혼돈을 이해했을 때 생기는 것이지만, 이 혼돈을 이해하기 위해서는 사람은 그것을 관찰해야 합니다.

질문: 당신은 사고하는 사람과 사고 내용이 분리되어 있다고 했습니다. 그래서 사고를 통제하려 하게 되고, 그 결과로서 마음의 내부에 대립과 갈등이 점점 더 커진다고 했습니다. 그리고 그런 방법으로는 마음을 정적하게 할 수 없다고 했습니다. 그런데 사고하는 사람과 사고 내용 사이의 분열은 도대체 왜 생기는 것입니까? 사고가 왜 그 자신에 대해 투쟁하는 것일까요?

크리슈나무르티: 이 두 존재가 실제로는 하나여야 하는데, 분열이 생기는 것은 무엇 때문일까요? 당신의 경우도 그렇습니까? 사고하는 사람과 사고 내용이 같은 것이라는 것은 사실입니까, 아니면 사

실은 그렇지 않지만 그 두 가지는 같아야 한다고 생각하는 것입니까? 이런 문제를 이해하기 위해서는 대단한 정신력이 필요합니다. 나무를 보고 있을 때 보고 있는 '나'와 보이고 있는 '나무' 사이에 분열을 일으키지 않기 위해서는 이런 정신력이 있어야 합니다. 커다란 정신력이 있으면 양자 사이에 분열도 생기지 않고 갈등도 일어나지 않습니다. 통제에 의해서가 아닙니다. 대부분의 사람들은 마음을 통제하려고 노력하면서 양자의 분리와 갈등을 불러 일으키고 있습니다.

질문: 왜 인간은 그렇게 어려운 존재일까요?

크리슈나무르티: 그 이유는 인간의 마음이 복잡하기 때문입니다. 그렇지 않습니까? 인간은 복잡한 마음을 갖고 있기 때문에 사물을 단순하게 관찰할 수 없는 것입니다. 그리고 사회도 사람의 마음과 같이 발전해가면서 점점 복잡해지고 있습니다. 그런데 복잡한 사물을 이해하기 위해서는 사람은 그 반대로 단순해야 합니다. 복잡하고 착잡한 문제를 이해하려면 그 문제 자체를 착실하게 관찰해야 합니다. 그것도 조사한다든지 검토하는 식이어서는 안됩니다. 결론, 해답, 가설, 이론 같은 것을 제외시켜놓고 관찰하는 것이 중요합니다. 그리고 해답이 그 문제 속에 잠재해 있다는 것을 알게 되면 마음이 매우 단순해집니다. 이런 경우에 단순함은 복잡한 문제 쪽에 있는 것이 아니고 관찰하는 행위 속에 존재하는 것입니다.

질문: 사물 전체――즉 보는 것을 전체로서 파악하려면 어떻게 하는 것이 좋을까요?

크리슈나무르티: 사람들은 사물을 단편화하여 보는 것에 익숙해져

있습니다. 예를 들면 나무나 아내나 회사나 상관을 자신과는 다른 존재로 분리해서 보고 있습니다. 그러나 자신이 그 일원인 그 세계를 부분으로 나누지 않고 전체 그대로를 관찰하는 것, 이것이 중요한데, 어떻게 하면 그렇게 할 수 있을까요? 부디 잘 들어주십시오. 이 물음에 대답하는 것은 누구입니까? 어떻게 관찰해야 한다는 것을 말해주는 것은 누구입니까? 강연자입니까? 당신은 질문을 제기하고 그 해답을 기다리고 있습니다. 누구로부터의 해답입니까? 질문이 진지하다면——나는 당신의 질문이 틀렸다고 말하는 것은 아닙니다——참으로 진지하다면 그 문제란 무엇일까요? 그 문제는 '나는 단편화하여 관찰하는 것에 익숙해져 있기 때문에 사물을 전체로서 볼 수가 없습니다!'라는 것입니다. 그러면 어떤 때에 우리의 마음은 사물을 단편화하는 것일까요? "아내는 사랑하고 상관은 미워마라!" 이 말을 알겠습니까? 아내를 사랑한다면 동시에 누구나 다 사랑하지 않으면 안됩니다. 당신은 입으로는 그렇게 말하지 않지만 가족을 그다지 사랑하지 않는 것이 아닐까요? 만일 당신이 아내와 아이들을 정말로 사랑한다면 자녀의 교육도 달라질 것이고 당신이 마음을 쓰는 것도 달라질 것입니다. 물질적으로 그렇게 된다는 것이 아닙니다. 사랑이 있는 곳에서는 분열이 일어나지 않습니다. 알겠습니까? 증오가 있을 때 분열이 생기며 걱정, 탐욕, 선망, 잔혹, 파괴가 수반됩니다. 그러나 사랑이 있다면——의식 면의 사랑으로는 안됩니다. 사랑은 말이 아닙니다. 또한 그것은 쾌락도 아닙니다——진정한 사랑이 있다면 쾌락도 성(性)도 각각 다른 양상을 띠게 됩니다. 그런 사랑 속에는 분열이 없습니다. 공포가 있으면 분열이 일어납니다. 당신이 진정으로 사랑할 때에는 '나'라든지 '너'라든지 '우리' 또는 '그들'이라는 구별이 없을 것입니다. 그런데 여러분은 "사랑하는 것은 어떻게 배워야 하는가? 그 사랑의 향기는 어떻게 손에 넣어야 되는가?" 하고 질문할 것입니다. 그 질문에 대해서는 단 하나의 해답밖에 없습니다——스스로 관찰하십시오. 자신을 관찰하십시오. 자신을 책망하는 것이 아니라 그저 관찰하는 것입니다. 있는 그대로를 보게 됨으로써 당신은 그 귀중한 사랑을 얻게 될 것입니다. 그러나 무관심하게 보아서는 안되며, 정신을 집중해서 열심히 관찰해야 합니다.

1969년 3월 23일 런던

제7부 대화편

제17장 폭 력

폭력이란 무엇인가? 심리적 폭력의
근저에 있는 것, 관찰의 필요성,
깊은 주의력의 결여.

크리슈나무르티: 지금부터 토론회를 가지려고 하는 목적은 이야기를 나누면서 자기 자신을 창조적으로 관찰하며 응시하려고 하는 것입니다. 토론하고 싶다고 생각하는 문제에 관해서 모든 참가자들이 다소간의 공헌을 해주었으면 좋겠습니다. 그리고 이런 기회에 부디 솔직하게 의견을 교환해주었으면 합니다. 솔직하게 말한다고 해서 다른 사람의 저속함이나 그 지력을 트집잡거나 들추어내서는 안됩니다. 각자가 자신의 문제에 대하여 내용이 있는 발언으로 첨가해주기 바랍니다. 우리가 느끼고 있는 것, 검토하고 싶다고 생각하는 것을 서로 이야기한다는 행위 자체 속에 새로운 것을 지각할 수 있는 감각이 충만해 있어야 합니다. 그리고 그렇게 되어야만 우리는 낡아빠진 것을 되풀이하는 것이 아닌, 창조적인 것을 찾아낼 수 있고 자기를 말로 표현하는 동시에 자아의 발견 속에서 새로운 것을 찾아낼 수 있습니다. 이때에야 비로소 우리의 토론은 가치가 있게 될 것입니다.

질문(1): 인간의 에너지와 그것이 낭비되고 있다는 문제를 좀 더 구체적으로 말해주시겠습니까?

질문(2): 당신은 폭력에 대하여 말했었습니다. 전쟁의 폭력, 타국민을 취급할 때의 폭력, 타민족을 보면서 생각할 때의 폭력 등에 내해서 말입니다. 그런데 자기 방어를 위한 폭력에 대해서는 어떻게 생각합니까? 만일 늑대를 만났다면, 나는 전력을 다해서 자신을 방어할 것입니다. 우리 마음의 한쪽 부분은 폭력적이면서 다른 부분은 그렇지 않을 수 있을까요?

크리슈나무르티: 폭력에 관해서는 간단히 이야기했었습니다. 폭력 중에는 사회의 특정한 (문화) 형태나 도덕(관습)에 자기를 억지로 순응시키려고 하는 폭력도 있습니다. 그러나 이것과는 달리 자기 방어(자기 보존)라는 문제도 있습니다. 이 자기 방어(때로는 폭력이 요구됩니다)와 다른 형태의 폭력 사이의 경계선은 어디에 있을까요? 여러분은 이 문제를 검토해보고 싶습니까? (모두가 그렇다고 대답한다.)

그러면 먼저 심리적인 폭력의 여러 가지 형태에 대하여 이야기하고 난 다음에, 공격을 받았을 때의 자기 방어라는 것의 위치를 생각해 보도록 합시다. 여러분은 폭력이라는 것을 어떻게 생각하고 있습니까?

질문(1): 그것은 방어의 한 유형입니다.
질문(2): 그것은 나의 안락을 방해하는 것입니다.

크리슈나무르티: 당신에게 있어 폭력적인 감정, 폭력적 언동, 폭력의 본질은 무엇을 의미합니까?

질문(1): 공격을 의미합니다.
질문(2): 욕구가 충족되지 않으면 폭력적으로 됩니다.
질문(3): 인간은 무엇인가를 달성할 수 없을 때 폭력적으로 됩니다.
질문(4): 증오가 있을 때 이기려고 하는 의미로…….

크리슈나무르티: 당신에게 있어 폭력은 무엇을 의미합니까?

질문(1): '나'라는 이기(利己)가 등장했을 때의 위험한 표현.
질문(2): 공포.
질문(3): 폭력에 있어 우리는 누군가를 또는 무엇인가를 정신적·육체적으로 상처를 입히는 것에 틀림없습니다.

크리슈나무르티: 여러분은 비폭력과 반대되는 개념으로서의 폭력을 아는 것이 아닐까요? 반대 개념이 없다면 폭력이라는 것을 알 수 있을까요? 비폭력의 상태를 알고 있기 때문에 폭력을 아는 것이 아닐까요? 폭력이라는 것을 어떻게 압니까? 사람들은 투쟁적이고 경쟁적이며 그 결과를 알기 때문에 비폭력의 상태를 꾸며내고 있는 것입니다. 반대 개념이 없어도 폭력이라는 것을 알 수 있을까요?

질문: 명확하게 말할 수는 없지만, 무엇인가 알 것도 같습니다.

크리슈나무르티: 그런 느낌은 처음부터 있었습니까, 그렇지 않으면 폭력을 알게 되면서부터 생긴 것입니까? 그 어느 쪽입니까?

질문: 폭력은 마음속에 고통을 불러일으킨다고 생각합니다. 그것은 불건전한 생각이기 때문에 우리는 그것을 추방하기를 원합니다. 우리가 비폭력을 원하는 것은 그런 이유 때문입니다.

크리슈나무르티: 나는 폭력도 비폭력도 모릅니다. 나는 그런 개념이나 일정한 방식을 갖추고 출발하지 않습니다. 폭력이라는 것을 모르기 때문에 발견하려는 것입니다.

질문: 타인의 습격으로 상처를 입었다는 경험에 의해서 인간은 자기를 방어하려고 합니다.

크리슈나무르티: 그렇습니다. 그런 말도 나왔었습니다. 그러나 아직도 나는 폭력이란 무엇인가 하는 물음을 더욱 조사하며 탐구해나가고자 합니다. 즉 뿌리까지 들추어서 바꿔나가기 위해서 말입니다. 알겠습니까?

질문: 폭력은 사랑의 결핍입니다.

크리슈나무르티: 그러면 사랑이란 무엇인지 알고 있습니까?

질문: 그 모두 우리에게서 유래되는 것이라고 생각합니다.

크리슈나무르티: 바로 그렇습니다.

질문: 폭력도 우리에게서 유래됩니다.

크리슈나무르티: 그렇습니다. 그래서 그 원인이 외부에 있는지 내부에 있는지를 조사하고 싶은 것입니다.

질문: 폭력은 (자아) 방어의 한 형식입니다.

크리슈나무르티: 천천히 진행하도록 합시다. 그것은 중대한 문제이며 세계 전체가 관계된 일이기 때문입니다.

질문: 폭력은 우리의 에너지를 부분적이나마 낭비시킵니다.

크리슈나무르티: 폭력이나 비폭력에 대해서는 모든 사람이 이야기하고 있습니다. 그래서 사람들은 "너는 격렬하게 살아야 한다"고 말하기도 하고, 그와 반대되는 말이 효과적이라고 판단하면 "너는 평화롭게 살아야 한다"고 말합니다. 우리는 책을 통해서 또는 목사나 선생으로부터 여러 가지 가르침을 받습니다. 그러나 나는 폭력의 본질이라는 것을 알고 싶습니다. 삶에서 그것이 어떤 역할(거기에 어떤 역할이 있다면)을 차지하고 있는지를 조사하고 싶습니다. 인간을 폭력적·공격적·경쟁적으로 만들고 있는 것은 무엇일까요? 아무리 고귀한 것이라 해도 일정한 틀에 모든 사람들을 맞추어 넣는 것은 폭력이 아닐까요? 폭력은 자신이나 사회가 떠맡기고 있는 규율 속에도 포함되어 있지 않을까요? 폭력은 내부와 외부의 갈등이 아닐까요? 나는 폭력의 원인, 즉 그 발단을 조사해보고 싶습니다. 그렇게 하지 않으면 나는 제 멋대로 말하고 있는 것이 됩니다. 심리적으로 보아서 폭력적으로 되는 것이 자연적인 것일까요? (생리적인 상태에 대해서는 나중에 생각해보도록 합시다.) 심리적인 폭력이라는 것은 공격, 분노, 증오, 갈등, 억압, 동일화라는 것을 가리키는 것일까요? 그리고 여기서 말하는 (자기) 동일화라는 것은 어떤 실마리를 잡아 뛰어난 일을 성취하고 뛰어난 사람으로 출세하기 위하여 끊임없이 투쟁하는 것에 바탕을 둔 것이 아닐까요? 이런 모든 것은 마음의 분야에 속해 있습니다. 우리는 이 문제를 깊이 생각하지 않으면 우리의 일상 생활에 새로운 상태를 초래할 수 있는 방법을 이해할 수 없게 됩니다. 왜냐하면 일상 생활에서는 자기의 현상유지가 요구되기 때문입니다. 그렇지 않습니까? 그러면 그런 면에서 토론을 진행시켜보도록 합시다. 여러분은 말의 정의로써가 아니고 실제로 내적으로 폭력이란 어떤 것이라고 생각합니까?

질문(1): 그것은 다른 어떤 것을 범한다든지 어떤 일을 강요하는 것입니다.

질문(2): 거부한다는 것은 어떠한 것일까요?

크리슈나무르티: 먼저 강요한다는 것을 다루어봅시다. 이것은 '현재 존재하는 것'을 범하는 것입니다. 만일 내가 질투심이 강하면서도 질투해서는 안된다는 관념을 자신에게 부여한다면, 그 강요는 '현재 존재하는 것'을 범하는 것이기 때문에 폭력인 것입니다. 천천히 진행하도록 합시다. 지금 한 말에 중대한 것이 들어 있습니다. '현재 존재하는 것'은 언제나 움직이며 정지하지 않습니다. 그와 같은 존재에 대하여 '이렇게 해야 한다'는 생각을 강요함으로써 그것을 범하게 되는 것입니다.

질문: 제가 화가 났을 때, 화를 내서는 안된다고 생각하여 참는다고 합시다. 그것이 폭력입니까, 그렇지 않으면 참는 것을 표현했을 때 폭력이 되는 것입니까?

크리슈나무르티: 생각해보십시오. 내가 화가 나서 그것을 표현하여 당신을 때렸다고 합시다. 이것은 일련의 연쇄반응을 일으켜서 당신도 나를 때리게 됩니다. 노여움을 표시하는 자체가 폭력인 것입니다. 따라서 화를 내고 있다는 사실에 다른 이질적인 것(화를 내서는 안된다는 것)을 부여하는 것 또한 폭력이 아닐까요?

질문: 폭력의 일반적인 정의에는 찬성입니다만, 강하다는 것이 잔혹하게 나타날 때, 그것은 폭력입니다. 서서히 강제로 해나갈 때는 폭력이라고 할 수 없다고 생각합니다.

크리슈나무르티: 알겠습니다. 온건한 방법으로 교묘하게 강요하는 것은 폭력이 아니라는 말씀이지요. 그러나 그것은 밉다고 생각하면서도 그것을 억누르며 서서히 온화하게 하려는 것이므로, 사실을 범하는 것입니다. 당신은 그것을 폭력이 아니라고 말하지만, 당신이 심하게 다루든 또는 온화하게 다루든 '현재 존재하는 것'에 어떤 것을 강요한다는 점에 있어서는 다를 것이 없는 것입니다. 이 점에는 다소 찬성합니까?

질문: 찬성할 수 없습니다.

크리슈나무르티: 어디 검토해봅시다. 만약 내가 야심을 품고 세계적인 일류 시인(다른 것도 좋습니다)이 되고 싶다고 해도, 막상 그것을 달성하지 못하면 욕구 불만에 빠집니다. 이 불만, 즉 야심은 내가 현실적으로 그렇게 되지 못했다는 사실에 대하여 가한 일종의 폭력과 같은 것입니다. 다른 사람이 나보다 우수하다는 이유 때문에 나는 욕구 불만이 됩니다. 이런 것이 폭력을 낳지 않을까요?

질문: 어떤 사람이나 어떤 일에 저항해서 행해지는 모든 행위는 폭력이라는 말이군요.

크리슈나무르티: 거기에 포함되어 있는 곤란한 점을 부디 관찰해 주십시오. 어떤 사실이 있는데, 그것이 어떤 다른 행위에 의하여 침범을 받을 수가 있습니다. 예를 들어 나는 러시아 사람(독일사람, 미국 사람)이 싫다고 합시다. 그래서 나의 특유한 견해, 특히 정치적인 평가를 타인에게 억지로 납득시킨다든지 또는 여러분에게 납득시키려고 했다면, 그것도 일종의 폭력인 것입니다. 또한 내가 나 자신을

여러분(나보다 훨씬 위대하고 지적인)과 비교한다고 합시다. 그러면 이것 역시 나 자신을 범하는 것입니다. 그렇지 않습니까? 학교에서도 그렇습니다. 두 학생을 비교해볼 때 한 학생은 시험 성적도 좋고 머리도 좋습니다. 그래서 선생이 다른 학생에게 "너도 이 학생처럼 되지 않으면 안돼" 하며 두 학생을 비교할 때, 이것 또한 폭력인 것입니다. 선생은 공부를 못하는 학생을 범한 것입니다. 이 사실이 의미하는 바를 생각해주십시오. '현재 존재하는 것'에 '존재해야 할 것(이상, 완전, 이미지 등)'을 부여합니다――그래서 폭력이 초래되는 것입니다.

질문(1): 만일 우리가 저항하려고 한다면(그리고 그 저항이 심한 것이라면) 폭력이 행해지게 됩니다. 그러나 저항을 하지 않으면 이번에는 자기가 자신을 범하는 것이 될 것 같군요.

질문(2): 이 모두 '나'를 주장하는 자아와 관계가 있는 것이 아닐까요? 그리고 이 자아가 모든 폭력의 근원 속에 있는 것이 아닐까요?

질문(3): 당신의 모든 말을 내가 받아들였다고 합시다. 내가 어떤 사람을 증오하면서 동시에 그 증오심을 제거하려고 할 때, 이때에는 두 가지 방법이 있을 수 있다고 생각합니다. 그 하나는 자기의 존재에 대하여 증오심을 배제할 것을 강요하는 방법인데, 이것은 자기 자신에게 폭력을 행하는 것이 됩니다. 다른 하나는 시간을 들이는 방법입니다. 자기 감정의 모양이나 증오의 대상을 이해하도록 노력하며 서서히 증오심을 극복하는 방법입니다. 그러면 비폭력이라는 방법으로 문제를 해결할 수 있으리라 생각합니다.

크리슈나무르티: 대단히 명확한 발언입니다. 그러나 우리는 폭력의 감정을 어떻게 처리할 것인가(폭력적인 방법, 비폭력적인 방법) 하는 문제를 다루고 있는 것이 아니라 폭력적인 감정을 초래하는 것이

무엇인지를 묻고 있는 것입니다. 우리 마음에 있는 폭력이란 어떤 것일까요?

질문: 강요한다는 것에는 어떤 것을 파괴한다는 의미가 포함되어 있지 않을까요? 그때 사람은 마음이 불안해져서 폭력적이 되기 시작합니다.

크리슈나무르티: 인간의 생각이나 생활양식이 무너지게 되면 불쾌해집니다. 이 불쾌감이 폭력적인 감정을 낳습니다.

질문(1): 폭력적인 감정의 원인은 외부에도 내부에도 있습니다. 저는 보통 폭력적인 감정은 외부의 탓이라고 생각합니다.
질문(2): 폭력의 근원은 단편화의 결과가 아닐까요?

크리슈나무르티: 폭력이란 무엇인가, 무엇이 그 원인인가 하는데 대해서는 여러 가지 견해가 있습니다. 그 중에서 가장 간단한 사실 하나만 들어서 그로부터 서서히 진행하도록 합시다. 마음에 제한(의무)을 부여하는 것——어버이가 자식에 대하여, 교사가 학생에 대하여, 사회나 목사가 그 구성원에 대하여——이 폭력이 아닐까요? 이 점에 찬성한다면 그로부터 출발합시다.

질문: 마음의 제한은 외부로부터 초래됩니다.

크리슈나무르티: 외부에서 뿐만 아니라 내부로부터도 초래됩니다. 가령 '나는 화를 내고 있다'는 것을 자인하면서도 화를 내서는 안된다는 생각으로 그것을 억눌러버립니다. 내 생각으로는 이런 것도 또한 폭력입니다. 외적인 폭력으로서 독재자가 국민을 탄압합니다. 이

것도 물론 폭력입니다. 내가 어떤 것을 두려워하는 것——훌륭하지 못하다고 생각한다든지 불순하다는 말이 두려워서 자신이 느끼고 있는 것을 억압한다면 이것 역시도 폭력입니다. 따라서 '현재 존재하는 것'의 사실을 받아들이지 않는 것이 마음의 제한(의무 부여)인 것입니다. 만일 내가 질투하고 있다는 사실을 순수하게 인정하고 거기에 저항하지 않는다면, 마음의 제한은 생기지 않을 것입니다. 또한 이때 어떻게 하면 좋은가 하는 것도 깨닫게 될 것입니다. 거기에는 아무런 폭력도 없을 것입니다.

질문: 당신은 교육도 폭력이라고 말하고 있는 것입니까?

크리슈나무르티: 그렇습니다. 그러나 폭력적인 방법을 쓰지 않고도 교육할 수 있는 방법이 있지 않을까요?

질문: 전통적인 교육에 의하면 안됩니다.

크리슈나무르티: 문제는 이런 것입니다——나는 사상이나 생활양식에서 본성적으로 폭력적이며 투쟁이나 경쟁을 좋아하고 잔혹한 성격의 소유자입니다. 그러나 폭력적인 태도는 이 세상에 무서운 적대심과 파괴를 초래한다는 것을 알기 때문에 어떻게 다른 생활 방도는 없을까 하고 반성하게 됩니다. 그래서 폭력을 이해하고 그것을 벗어난 다른 생활을 하고 싶다고 생각합니다. 그리하여 '내 안에 있는 폭력이란 무엇인가?' 하고 자문자답하게 됩니다——'폭력이란 욕구 불만일까? 나는 유명해지고 싶은데 그것이 불가능하다는 것을 안다. 그래서 유명한 사람들을 증오하게 된다.' 나는 질투하고 있지만, 동시에 자신에게 질투하지 않는 상태를 요구합니다. 그리고 걱정이나 공포, 번민 등과 관련이 있는 질투라는 상태를 증오합니다. 따라서

그것을 억압하려고 합니다. 나는 그처럼 행동하지만 그것도 폭력의 길이라는 것을 알게 됩니다. 그래서 나는 이제 이상과 같은 방향이 불가피한 것인가를 조사해보고 싶은 것입니다. 혹은 폭력을 이해하고 그것을 응시하며 그것을 완전히 파악한다면, 다른 생활방식이 나오지 않을까 하고 생각하게 됩니다. 그러자면 폭력이란 무엇인가 하는 것을 발견하지 않으면 안된다고 생각합니다.

질문: 폭력은 반응입니다.

크리슈나무르티: 그것은 대단히 성급한 발언이군요. 그런 대답이 폭력의 본질을 알려고 하는 나에게 도움이 되겠습니까? 나는 파고들어서 생각하고 해답을 발견하고 싶습니다. 마음속에 이중구조(즉 폭력과 비폭력)가 있는 한, 아무래도 갈등이 생기게 마련이고 이것이 한층 더 폭력을 조장하게 됩니다. 나는 우둔한 존재인데 현명해지라는 관념을 부과합니다――폭력이 시작됩니다. 자기보다 훌륭한 사람과 비교해봅니다――이것도 폭력입니다. 비교, 억압, 통제――이것들은 어느 것이나 어떤 폭력을 나타내고 있습니다. 우리는 그렇게 하는 생활양식에 익숙해져 있습니다. 그래서 우리는 비교하고 억압하며 야망을 갖고 있습니다. 이런 것을 이해했다 해도 비폭력적으로 어떻게 살아야 할까요? 나는 이런 고통이 다 없어져버린 생활을 발견하고 싶은 것입니다.

질문: 사실에 대하여 순수해질 수 없는 것은 '나'라는 자아 때문이 아닐까요?

크리슈나무르티: 그 문제를 다루어봅시다. 먼저 사실을 관찰합시다. 행해지고 있는 것을 봅시다. 우리의 전생애는 교육을 받기 시작

하면서 현재에 이르기까지 폭력의 한 형태를 취해왔습니다. 우리가 살고 있는 사회 자체가 폭력의 한 형태입니다. 사회 규제에 의해서 동질화와 승인을 강요당하며 "이렇게 해라, 저것은 안돼"라는 말을 듣습니다. 이것이 폭력의 한 형태입니다. 만일 우리가 이 사회에 반항하고 일어서면(사회가 정해놓은 가치를 승인하려고 하지 않으면 반역이겠지요), 그것은 그대로 폭력의 또 다른 형태가 되어버립니다. 내가 사회에 반역해서 자신의 가치관을 창조하면, 그것이 이번에는 하나의 정식(定式)이 되어 자신이나 남에게 강요합니다. 이것 또한 폭력의 한 형태입니다. 나는 그런 인생을 살아왔습니다. 즉 나는 폭력적입니다. 그러면 어떻게 해야 좋을까요?

질문: 먼저 당신은 자신에게 왜 폭력적으로 되고 싶지 않는가를 물어야 할 것입니다.

크리슈나무르티: 그것은 폭력이 이 현실의 세계에 초래한 것을 알고 있기 때문입니다. 외적으로는 전쟁, 내적으로는 갈등, 인간관계에서의 알력 같은 것을 말입니다. 객관적으로 자기를 깊이 관찰해 보면 이런 투쟁이 진행되고 있는 것을 알 수 있습니다. 그래서 나는 '분명히 이것과는 다른 생활이 있어야 한다'고 생각하는 것입니다.

질문: 당신은 그런 상태를 왜 싫어합니까?

크리슈나무르티: 파괴적이기 때문입니다.

질문: 그러면 결국 당신은 스스로 사랑이라는 것에 처음부터 최고의 가치를 두고 있는 것이 아닙니까?

크리슈나무르티: 나는 아무것에도 가치를 두지 않습니다. 나는 있는 그대로를 관찰하려고 하고 있습니다.

질문: 당신이 싫다고 말했을 때 가치는 이미 정해진 것입니다.

크리슈나무르티: 나는 아무것에도 가치를 두지 않습니다. 나는 관찰합니다. 전쟁이 파괴적이라는 것을 관찰하고 있습니다.

질문: 전쟁 상태의 어디가 나쁜 것입니까?

크리슈나무르티: 좋고 나쁜 것에 대해서는 아무 말도 안했습니다.

질문: 그러면 왜 현상을 바꾸려고 합니까?

크리슈나무르티: 그 이유는, 가령 내 아들이 싸움터에서 죽게 되면, '서로 죽이지 않고는 살아갈 수 없는 것일까?' 하고 묻게 되기 때문입니다.

질문: 그러면 당신은 지금과 다른 생활을 실험적으로 시도해보고, 그것을 현재의 생활과 비교해보고 싶은 것입니까?

크리슈나무르티: 천만에요. 나는 비교를 하지 않습니다. 이에 대해서는 앞에서도 말했습니다. 우리의 자식들이 전쟁터에서 죽어가는 것을 보고, '이것과 다른 생활 방법은 없을까?' 하고 찾고 있는 것입니다. 즉 폭력이 존재하지 않는 길은 없을까 하고 찾고 있는 것입니다.

질문: 예를 들면······.

크리슈나무르티: 아니, 가정(假定)이 아닙니다. 현재 우리의 자식들이 죽어가고 있습니다. 그들이 죽지 않아도 되는 생활양식을 발견하고 싶습니다.

질문: 그러면 당신이 바라는 것은 두 가지 가능성 중에서 어느 쪽입니까?

크리슈나무르티: 가능성은 수십 가지가 있습니다.

질문: 다른 생활양식을 발견하고 싶다는 당신의 소원이 강렬해서 이질적인 생활 방법(그것이 어떤 것이든)을 택하고 싶어하는 것이로군요. 그것을 실험해서 비교해보고 싶은 것이지요?

크리슈나무르티: 천만에요. 당신은 내가 분명히 말하지 않은 것을 꼬집어서 강조하고 있군요. 우리는 폭력 같은 것을 수반한 생활양식의 현상을 그대로 인정하든지 혹은 폭력이 없는 다른 생활 방법을 지성으로 발견하든지 하지 않으면 안됩니다. 문제는 그것뿐입니다. 그리고 나의 견해로는 비교, 억압, 획일화 그리고 일정한 형식의 동일화가 행해지는 곳에는 반드시 폭력이 수반된다고 생각합니다. 이런 때에 갈등이 생기고 폭력이 행해집니다.

질문: 혼란은 왜 생깁니까? '나(자아)'라는 것을 둘러싸고 생기는 것이 아닙니까?

크리슈나무르티: 그 문제는 곧 다루게 될 것입니다.

질문: 실제적인 폭력의 근원, 폭력의 본질은 영향입니다. 우리는 존재하면서 다른 존재물에 영향을 미칩니다. 예를 들어 내가 이 자리에서 호흡하여 공기를 마시게 되면, 그에 따라 이 대기 속에 있는 생존물에 영향이 미칩니다. 따라서 폭력의 본질은 생존하는 데 내재하는 영향이라는 사실인 것입니다. 이런 경우에 부조화를 초래하는 영향을 폭력이라고 부릅니다. 반대로 조화를 초래하는 영향——이것도 영향에는 틀림이 없지만——은 폭력의 반대물인 것입니다. 의지에 '저항해서 활동하는' 영향은 폭력이고, 의지와 함께 활동하는 영향은 비폭력인 것입니다.

크리슈나무르티: 내가 질문해도 좋습니까? 당신은 폭력 문제를 다루고 있는 것입니까, 혹은 그 문제에 말려들고 있는 것입니까? 당신은 자신 속의 폭력 문제를 다루고 있는 것입니까, 아니면 '이런 생활은 보낼 수 없다'고 느끼며 세계적인 폭력 문제를 다루고 있는 것입니까?

질문: 우리가 폭력에 저항해서 일어선다면, 이것 역시 문제입니다. 반역도 폭력이기 때문입니다.

크리슈나무르티: 당신의 말은 알아듣겠습니다만, 이 문제를 어떻게 진행시켰으면 좋겠습니까?

질문: 저는 지금의 사회에 찬성할 수 없습니다. 금전 중심, 능률 중심…… 이라는 생각에 반대하고 싶지만, 이것 역시 일종의 폭력이 되어버립니다.

크리슈나무르티: 그렇습니다. 현대의 문화나 교육 등에 반항하는 것도 폭력입니다.

질문: 아무래도 그런 결론이 되는군요.

크리슈나무르티: 그러면 어떻게 하는 것이 좋을까요? 이것이 우리가 토론하려고 하고 있는 것입니다.

질문: 그것을 알고 싶습니다.

크리슈나무르티: 나도 그것을 알고 싶습니다. 그러니까 그곳에 초점을 맞춰봅시다.

질문: 대인관계 문제라면 비교적 명료하게 이해할 수 있습니다. 만일 내가 누군가를 미워한다면, 나는 그것을 알고 있습니다. 그래서 나는 그와 반대되는 반응을 보이기도 합니다. 그러나 상내빙이 사회일 경우에는 그렇게 쉽지 않습니다.

크리슈나무르티: 그 문제에 대해 이야기해봅시다. 나는 현재 사회의 도덕적 구조에 반대합니다. 그러나 참된 도덕이 어떤 것인지를 발견하지 못한 채 그저 도덕적 현상에 반대해보아야 그것도 폭력에 불과한 것임을 나는 이해하고 있습니다. 그러면 참된 도덕이란 무엇일까요? 내가 그 해답을 발견하고 그에 따른 생활을 하고 있지 않는 한, 사회 도덕의 구조에 그저 반항만 한다는 것은 아무런 의미도 없는 것이라고 생각합니다.

질문: 선생, 당신은 폭력적인 생활을 스스로 하지 않는 한, 폭력

이라는 것을 알 수 없습니다.

크리슈나무르티: 아니, 그러면 당신은 내가 폭력적인 생활을 해보지 않는 한, 그것을 이해할 수 없다는 말입니까?

질문: 당신이 그렇게 말했었습니다. 참된 도덕을 이해하려면 그런 도덕 속에서 살아야 한다, 그러므로 폭력적인 생활을 하지 않으면 사랑이 무엇인지를 모른다고 말입니다.

크리슈나무르티: 당신이 나에게 그런 생활을 하지 않으면 안된다고 말할 때, 당신은 나에게 당신이 생각하는 사랑의 관념을 강요하고 있는 것입니다.

질문: 나는 단지 당신의 말을 반복했을 뿐입니다.

크리슈나무르티: 사회 도덕에 대하여 내가 반기를 드는 것은 그것이 불합리하다는 것을 알기 때문입니다. 그러면 폭력을 수반하지 않는 참된 도덕이란 어떤 것일까요?

질문: 참된 도덕이란 폭력을 통제하는 것이 아닐까요? 인간에게는 모두 폭력이 잠재되어 있습니다. 단지 인간은 고등동물이기 때문에 그것을 억제하는 것입니다. 그러나 본질적으로 폭력은 항상 존재하는 것입니다. 물론 그 형태에는 뇌우(雷雨)와 같은 형태, 야생동물을 살육하는 형태, 죽어가는 나무의 형태 등과 같은 여러 가지가 있겠지만, 아무튼 폭력은 어디에나 있습니다.

크리슈나무르티: 폭력에는 살벌한 형태도 있지만, 고급 형식을 갖

춘, 미묘하고도 온화한 형태도 있습니다. 모든 생명은 크든 작든 폭력적입니다. 만일 인간이 이런 폭력 형식을 회피하려고 생각한다면 그 속으로 들어가보아야 합니다. 우리는 그런 일을 해보려고 하고 있는 것입니다.

질문: '그 속으로 들어가본다'는 것은 어떤 것입니까?

크리슈나무르티: 그 의미는 우선 '존재하는 것'을 조사하고 탐구하는 것입니다. 탐구하기 위해서는 어떤 결론이나 편견에서 벗어나 있어야 합니다. 그와 같은 자유로운 마음으로 폭력의 문제를 관찰하는 것——이것이 '그 속으로 들어가본다'는 뜻입니다.

질문: 그렇게 하면 어떤 일이 일어난다는 말입니까?

크리슈나무르티: 아니오. 아무 일도 일어나지 않습니다.

질문: 전쟁을 보고 일어나는 나의 반응은 '싸우는 것은 싫다'는 것입니다. 그와 동시에 내가 해야 할 일은 전쟁을 피해서 타국으로 떠나고, 내가 싫어하는 국민과 이별하는 것임을 깨닫게 됩니다. 그래서 나는 미국 사회를 피해서 이곳에 와 있습니다.

크리슈나무르티: 지금 저 부인은 "나는 (전쟁의) 반대자며 저항자다. 그러므로 전쟁이 일어나고 있는 나라에서는 살고 싶지 않다. 싫은 국민과는 따로 있고 싶다"고 말하고 있습니다. 이것은 완전한 폭력의 형태입니다. 이 점에 주목해주십시오. 이 문제를 이해하기 위해서 마음을 집중시키도록 합시다. 많은 적든 폭력이 포함된 사회의 행동양식(정치적, 종교적, 경제적)을 깨달았을 때, 그리고 인간이 스스

로 파놓은 함정에 빠져 있음을 느꼈을 때, 도대체 사람은 어떻게 해야 될까요?

질문: 막연하나마 나는 폭력은 실제로는 없는 것인데, 단지 사고가 폭력이라는 것을 만들어내는 것이 아닌가 싶습니다.

크리슈나무르티: 뭐라고요? 남을 화나게 해놓고 그것을 생각하기 때문에 그것이 폭력적이라는 것입니까? 그렇게 생각하면 곤란합니다. 우리는 말장난을 즐기고 있는 것이 아닙니다. 이 문제를 좀더 깊이 생각해볼 수 없을까요? 우리는 이미 자기 마음에 관념이나 결론을 강요할 때 폭력이 생긴다는 것을 확인했습니다(우선 그것은 확실한 것이라고 해둡시다). 나는 말뿐만이 아니라 감정에 있어서도 잔인합니다. 그래서 그 존재물에게 '나는 그래서는 안된다'고 말하며 억누릅니다. 그런데 이것이 폭력과 통한다는 것을 알았습니다. 그러면 이와 같이 무엇인가를 억누르지 않고서도 잔혹한 감정을 처리할 방법은 없을까요? 공포를 억압한다든지 도피한다든지 또는 어떤 보상 행위를 한다든지 하지 않고 이해할 수는 없을까요? 여기에 '나는 잔인하다'는 하나의 사실이 있습니다. 이것이 내가 처리해야 할 문제이며, 여러 가지 설명――'이래야 한다, 그래서는 안된다'는 설명을 늘어놓아도 해결할 수 없는 것입니다. 나와 관련되는 문제는 나 스스로 해결하려고 하게 됩니다. 왜냐하면 다른 생활 방법도 있으리라고 느껴지기 때문입니다. 그래서 나는 마음속으로 생각합니다――'갈등을 일으키지 않고 이런 잔혹함에서 벗어나 자유롭게 되는 방법은 없을까?' 하고 말입니다. 잔혹함을 제거하려고 하다가 갈등이 생겼다면, 나는 이미 폭력을 불러일으킨 것이 됩니다. 따라서 처음부터 갈등이라는 것에 포함되어 있는 의미를 명확하게 해놓아야 한다고 생각합니다. 만일 내가 벗어나고 싶다고 생각하는 잔혹함을 둘러

싸고 갈등이 생긴다면, 그 갈등 자체 속에서 폭력이 싹트게 됩니다. 그러면 이러한 갈등을 수반하지 않고도 잔혹함에서 벗어날 수는 없을까요?

질문: 그것을 받아들이면 어떻겠습니까?

크리슈나무르티: 잔혹함을 받아들인다는 것은 어떤 의미일까요? 거기에 폭력이 있습니다! 나는 받아들이지도 않고 부정도 하지 않습니다. '받아들인다'는 데 어떤 효과가 있을까요? 예컨대 나의 피부는 갈색이다――이것은 사실입니다. 이것을 받아들이거나 거부할 필요가 무엇이겠습니까? 이와 같은 사실로서 나는 잔혹하다고 말하고 있는 것입니다.

질문: 만일 내가 잔혹하다는 것을 깨닫고 그것을 받아들인다면, 나는 그것을 이해한 것입니다. 그러나 나는 그와 동시에 잔혹하게 행동하며 그 현상을 유지해나가는 것을 두려워하고 있는 것입니다.

크리슈나무르티: 그렇습니다. '내가 잔혹하다'는 것은 사실입니다. 그리고 나는 그것을 받아들이지도 거부하지도 않습니다. 또한 그 잔혹함을 제거하려고 하다가 갈등이 생기면 그것은 폭력이 됩니다. 그래서 나는 두 가지의 일과 대결하지 않으면 안됩니다. 폭력(또는 잔혹)의 문제와 무리하지 않고 그것을 제거해나가는 방법, 이 두 가지입니다. 어떻게 하면 좋을까요? 내 인생은 대립과 투쟁으로 점철되어 있습니다.

질문: 문제는 폭력이라는 것이 아니라 이미지를 억지로 만드는 데 있습니다.

크리슈나무르티: 이미지를 강요하는 것 말입니까? 즉 인간이 '현실적인 존재'에 이미지를 씌워버린다는 말입니까?

질문: 그것은 인간이 자신의 참된 모습을 모르기 때문에 생기는 것입니다.

크리슈나무르티: 당신이 말하는 '참된 모습'이란 어떤 것인지 잘 모르겠는데요.

질문: 그것은 인간은 세계와 분리되어 있는 것이 아니라 인간이 곧 세계라는 것입니다. 따라서 외부에서 행해지고 있는 폭력에 대하여 누구에게나 책임이 있다는 것입니다.

크리슈나무르티: 인간이 세계 자체다, 잔혹도 폭력도 그것과 분리된 것이 아니고 그 속에 포함되어 있다——이런 올바른 모습을 인식하라는 말이지요?

질문: 아닙니다. 폭력도 인간의 무지의 일부라는 것입니다.

크리슈나무르티: 그러면 진실한 자기와 무지한 자기, 두 가지가 존재한다는 것입니까? 두 개의 국가가 있다——하나는 진실한 존재, 또 하나는 무지에 싸인 존재. 왜 그럴까요? 이런 생각은 고대 인도에서 행해지던 이론입니다. 그러나 진실한 존재가 있지만 그것은 환상이나 무지로 둘러싸여 있다는 것——이것을 당신은 어떻게 알고 있습니까?

질문: 우리가 당면하는 문제는 대립개념으로 파악되어야 한다는 것을 알게 되면 모든 문제가 해결될 것입니다.

크리슈나무르티: 아닙니다. 우리가 해야 할 일은 반대개념으로 사고하지 않는 것입니다. 그런데 그런 일이 가능할까요, 아니면 단순한 이상일까요?

질문: 이원론이라는 것은 인간의 사고에 필연적으로 수반되는 것이 아닐까요?

크리슈나무르티: 정말 우리는 문제의 핵심에 접근하기도 했다 멀어지기도 했다 하고 있군요. 나는 잔혹한 존재입니다——이것은 여러 가지 심리적인 이유 때문입니다. 이것은 사실입니다. 그래서 나는 쓸데없는 노력을 기울이지 않고도 이것에서 벗어날 수는 없겠는가 하는 것을 묻고 있는 것입니다.

질문: '쓸데없는 노력을 기울이지 않고'라는 것은 어떤 것입니까?

크리슈나무르티: 그것에 대해서는 이미 말했습니다. 가령 내가 폭력을 억압하려고 하면, 모순이 생기며 그런 노력은 헛수고로 끝나고 맙니다. '존재'와 '당위' 사이에서 갈등이 일어나게 됩니다.

질문: 내가 진실로 사실을 관찰한다면, 나는 잔혹해질 수 없습니다.

크리슈나무르티: 나는 발견하고 싶습니다. 결코 타인의 말을 그대로 받아들이지 않고 말입니다. 나는 잔혹을 피하고 싶습니다. 그리고 그것이 가능한지를 알고 싶습니다. 억압, 도피, 강요 같은 것이

없이 이것에서 벗어날 수는 없을까요? 어떻게 하면 좋을까요?

질문: 해야 할 유일의 일은 그것을 명확하게 하는 것입니다.

크리슈나무르티: 그것을 명확히 하기 위해서는 그것을 끄집어내어 그 모습을 폭로해야 합니다. 그렇다고 그것을 발휘시켜서 더욱 잔혹하게 한다는 뜻은 아닙니다. 왜 우리는 그것을 끄집어내지 못하는 것일까요? 첫째로는 그렇게 하는 것이 두렵기 때문입니다. 그것을 꺼내놓고 보면 더욱 잔혹해질지도 모릅니다. 그것을 폭로했을 때 나는 그것을 이해할 수 없을지도 모릅니다. 나는 주의 깊이 정성을 다해 그것을 관찰할 수 있을까요? 이것을 가능하게 하려면 그것을 폭로할 때 나의 에너지와 관심과 정열이 일체가 되어야 합니다. 그것을 이해해야겠다는 정열이 있어야 합니다. 어떠한 왜곡도 없는 마음이 필요합니다. 바르게 관찰하기 위해서는 엄청난 에너지가 필요합니다. 또한 이 세 가지가 폭로할 때 동시에 있어야 합니다. 다시 말해서 생생한 에너지와 정열과 집중력을 갖기 위해서는 우리는 감수성이 풍부하고 자유롭지 않으면 안됩니다. 그러면 나는 이런 강력한 집중력을 어떻게 하면 가질 수 있을까요? 어떻게 하면 이런 것을 초래할 수 있을까요?

질문: 만일 우리가 어떻게 해서든지 이해하고 싶다는 생각으로 임한다면 그런 자기 집중은 가능하리라고 생각합니다.

크리슈나무르티: 알겠습니다. 그러나 기다려주십시오. 나는 '자기 집중이 가능한가?'를 묻고 있는 것입니다. 그 의미, 거기에 숨어 있는 그 의미를 알겠습니까? 새로운 의미를 붙이거나 바꾸어서 말하는 따위의 짓은 하지 맙시다. 여기에 내가 있습니다. 그러나 나는 자기

집중이 무엇인지 모르고 있습니다. 나는 내 인생의 대부분을 주의력 없이 지내왔습니다. 따라서 자기 집중 같은 것을 해본 일이 없습니다. 그런데 갑자기 누군가가 나타나서 "이것 봐, 잔혹에 대해서 주의력을 집중시켜봐"라고 말합니다. 나는 "그렇게 하겠다"고 대답은 했지만, 어떻게 해야 할지 모릅니다. 주의력 집중이라는 상태를 어떻게 하면 초래할 수 있을까요? 거기에 방법이 있을까요? 만일 거기에 방법이 있어 주의력 집중을 위한 실천적 수업을 반복할 수 있다면 시간이 걸릴 것입니다. 그동안 나는 여전히 산만한 주의력을 지니고 파괴적인 생활에 쫓기게 될 것입니다. 그러므로 이상과 같은 일은 즉시 시작되지 않으면 안되는 것입니다.

'나는 잔혹하다. 그것을 억압하지는 않겠다. 도피하지도 않겠다.' 이렇게 말했다고 해서 도피하지 않겠다는 결심을 했다든지 억압하지 않겠다고 맹세했다는 의미는 아닙니다. 억압도 통제도 도피도 문제를 해결하지 못한다는 것을 이해했기 때문입니다. 그리하여 나는 그런 식의 것들은 제쳐놓았습니다. 억압이나 도피로 극복한다는 것은 무익하다는 것을 이해하게 된 나는 지금 그 잔혹함을 관찰하고 있습니다. 올바르게 관찰하기 위해서는 주의력을 집중시키지 않으면 안되며, 주의력을 집중시키기 위해서는 부주의가 생기지 않도록 배려하지 않으면 안됩니다. 그러므로 나의 과제는 부주의를 자각하는 것입니다. 그것은 어떤 것일까요? 주의력을 집중시키려고 실천적인 수업을 하게 되면, 그것은 기계적이고 쓸모없는 것으로 되어서 무의미해져버립니다. 이에 반해서 내가 주의력을 집중시키고 부주의한 점을 자각하면 주의력이 솟아나는 방법을 알게 됩니다. 나는 왜 타인의 감정에 대하여 또는 자신의 말하는 것이나 식사에 대하여, 타인의 언행에 대하여 주의력이 부족할까요? 부정적인 상태를 이해하게 되면 적극적인 주의력 집중이 이루어집니다. 그래서 나는 주의력의 부족이 어떻게 하여 생기는지를 검토하여 이해하려는 것입니다.

현재의 세계는 불이 붙어 있는 것과 같기 때문에 이것은 아주 중대한 문제인 것입니다. 만일 내가 이 세계에 속해 있고 이 세계가 나 자신이라면 나는 그 불을 꺼야 합니다. 우리는 이 문제에 휘말려 들어 있는 것입니다. 이 세계에 혼란을 초래하고 있는 원흉은 바로 주의력의 부족이기 때문입니다. 부주의란 주의력의 결여라는 부정적 의미이며, 그때그때 필요한 주의를 하지 않는 것입니다. 부주의를 자각하고 그것을 주의력으로 전환시키기 위해서는 어떻게 해야 할까요? 커다란 에너지를 가지고 지금 즉시 나의 잔혹함을 완전하게 자각하여 일체의 대립이나 모순을 일으키지 않고 생명이 완전히 일체가 되도록 하려면 어떻게 해야 할까요? 어떻게 하면 이것이 초래될 수 있을까요? 우리는 이미 그 일이 가능하다고 말했었습니다. 그러나 그것은 주의력이 충분할 때에만 가능합니다. 그리고 그 완전한 주의력은 우리의 생명이 부주의 때문에 쓸데없이 낭비되고 있는 한, 이루어질 수 없습니다.

1969년 8월 3일 스위스 자넨

제18장 근원적인 자기 변혁에 대하여

인간의 어느 기관이
응시(凝視)를 하는가?

　인간은 근본적으로 크게 변한 것 같지는 않습니다. 그러나 지금 우리는 인간의 근본적인 변혁에 대하여 이야기하려고 하고 있습니다. 하지만 그렇다고 낡은 자기 위에 별도의 행동양식을 덮어 씌운다는 의미는 아닙니다. 우리는 자기의 마음속에서 실제로 진행되고 있는 기본적인 변혁에 대해서만 관심을 기울이고 있습니다. 이미 보아온 바와 같이 세계와 우리는 두 개의 실체가 아니라 세계가 우리 자신이며 우리가 세계인 것입니다. 우리 존재의 근원에서 일대 변혁(혁명, 변화, 쇄신——표현은 어떤 것이라도 상관없습니다)을 일으키는 것——이것이 우리의 토론에서 다루어질 문제인 것입니다.
　어제도 문제가 되었던 것처럼 우리는 자기를 명확하고 왜곡함이 없이 관찰할 수 있을까요? 왜곡이란 평가, 판단, 달성의 욕구이며 '존재하는 것'을 배제하려고 하는 것입니다. 이것들은 명석한 지각을 방해합니다. 정확하고 신속하게 '존재하는 것'을 지각하는 것을 방해합니다. 그래서 오늘 아침에는 약간 시간을 할애하여 관찰의 본질, 즉 보는 방법, 듣는 방법에 대해서 함께 이야기해보도록 합시다. 보는 데 있어 우리 몸의 일부로만 보는 것이 아니라 시각, 지능, 정서 등 전체를 동원해서 볼 수 있을까요? 또한 전혀 왜곡하지 않고 정확하게 자기를 볼 수 있을까요? 본다는 것은 어떤 것일까요?

자기의 기본적인 사실——탐욕, 선망, 걱정, 공포, 위선, 속임수, 야심 같은 것들을 있는 그대로 볼 수 있을까요?

  오늘 아침에는 시간을 할애하여 이와 같은 응시라는 것을 배워보고 싶습니다. 배운다는 것은 끊임없이 움직이며 끊임없이 개선한다는 것입니다. 그것은 '학습한 것'을 기초로 해서 그로부터 관찰하는 것이 아닙니다. 물론 말을 들으면서 자기를 관찰하게 되면 어떤 것을 배우며 경험하게 됩니다. 그리고 그 학습과 경험을 토대로 사물을 보게 됩니다. 그러므로 이미 배운 것에 대한 기억과 이미 경험한 것을 근거로 사물을 보게 되는 것입니다. 즉 기억을 마음에 떠올리면서 보게 되는 것입니다. 그러나 그런 방법은 참으로 보며 배우는 것이 아닙니다. 배운다는 것은 마음이 각 순간마다 새로운 눈으로 파악한다는 것을 의미합니다. 따라서 배운다는 것은 언제나 신선해야 합니다. 이런 점을 생각해서 우리는 기억을 발전시키지 말고 현재에 발생하고 있는 일을 관찰하는 것에 중점을 두어야 합니다. 충분히 눈을 뜨고 주의력을 발휘해서 이미 보았거나 배운 것을 기억으로 정착시켜 그것이 관찰의 근거가 된다든지 왜곡이 된다든지 하지 않도록 해야 합니다. 어느 때라도 그것이 처음 생긴 것이라고 생각하며 관찰하도록 하십시오. 과거의 기억으로 '존재하는 것'을 관찰한다는 것은 기억이 당신의 관찰을 지배하고 형성하며 그 방향을 정해준다는 것을 말합니다. 그러므로 그것은 왜곡에 불과합니다. 이런 점에서부터 토론을 시작하도록 합시다.

  관찰한다는 것은 어떤 것일까요? 과학자는 현미경을 이용해서 면밀하게 물질을 관찰합니다. 그곳에는 외적인 대상물이 놓여 있습니다. 그는 아무런 편견이 없이 그것을 관찰합니다. 다만 과학자로서 필요한 지식은 지니고 있어야 하지만 말입니다. 이에 대하여 우리는 자신의 전체 구조와 전존재와 전체적인 생명의 운동을 관찰해야 하는 것입니다. 지적으로만 보아도 안됩니다. 정서적으로 되어서도 안됩니다. 미리 옳고 그르다는 결론을 갖고 보아도 안됩니다. 이럴 리가 없다든지 반드시 이렇게 되어야 한다든지 하는 생각을 가져서도 안됩니다. 그러므로 바르게 관찰하는 문제에 들어가기 전에 인간의 마음속에서 진행되며 관찰을 방해하고 있는 평가, 판단, 결론이 형성되는 과정을 자각하고 있지 않으면 안됩니다.

 그러면 보는 것 자체보다 보는 행위를 하고 있는 것이 무엇인가를 생각해봅시다. 보는 것을 관장하고 있는 기관 자체가 어떤 것에 집착해서 왜곡되거나 피로해질 수 있지는 않을까요? 중요한 것은 보는 행위보다 보는 것을 관장하고 있는 당신을 검토하는 것입니다. 가령 내가 편협한 국가주의를 결론으로 갖고 그렇게 조건지어진 마음으로 사물을 관찰할 경우, 거기에서 커다란 편견이 생길 것은 명백합니다. 이럴 때에는 명석하게 사물을 볼 수 없습니다. 그리고 똑바로 관찰하는 것이 두려울 때도 있습니다. 이럴 때에도 역시 왜곡된 관찰밖에 할 수 없습니다. 또한 어떻게 해서든지 깨닫고 싶다, 위대한 것을 달성하고 싶다 하며 야망을 품고 있을 때에도 바른 지각이 방해됩니다. 따라서 응시할 때에는 그 응시하는 기관 자체가 흐려 있지 않고 맑은 상태인지를 확인하지 않으면 안됩니다.

 질문: 관찰하는 기관이 맑은 상태가 아니라는 것을 알았을 때에는 어떻게 하는 것이 좋을까요?

 크리슈나무르티: 잘 들어주십시오. 나는 '존재하는 것'——기본적으로는 이기적이며 자기 중심적인 활동——을 관찰하라고 했습니다. 그것은 반항적이며 불만이 있고 화가 나 있는 존재입니다. 또한 나는 응시할 때의 기관 자체가 흐려 있는지 그렇지 않은지를 검토하라고 했습니다. 그래서 본다는 사실에서 그것을 보는 기관 쪽으로 초점을 옮겼습니다. 그 기관이 맑아져 있는가 하는 것을 조사해서 그

것이 흐려 있다는 것을 알았다고 합시다. 자, 어떻게 하면 좋을까요? 흐려져 있는 것을 알게 되었다면, 지성이 날카로워졌다는 것입니다. 나는 처음에는 '현재 존재하는 것'이라는 사실에 주의를 돌렸고, 다음으로 보고 있는 기관이 흐려 있지 않은가를 조사하게 되었습니다. 이와 같이 문제를 설정하는 중에 지성이 생긴 것이 아닐까요? 알겠습니까? 그래서 지성이 날카로워진 것입니다. 마음도 두뇌도 말입니다.

질문: 그러면 분열도 주어진 조건도 없는 의식이 생겼다는 말입니까?

크리슈나무르티: 그런 것인지 어떤 것인지는 모르겠습니다. 나는 조금씩조금씩 움직이고 있습니다. 움직임은 단편화가 아닙니다. 내가 아까 관찰하고 있을 때에는 지성이 보이지 않았었습니다. 그래서 나는 '이 사태를 변경시켜야지', '아니, 변경시켜서는 안돼', '이렇게 해서는 안돼', '이것은 선이고 저것은 악이다', '이렇게 되지 않으면 안된다'는 생각을 해보았습니다. 이런 결론을 갖고 사물을 보았지만 아무 변화도 없었습니다. 그런데 지금은 관찰하는 기관이 흐려져 있어서는 안된다는 것을 알았습니다. 그리고 그것이 뿔뿔이 흩어져 있는 상태가 아니라 하나의 지성의 계속적인 움직임이라는 것을 알았습니다. 이것을 출발점으로 하여 나아가봅시다.

질문: 이 지성 자체는 에너지일까요? 만일 그것이 다른 어떤 것에 의존하는 것이라면 그것 역시 머지않아 소멸될 것입니다.

크리슈나무르티: 아직은 걱정할 필요가 없습니다. 에너지 문제만을 다루도록 합시다.

제18장 근원적인 자기 변혁에 대하여

질문: 당신은 이미 그것을 획득하였습니다만, 우리 쪽은 반복해서 에너지를 정련(精鍊)하고 있는 것 같습니다. 그 원동력은 같은 것일까요?

크리슈나무르티: 그렇습니다. 정련이 행해지고 있을 것입니다. 여러 가지 압력이나 행동에 의하여 인간의 마음도 두뇌도 모두 둔화되어버리고 말았습니다. 그래서 전체적으로 완전하게 각성된 상태로 되지 않으면 안된다고 말하고 있는 것입니다.

질문: 그건 조금 이상하군요.

크리슈나무르티: 기다리십시오. 곧 설명하겠습니다. 이제 곧 알게 될 것입니다. 지성에는 진화가 없습니다. 지성은 시간의 산물이 아닙니다. 그것은 '현재 존재하는 것'을 포착해서 자각하는 자질입니다. 이미 나의 마음이 둔화되어버렸기 때문에 "나 자신을 관찰해야 한다"며 노력해도 아무것도 보이지 않게 됩니다. 그런 마음은 반역이나 거부 또는 동일화를 합니다. 그러나 그것은 온건한 마음 또는 아름답고 우아한 마음으로 존경을 받기도 합니다.

질문: 당신은 도덕의 이념적 체계에 대하여 말했습니다. 그리고 거기에 덧붙여서 우리는 자기를 관찰해야 하며, 다른 교의는 쓸모가 없다고 말했습니다. 그러나 그런 것도 역시 이념이 아닐까요?

크리슈나무르티: 천만에요. 반대로 나는 당신이 이념(당신의 사상도 포함해서)을 사용해서 관찰한다면, 길을 잃고 아무것도 보지 못하게 될 것이라고 말하고 있는 것입니다. 우리에게는 여러 가지 이념이 있습니다. 존경받을 만한 것도 있고 그렇지 못한 것도 있습니다. 이

런 이념을 두뇌나 심정에 품고 사물을 보려고 합니다. 이로 인해 인간의 전존재가 흐려져버립니다. 지금 둔한 정신이 보고 있습니다. 그것은 무엇을 보아도, 어떤 명상을 해도, 어떤 신기한 일을 해보아도(달나라에 갔다고 해도) 여전히 둔한 정신일 뿐입니다. 그런데 누군가가 와서 "아니, 자네는 상당히 둔하군. 자네가 보는 것도 역시 둔해. 자네의 마음이 흐려져 있기 때문에 자네가 보고 있는 것도 당연히 흐려져 있는 것이야" 하고 말합니다. 이것은 중대한 발견입니다. 아무리 신선한 것이라도 그것을 보는 마음이 둔하면 흐려질 수밖에 없습니다.

질문: 그러나 세계에서는 이런 일이 계속되고 있습니다.

크리슈나무르티: 조급히 생각하지 마십시오. 나와 함께 서서히 나아가도록 합시다.

질문: 둔한 마음이 자기 자신을 둔하다고 자인한다면, 그것은 이미 둔하다고 할 수 없습니다.

크리슈나무르티: 나는 그것을 자인하지 않습니다! 그것을 자인한다면 대단히 좋은 일이지만 대개는 그렇게 하지 않습니다. 둔한 마음은 자기를 닦아서 학자인 체하거나 과학적인 면을 가장해서 나타내려고 합니다. 그 반대로 둔한 마음이 그것을 자인하게 되면, '이런 둔한 정신으로는 대단히 명석한 관찰 같은 것은 할 수 없다'는 것을 알게 됩니다. 따라서 흐려진 정신에 날카로운 지성을 회복시키고, 보는 기관이 명석하게 되기 위해서는 어떻게 해야 할까요?

질문: 인간의 마음이 그 문제를 그런 식으로 취급하면 둔해지지

않게 된다는 말입니까? 인간은 잘못을 고치고 재해를 복으로 돌릴 수 있다는 말입니까?

크리슈나무르티: 아닙니다. 자신의 결론을 보류하고 상대방이 말하는 것을 들어주십시오.

질문: 아닙니다. 당신의 의견에 동감합니다.

크리슈나무르티: 당신은 "둔한 마음일지라도 무엇인가를 획득하게 되면 날카로워지며 명석해질 수 있다"고 말했습니다. 그러나 나는 그렇게 말하지 않습니다. '마음이 둔함을 그저 관찰하십시오.'

질문: 아무런 움직임도 없이 말입니까?

크리슈나무르티: 둔한 마음을 왜곡하지 않고 관찰합니다. 어떻게 되겠습니까? 둔한 마음에는 아무것도 보이지 않습니다. 그래서 자문자답합니다. 자신의 마음이 더욱 명석해질 수는 없을까 하고. 그런데 이런 질문은 내가 둔한 마음을 다른 총명한 마음에 대치시키고 '나는 그렇게 되지 않으면 안된다'고 비교하는 데서 비롯된 것입니다. 알겠습니까? 이와 같이 비교한다는 행위는 실은 둔한 마음의 계속인 것입니다.

질문: 둔한 마음이 총명한 마음을 들고 나와 비교 같은 것을 할 수 있을까요?

크리슈나무르티: 언제나 그것은 자신과 총명한 마음을 비교하고 있습니다. 그것이 바로 진화라고 불리는 것입니다.

질문: 참으로 둔하다면 비교도 할 수 없습니다. "그럴 필요가 어디 있느냐"고 할 것입니다. 표현을 좀 바꾸어서 말한다면 '내가 조금만 더 똑똑하다면 더 많이 벌 수 있을 것이다'고 생각할 것입니다.

크리슈나무르티: 그렇습니다. 그와 같은 식입니다. 이제 알게 되었습니다. 둔한 마음은 "비교해보니 저 남자가 똑똑하기 때문에 나는 둔한 것이다"라고 말합니다. 그런 행위 자체가 둔한 짓이라는 것을 깨닫지 못하고 있습니다. 그래서 두 가지의 차이가 생깁니다. 한쪽의 둔한 사람은 상대방이 똑똑하므로 자신이 둔한 것이라고 말하고, 또 한쪽의 사람은 비교를 하지도 않고 있는 그대로 자신이 둔하다는 것을 자각합니다. 이 두 가지는 다른 것입니다. 당신은 어느 쪽입니까? 비교해서 말합니까, 비교하지 않고 말합니까? 그 어느 쪽입니까? 이 점을 차분히 검토해보십시오.

질문: 비교하지 않고 맛을 알 수 있을까요?

크리슈나무르티: 그 문제를 잘 생각해보십시오. 배가 고플 때 남이 그것을 말해줘서 배고픈 것을 느끼게 됩니까, 아니면 자연히 느끼게 됩니까? 남의 말이나 자극을 받게 되면 배가 고픈 것처럼 느껴지기도 하지만, 그것은 진짜가 아닙니다. 정말 배고픈 것과는 다른 것입니다. 이와 마찬가지로 자신이 둔하다는 경우에 있어서도 그처럼 비교해서 말하는 것인지 아닌지가 중요합니다. 우선 그것부터 확인해놓고 다음으로 넘어갑시다.

질문: 당신은 문제를 하나로 묶어서 자신이 둔하다는 것만을 다루려고 하는데, 왜 그럽니까?

크리슈나무르티: 그 이유는 비교해가는 것이 정신을 둔하게 만든다는 진리를 깨닫고 있기 때문입니다. 학교에서 어떤 아이를 붙잡고 다른 아이와 비교하게 되면, 그 아이를 쓸모없게 만들게 됩니다. 가정에서도 아우를 보고 형과 같이 똑똑해지라고 하면, 결국 그 아우는 쓸모없게 되어버립니다. 왜냐하면 아우를 생각하기보다는 형의 총명함에 마음을 쓰게 되기 때문입니다.

질문: 둔한 마음도 스스로 둔하다는 것을 자각할 수 있을까요?

크리슈나무르티: 조사해봅시다. 오늘 아침에는 이 문제만을 다루려 했었지요.

질문: 그럴 의욕은 있어도 우선 자신이 본래 둔하다든지 또는 비교해보고 둔하다고 할 때, 그 기준을 알아야 하지 않을까요?

크리슈나무르티: 조사해나갑시다. 내가 말하는 것을 잠시 들어주십시오. 받아들인다든지 거부한다든지 하지 말고 자신을 관찰하면서 들어주십시오. 오늘 아침 대화의 첫 시작에서 나는 인간 존재의 근원에 있어 변혁이 필요하다고 말했습니다. 그리고 그것은 실제로 우리의 모습을 관찰하는 방법을 알게 되었을 때에만 실현될 수 있다고 말했습니다. 그 경우의 관찰은 보고 있는 마음 자체가 총명하고 명석하며 공정한가에 달려 있습니다. 그러나 우리의 대부분은 둔해서 보아도 아무것도 볼 수 없습니다. 우리는 자신의 노여움이나 질투 같은 것을 보면서도 아무런 성과도 거두지 못하고 있습니다. 그래서 무엇을 보는가 하는 문제보다도 그 둔한 마음에 관심을 갖게 되었습니다. 둔한 마음은 '바르게 볼 수 있도록 똑똑해져야겠다'고 생각합

니다. 그래서 총명이라는 일정한 기존 형식을 받아들여서 이것에 자기를 맞추려고 합니다. 그런데 누군가가 지적한 것처럼 '비교를 통해서 더욱 둔해져버립니다.' 그러면 마음은 '그래서는 안된다. 비교하지 말자. 둔함이 추가될 뿐이다. 그런데 비교하지 않고 어떻게 자신이 둔하다는 것을 자각할 수 있을까?' 하고 묻게 됩니다. 그래서 나는 생각합니다――둔하다는 말을 하지 말자. '둔하다'는 말을 쓰지 않겠다. '현재 존재하는 것'만을 그저 보고 있으면 된다. 왜냐하면 둔하다고 정해버리면 나는 실제로 그렇게 되어버리기 때문이다. 이름을 붙이지 말고 비교하는 것을 피해서 그저 있는 그대로를 보자――이것이 어려운 일일까요? 스스로 관찰하십시오. 그래서 어떻게 되었습니까? 어떤 마음의 상태로 되었습니까?

질문: 마음이 대단히 느슨해졌습니다.

크리슈나무르티: 잠깐 귀를 기울여주십시오. 서서히 한 걸음 한 걸음씩 나아가겠습니다.
　나는 내 마음이 둔하다는 것을 어떻게 해서 아는 것일까요? 누가 말해줘서 아는 것일까요? 재주와 슬기가 넘친 책을 읽고 아는 것일까요? 총명한 사람을 만나서 비교하여 아는 것일까요? 조사해봅시다. 타인과 비교하지 않고 그것을 아는 것일까요? 둔하다는 말이 있기 때문에 관찰이 둔해지는 것이 아닐까요? 즉 말이 '실제로 존재하는 것'을 대신하기 때문일까요? 알겠습니까? 말의 사용은 그만두고 또한 '둔하다'는 말도 일체 하지 말고 '존재하는 것'만 남겨둡시다. 이처럼 비교를 하지 않고 호칭을 피하게 되면, 총명하고 민첩한 일이 시작됩니다――나의 마음이 극히 지적으로 되면서 묘사는 묘사된 것이 아니라는 것을 이해하게 됩니다. 실제로 '존재하는 것'의 사실은 무엇일까요?

한 걸음 더 나가봅시다. 나는 내 마음을 보고 있습니다. 아니, 마음이 스스로의 움직임을 보고 있습니다. 여기서 '이래야 한다, 그래서는 안된다' 하며 비난하거나 판단하거나 평가하게 되면——방식, 이념, 결의, 결론이라는 것을 들고 나오게 되면——'존재하는 것'을 필연적으로 왜곡해버리게 됩니다. 미리 결론을 갖고 사물을 보는 것은 진정으로 보는 것이 아닙니다. 내가 도덕가라고 합시다. 훌륭한 크리스천이나 위대한 선각자로 자인한다고 합시다. 이런 것은 어느 것이나 자기를 응시하는 데 방해가 됩니다. 그래서 '나는 이런 것에서 벗어나야 한다. 어떤 결론도 품고 있어서는 안된다'고 생각하면 마음이 명석해져서 '공포가 존재하는가?' 하고 묻게 됩니다. 그리고 그것을 인정하고 "공포가 있습니다. 안전에 대한 욕구가 있습니다. 쾌락을 구하고 있습니다."라고 말합니다. 결론을 먼저 꺼낸다든지 쾌락을 구하는 움직임이 있어서는 관찰 같은 것은 할 수 없다는 것을 알게 된 것입니다. 그리하여 자기를 관찰하며 전통이 강하다는 것을 인정하고, 그런 마음으로는 관찰할 수 없다는 것을 깨닫게 됩니다. 나의 깊은 관심은 관찰하는 것이므로 결론을 먼저 꺼내는 것의 위험을 느끼게 됩니다. 따라서 위험을 느낀다는 자체가 그 위험을 경감시키게 됩니다. 그리고 나의 마음은 혼란을 벗어나서 결론을 먼저 꺼내지도 않고, 말이나 표현의 장난도 하지 않고, 비교하며 관찰하지도 않게 됩니다. 이런 마음이라야 비로소 관찰도 할 수 있게 되고, 여기서 관찰된 것은 있는 그대로의 것입니다. 따라서 자기 변혁이 달성된 것입니다. 여러분, 질 모르겠지요!

질문: 그것으로 자기 변혁에 도달했다고는 생각할 수 없습니다. 오늘은 당신이 말한 대로 따르면서 어떻게 나의 마음을 관찰하려고 하다보니 내 마음이 날카로워졌을지도 모르지만, 내일이면 이것을 잊어버리고 본래의 상태로 되돌아가게 될 것입니다.

크리슈나무르티: 잊어버릴 수는 없을 것입니다. 뱀을 보고 나서 그것을 잊을 수 있습니까? 위험한 절벽을 잊을 수 있습니까? '독약'이라고 딱지가 붙어 있는 병을 잊을 수 있습니까? 당신이 잊으려고 해도 잊을 수 없을 것입니다. 이 분의 질문은 '관찰하는 기관을 흐려지지 않게 하려면 어떻게 해야 하는가?' 하는 것이었습니다. 그것은 이미 말씀드린 바와 같이 관찰하는 기관이 둔해지고 흐려지며 불확실해지는 것을 자각하는 일입니다. 우리는 마음이 흐려지는 원인에 대해서 이야기했습니다. 그리고 묘사는 묘사된 것의 실제 모습과는 다르다는 것도 이야기했습니다. 그러므로 말에 현혹되지 않기를 바랍니다. 묘사되어야 할 사항 쪽에——즉 둔화되어버린 기관(마음) 쪽에 주의를 기울여주기 바랍니다.

질문: 우리가 당신이 말하는 방법대로 자기를 관찰한다는 자체는 무엇인가를 기대하는 것이 아닐까요?

크리슈나무르티: 나는 별로 자기 변혁, 깨달음, 비약을 기대하지 않습니다. 어떻게 전개될지 모르기 때문에 어떤 기대도 하지 않습니다. 그러나 단 한 가지만은 명확하게 말할 수 있습니다. 즉 관찰하는 그 기관(마음)이 아직 투명하지 않고 흐려 있으며 틈이 나 있다는 것입니다. 이것만은 알 수 있습니다. 그러므로 나의 유일한 관심은 이 기관을 어떻게 하면 일체화시켜 건전하게 만들 수 있을까 하는 것입니다.

질문: 왜 당신은 관찰하려고 합니까?

크리슈나무르티: 세계가 불타고 있고 그 세계는 바로 나 자신입니

다. 나는 괴로움과 혼돈에 빠져 있습니다. 따라서 어떤 질서가 어디 없을까 하고 찾지 않으면 안됩니다. 이것이 내가 관찰하려고 하는 이유입니다. 이와는 반대로 만일 당신이 "이 세상 그대로 좋지 않은가? 무엇을 걱정하는가? 너는 건강하고 돈도 갖고 있고 아내와 아이들과 집 모두 있지 않은가? 그대로 살아도 상관없어"하고 말한다면, 세계에 불이 붙어 있지 않은 것이 됩니다. 그러나 여러분이 그것을 자인하든 안하든 세계는 불타고 있습니다. 그래서 나는 관찰하려고 하는 것입니다. 지적으로 개념을 조작한다든지 정서적으로 흥분한다든지 하지 않고 세계가 불타고 있다는 실제의 사실을 관찰하려고 하는 것입니다. 전쟁, 증오, 속임수, 이미지, 잘못된 종교 같은 것들을 말입니다. 외적 세계에서 일어나는 사태를 관찰하면서 나는 나의 내부를 자각하게 됩니다. 그래서 나는 나의 내부도 외부도 다 같은 것이며, 양자는 하나로서 불가분의 관계에 있다고 주장하는 것입니다.

질문: 우리는 또다시 처음으로 되돌아왔군요. 중요한 것은, 비교해서 이렇게 변화하지 않으면 안되겠다고 생각하는 둔한 정신으로는 사물을 볼 수 없는 것입니다.

크리슈나무르티: 그런 것이 아닙니다. 나는 변하고 싶다고 바라고 있는 것이 아닙니다! 나는 단지 보는 기관(마음)이 흐려져 있다는 것을 관찰하고 있을 뿐입니다. 나는 어떻게 해야 좋을지 몰라 그것을 발견하려는 것입니다. 그 기관을 개조하려고 하는 것과는 달리 말입니다.

질문: 자기 관찰을 할 때 말을 사용하면 장애가 됩니까?

크리슈나무르티: 말과 사물(실제)은 다릅니다. 사물을 관찰하면서 말을 배제하지 않는 한, 그 자각의 차이는 대단할 것입니다.

질문: 나는 당신의 의견에 동의할 수 없습니다. 우리가 사물을 관찰하는 기관은 두 가지 역할을 하는데, 그 하나는 지각이고 다른 하나는 표현입니다. 이 두 가지를 분리할 수는 없습니다. 이것은 말의 문제이며, 마음이 둔하다는 문제는 아닙니다. 말의 사용에 어려움이 있다는 것, 즉 표현이 엉망으로 되어 있다는 것이 문제인 것입니다.

크리슈나무르티: 관찰에는 지각과 표현이라는 두 가지가 있는데, 그 양자는 불가분의 관계에 있다는 말입니까? 그래서 우리가 지각하게 되면 그것이 명확하게 표현되고 말로 이해되게 마련이라는 (지각과 표현은 불가분의 관계에 있으므로) 말입니까? 결국 말을 바르게 사용하는 것이 매우 중요하다는 말이군요.

질문: 나는 '표현'이라고 말했지 '의도'라고는 말하지 않았습니다.

크리슈나무르티: 표현이라고요. 알겠습니다. 여기에 또 한 가지 요소가 있게 됩니다. 지각, 표현, 거기에 행위라는 것이 말입니다. 만일 행위가 지각과 표현(말에 의한)이 아니라면 단편화가 있다는 것입니다. 그러므로 지각이 행위가 아닐까요? 지각한다는 자체가 행위와 연결됩니다. 가령 위험한 절벽을 지각하게 되면 즉시 행위가 일어나게 되는 것과 같이 말입니다. 행위는 지각의 표현입니다. 그러므로 오히려 지각과 행위가 불가분의 관계에 있는 것입니다. 따라서 이상(ideal)과 행위의 결합은 불가능한 것입니다. 이상을 갖는 것이 효과가 없는 것임을 알게 되면, 그 지각이야말로 지성에 의한 행위

인 것입니다. 따라서 무엇보다도 우둔함을 관찰하고 지각하는 것이야말로 그 우둔함을 퇴치하는 길인 것입니다. 이것이 곧 행위가 아니겠습니까?

1969년 8월 6일 스위스 자넨

제19장 응시의 방법

**끊임없는 자각, 범〔虎〕을
쫓는 범(악을 쫓는 악).**

 관찰하는 것과 보는 것의 본질을 이해하고 그 아름다움을 맛보는 것이 중요하다고 생각합니다. 우리의 마음이 어떤 의미에서든 왜곡되어 있는 한──신경증의 자극과 감정, 공포, 비탄, 불건강, 야심, 교만, 권력욕 같은 것에 의하여──그것은 보거나 듣거나 관찰할 수 없습니다. 따라서 보거나 듣거나 관찰하는 방법은 길러질 수 없는 것입니다. 서서히 발전시키며 성장시킬 수 없는 것입니다. 실제로 위기를 당했을 때 인간의 몸과 기억은 즉각 본능적이며 순간적인 반응을 나타냅니다. 인간은 어릴 때부터 위험에 직면하게 되면 그렇게 행동하도록 조건지어져 있기 때문에 마음은 즉각 반응하게 됩니다. 그렇지 않으면 다치거나 죽게 되기 때문이지요. 거기에서 우리는 아무런 규제도 받지 않고 그저 관찰하는 가운데 행동을 일으킬 수 있는지 없는지를 묻게 됩니다. 인간의 마음은 어떤 형태의 왜곡에 대해서도 즉각 자유롭게 반응을 나타내며 행동을 일으킬 수 있을까요? 즉 본다는 자체가 그대로 행동으로 표현될 수 있느냐 하는 것입니다. 공포를 자각했을 때, 그것을 똑바로 보고 그 관찰을 통해서 공포로부터 해방될(이것은 행위이기도 합니다) 수 있을까요? 오늘 아침에는 이런 문제를 다루어보려고 생각합니다. 이것은 중대한 문제입니다. 우리는 이 미지의 문제를 다룰 수 있을 것입니다. 그러나 공포

제19장 응시의 방법   303

와 야심, 탐욕, 절망 따위로 조건지어져 있는 마음으로는 이런 일을 할 수 없습니다. 건강하고 진지하며 조화와 균형이 잡혀 있는 마음이라야 이런 일을 잘해낼 수 있습니다.

문제는 다음과 같습니다. '우리의 마음(전존재라고 해도 좋습니다)은 어떤 형식으로든지 전도(顚倒)와 투쟁과 폭력을 자각하고 그것을 관찰함으로써 즉시(서서히가 아니고) 그것을 종식시킬 수 있을까?' 이것은 자각과 행위 사이에 시간이 끼여들 여지를 주지 않는다는 뜻입니다. 실제로 위험에 직면했을 때에는 분명히 시간적 간격이 없이 즉시 행위가 시작됩니다.

우리는 현명하게 되자, 깨닫자 하면서도 날마다의 관찰이나 실천을 통해서 서서히 그렇게 될 것으로 생각하는 데 익숙해져 있습니다. 이것이 습관이 되고 우리 문화의 틀이 되어서 우리를 제약하고 있습니다. 그러나 나는 마음이 공포나 폭력으로부터 해방된다고 해도 그것이 서서히 진행되는 것이라면, 그 공포나 폭력을 한층 더 조장하게 되리라고 생각합니다.

공격이나 권력욕을 포함해서 폭력이라는 것을―― 외적인 면에서뿐 아니라 인간 존재의 근원에 있어서도――종식시킬 수 있을까요? 그것을 똑바로 관찰함으로써, 게다가 시간이 끼여들 여유를 주지 않고서 그것을 종식시킬 수 있을까요? 우리는 보통 관찰과 행위 사이의 간격, 존재와 당위 사이의 간격을 용인하고 있습니다. 예를 들어 어떤 것을 제거하고 다른 것을 성취하려고 할 때, 사람들은 시간적 간격이 있는 것을 당연한 것으로 생각합니다. 이것은 어릴 때부터 그와 같이 자라왔고 그와 같이 교육받았기 때문입니다. 앞으로 서서히 뛰어난 사람이 될 것이라고 말입니다. 그런데 외적으로 말한다면 기술습득 같은 것에는 시간이 필요합니다. 일류 목수가 된다든지 물리학자나 수학자가 되는 데에는 몇 년의 학습이 필요합니다. 사람은 어릴 때부터 복잡한 문제에 직면하기 때문에 이런 확증을 가지고 있습니다(나는 직관이라는 말을 좋아하지 않습니다). 새로운 기술이나 어학을 배우기 위해서는 기억력을 길러야 하고 시간이 절대로 필요하다는 것을 알고 있습니다. 예를 들어 '나는 내일 즉시로 독일어를 할 수는 없다. 적어도 몇 개월은 필요하다' 또는 '전자공학에 대해서는 전혀 모르기 때문에 아마 몇 년이 걸릴지도 몰라' 하고 생각하게 됩니다. 이와 같은 기술적인 것을 배우는데는 확실히 시간이 걸립니다. 그러나 이것과 내가 지금 말하고 있는 위험한 지각과 행위의 간격을 혼동하지 말도록 하십시오.

질문: 아이들의 성장에 대해서 말해주십시오.

크리슈나무르티: 아이들은 성장해야 합니다. 그들은 많은 것을 배워야 합니다. 그러나 어른이 아이에게 "너는 성장하지 않으면 안돼"라고 말한다면, 이것은 권위가 없는 말입니다.

질문: 우리의 마음은 부분적으로는 변할 수 있습니다.

크리슈나무르티: 그건 그렇습니다. 사람이 화가 나더라도 '화를 내서는 안돼'라고 자신을 달래게 되면 그 노여움은 어느 정도 가라앉게 됩니다. 그러나 통제를 더욱 강화시켜나가야 되기 때문에 부분적으로밖에는 목적을 달성하지 못합니다.

질문: 그런 의미가 아닙니다.

크리슈나무르티: 그럼 어떤 것입니까?

질문: 내가 말하고 싶은 것은, 인간이 갖고 있던 문제 중에는 해

결되고 소멸된 문제도 있다는 말입니다. 물론 혼란이 다시 일어날지도 모르지만, 그 문제는 이전과는 다른 것입니다.

크리슈나무르티: 그렇습니다. 그러나 똑같은 혼란이 조금씩 형태를 바꾸어가면서 일어나는 것이 아닐까요? 즉 수정되어서 연속되고 있습니다. 예를 들면 의존심이 강한 사람이 그런 생활을 그만두려고 고독의 괴로움을 착실히 맛보면서 '의존적인 생활을 이제는 그만두자' 하며 노력합니다. 그리고 일시적으로 거기에 성공합니다. 그러므로 확실히 어느 정도까지는 변혁을 달성한 것입니다. 그러나 또다시 의존심이 생겼을 때에는 이전과 똑같이 될 것입니다. 그리하여 그는 또다시 그 문제에 직면해서 처리하게 됩니다……. 그래서 나는 이와 같은 의존이라는 것의 본질 전체를 관찰해서 그로부터 즉시 해방되는 것――마치 실제로 위험에 직면했을 때 우리가 반사적으로 행동하는 것과 같이――이 가능한가를 찾아보고 싶은 것입니다. 이것은 사실 중요한 문제로서 우리는 말로만이 아니라 깊이 그 핵심에 접근해야 합니다. 이 의미에 대해서 주목해주십시오. 아시아 전역에 걸쳐서 영혼재래설이 보급되어 있습니다. 이 설은 인간이 어떻게 현세에서 살았느냐에 따라 내세에서 다시 태어난다는 생각입니다. 만일 어떤 사람이 현세에서 잔혹하고 투쟁적이며 파괴적으로 살았다면, 내세에서 그 보상을 해야 합니다. 그가 반드시 짐승으로 다시 태어난다고는 할 수 없어도, 이번에는 한층 더 고통에 찬 파멸적인 생애를 보내게 된다는 것입니다. 그것은 현세에서 아름답게 살지 못한 것에 대한 보복인 것입니다. 이와 같은 영혼재래설을 믿는 사람들은 그런 말에만 정신을 쏟고, 그 깊은 의미는 알지 못하고 있는 것입니다――'우리가 현재 하고 있는 일이 미래에 대하여 결정적으로 중요합니다. 왜냐하면 미래(내세)에 있어 우리가 한 일에 대한 보상을 해야 하기 때문입니다.' 이처럼 동양 사상에 있어서나 서양 사

상에 있어서나 인간이 지금과 다른 모습을 미래에 갖게 된다는 생각은 공통적인 것입니다. 어느 때든 어디에서든 '존재'와 '당위' 사이에는 시차가 있습니다. 당위를 위해서는 노력해야 하며, 주의를 집중시키는 데에는 시간이 걸립니다. 만일 정신집중이 안되면 끊임없는 수양과 훈련을 해야 하며, 그 때문에 또한 시간이 걸립니다.

그러므로 이 문제는 그런 것과는 전혀 다른 방법으로 다루지 않으면 안됩니다. 우리는 지각이라는 것을 관찰과 행위의 일체로서 이해하지 않으면 안됩니다. 그것은 분리하거나 분할할 수 없는 것입니다. 그래서 이번에는 행위라는 문제를 탐구하지 않으면 안됩니다. 행위란 어떤 것일까요?

질문: 지각을 할 수 없는 맹인(장애자)은 어떻게 행위를 할 수 있을까요?

크리슈나무르티: 당신은 수건으로 눈을 가리고 잠시 동안 움직여 본 일이 없습니까? 아이들은 그런 놀이를 잘합니다. 그렇게 하면 시각 이외의 감각이 발달해서 민감하게 됩니다. 당신은 벽이 있는 곳까지 왔다든지 책상이나 의자가 있는 곳까지 왔다는 것을 알게 됩니다. 그러면 이번에는 심리적인 면에서 마음의 눈이 멀어 있는 것에 대해서 이야기해봅시다. 우리는 외부적인 사물에 대해서는 잘 알지만 내부적으로는 마음의 눈이 멀어 있습니다.

행위란 무엇일까요? 행위라고 하면 언제나 이념, 원리, 신념, 결론, 기대, 절망 같은 것에 기초하고 있는 것이 아닐까요? 우리는 이념이나 이상을 갖고 있으면 그것에 자기를 일치시키려고 합니다. 따라서 이상과 행위 사이에 간격이 생깁니다. 그 간격은 시간입니다. '그 이상과 같이 되어보자' 하며 자기를 그것과 일치시킴으로써 점차 그러한 이상과 같은 행동이 생기고 그 행위와 이상 사이의 구분이 사라질 것입니다. 그러나 이 행위와 이상이 접근했을 때 어떻게 될까요? 역시 간격이 생길까요?

질문: 끊임없이 양자를 비교하게 됩니다.

크리슈나무르티: 그렇습니다. 비교 같은 것을 하게 됩니다. 그때 관찰하면 어떤 행위가 일어날까요?

질문: 현재의 일을 무시하게 됩니다.

크리슈나무르티: 그 밖에는요?

질문: 모순이 생깁니다.

크리슈나무르티: 그렇습니다. 모순입니다. 그 결과 위선적인 행동을 하게 됩니다. 화가 나 있어도 '화내지 말라' 하고 이상이 말합니다. 그리고 억압, 통제, 동일화, 이상 같은 것과 일치되면서 나는 언제나 갈등과 기만의 상태에 놓이게 됩니다. 이상가(理想家)라는 것은 자기 기만을 가르치는 사람인 것입니다. 이러한 분열 속에서 갈등이 생기며 그 밖의 여러 가지가 생겨납니다.

질문: 왜 우리는 전생(前生)의 생활을 기억할 수 없는 것일까요? 그것을 알게 되면 인간의 진화가 쉽게 될 텐데요.

크리슈나무르티: 그럴까요?

질문: 그것을 알게 되면 잘못을 저지르지 않을 텐데요.

크리슈나무르티: 전생이라고 했는데, 그것은 어떤 것입니까? 어제의 생활이나 20년 전의 생활을 말하는 것입니까?

질문: 아닙니다. 전생에 살고 있던 때를 말합니다.

크리슈나무르티: 그러면 백 년도 더 지난 일이군요. 그것을 알게 되면 인생이 왜 살기 쉬워진다는 것입니까?

질문: 인생을 더욱 잘 이해하게 될 것이기 때문입니다.

크리슈나무르티: 한 걸음씩 한 걸음씩 나아갑시다. 당신이 백 년 전의 일이나 고통 같은 것을 기억한다고 해도 그것은 어제 하루의 경험과 마찬가지가 아닐까요? 백 년 전의 기억은 전생의 영혼이라고 하면서 왜 어제의 것은 다르다는 것입니까? 어제의 생명일지라도 오늘 또다시 태어난 것입니다. 그러나 인간은 그렇게 생각하기를 싫어합니다. 그 이유는 인간은 이상하게도 자기가 성장한 후에 다시 태어난다는 시간적 개념을 갖고 있기 때문입니다. 그러나 당신을 다시 태어나게 하고 있는 그 자체를 당신은 본 일이 없습니다——그것은 당신의 기억에 불과한 것입니다. 따라서 영혼재래설에는 신성하고 존엄한 것이 아무것도 없다는 것입니다. 어제에 대한 당신의 기억이 오늘 또다시 태어나, 그에 따라 당신은 행동하는 것입니다. 즉 어제가 오늘 당신의 행동을 제한하고 있는 것입니다. 그와 똑같이 백 년 전의 기억이 어제도 오늘도 활동하고 있는 것입니다. 이처럼 과거가 끊임없이 다시 태어나서 나타나는 것입니다. 그러므로 이와 같은 설명을 현명한 것으로 생각해서는 안됩니다. 만일 인간이 기억의 공적과 죄를 자각한다면, 영혼재래설 같은 것은 입 밖에도 내지 않을 것

입니다.

그런데 우리는 행위에 관한 말을 하고 있었습니다. 그러면 인간의 행위는 자유롭고 자발적이며, 또한 직접적인 것일까요? 혹은 그것은 시간, 즉 사고나 기억에 얽매여 있는 것일까요?

질문: 일전에 고양이가 쥐를 쫓고 있는 것을 보았습니다. 고양이는 '그것은 쥐이기 때문에'라고 생각하고 그러는 것이 아닙니다. 직접적이며 본능적으로 행동하는 것입니다. 우리도 자발적으로 행동해야 한다고 생각합니다.

크리슈나무르티: 그렇게 하지 않으면 '안된다' 든지 그렇게 '해야 한다' 고는 말하지 마십시오. 시차라는 것을 이해하게 되면, 그런 표현은 사용하지 않게 되리라 생각합니다. 우리는 '행위란 무엇인가' 하는 문제를 말이나 지식에 의하지 않고 마음속 깊은 곳에서 찾고 있는 것입니다. 행위란 언제나 시간적 제약을 받고 있는 것일까요? 기억이나 공포 또는 절망에서 생긴 행위는 물론 시간적 제약을 받을 것입니다. 그런데 완전히 자발적이며 시간으로부터도 해방된 행위가 있을까요?

질문: 당신은 사람은 뱀을 보면 즉시 행동한다고 했습니다. 그러나 그 뱀도 행동을 통해서 성장하는 것입니다. 생명은 그렇게 단순한 것이 아니며, 뱀이라고 해도 한 마리만 있는 것이 아닙니다. 인생은 더욱 복잡해서 마치 어려운 수학 문제를 푸는 것과 같습니다. 따라서 그 문제를 풀기 위해서는 시간이 필요합니다.

크리슈나무르티: 예를 들어서 우리는 호랑이의 세계에 살고 있으므로 인간의 형태를 취하고 있는 많은 호랑이를 만나게 된다. 그 호

랑이들은 잔인, 폭력, 참혹 그리고 탐욕스러우며 각각 자기의 만족을 추구한다. 이런 세계에서 살아가고 활동하기 위해서는 차례차례로 호랑이를 사살할 시간이 필요하다. 그런데 막연히 호랑이라고 말하지만 나 자신도 그 속에 포함된다. 나의 내부에도 수많은 호랑이가 있다. 이런 마음속의 호랑이를 차례차례 처치하기 위해서는 시간이 걸린다——라는 것입니까? 우리는 바로 이 문제를 다루고 있는 것입니다. 분명히 이것은 시간이 걸리리라 생각합니다. 또한 '나는 호랑이'는 '너라는 호랑이'기도 합니다. 호랑이와 뱀을 거느리고 있는 당신이 있습니다. 동시에 이것은 나의 모습이기도 합니다. 그래서 나는 이렇게 말하고 싶은 것입니다. 나의 내부에 잠재되어 있는 이런 야수들을 어떻게 죽여버릴 것인가 하고 말입니다. 나에게는 몇천 개의 '자아'가 있습니다. 즉 몇천 마리의 뱀이 있습니다. 이들을 전부 죽여버리기 전에 나 자신이 먼저 죽어야 할 운명에 놓여 있는 것입니다.

 그러므로 이런 뱀들을 서서히가 아니라 단번에 처치해버릴 수 있는 방법은 없을까요? 제발 들어주십시오. 대답하지 말고 발견하십시오. 우리는 마음속에 있는 맹수, 즉 이런 모순을 관찰하고 즉시로 이런 것들에서 벗어날 수는 없을까요? 이것이 불가능하다면 나로서는 아무런 희망도 없습니다. 물론 인간은 여러 모습으로 행세할 수 있습니다. 그러나 내가 갖고 있는 병의 근원을 즉시로 근절시키지 않는 한, 나는 영구히 그 노예로 남아 있을 것입니다. 비록 내세에 가서 몇천 번을 다시 태어나도 말입니다. 그러므로 나는 그런 것을 지각함으로써 내 안에 있는 야수들의 활동을 정지시킬 수 있는 응시와 행동의 방법을 발견하지 않으면 안됩니다.

 질문: 그렇게 해야 합니다!

크리슈나무르티: 아닙니다, 부인. 이 문제는 상당히 어렵습니다. 간단히 '이렇게 해라', '이렇게 하지 말라' 하고 처리해버릴 수 있는 문제가 아닙니다. 치밀한 탐구가 필요합니다. 따라서 그저 알았다든지 이렇게 하는 것이 좋다든지 하는 대답은 적합하지 못합니다. 아무튼 탐구해봅시다.

질문: 만일 전망만 보인다면요!

크리슈나무르티: '만일'이라는 말은 사용하지 마십시오.

질문: 만일 내가 무엇을 알았다고 할 때 그것을 말로 표현하는 것이 좋을까요, 그렇지 않으면 그대로 마음에 간직하는 것이 좋을까요?

크리슈나무르티: 쉬운 말을 어려운 표현으로 바꾸어서 말할 필요가 있을까요? 말한 대로 이해할 수는 없습니까? 우리 마음속에는 많은 야수가 살고 있어서 위험합니다. 그것을 한 번만 관찰하고 지각해서 즉시 거기에서 해방될 수는 없을까요? 부인도 그렇게 해본 일이 있습니까? 그러나 그런 것을 묻는다고 해도 나로서는 쓸데없는 것으로밖에 생각되지 않습니다. 나는 그저 그런 일이 가능한지 어떤지를 묻고 있는 것입니다.

질문: 행위에는 두 가지 면이 있다고 생각합니다. 마음속으로 결의하는 면──이것은 즉시 일어납니다. 외부적으로 작용하는 행위에는 시간이 걸립니다. 전자의 결의는 내면적 행위입니다. 이런 행위의 두 가지 면을 연결하는 데는 시간이 걸립니다. 이것이 말에 의한 전달의 문제입니다.

크리슈나무르티: 잘 알겠습니다. 시간이 필요한 외적 행위와 지각이 행동으로 즉시 옮겨지는 심적(心的) 행위 두 가지가 있습니다. 그러면 지각, 결의, 행동이 직결되는 내적 행위와 시간이 필요한 외적 행위가 어떻게 하면 연결될 수 있는가――질문은 이런 것인데, 알겠습니다.

나의 의견을 말하면 그 양자의 연결 같은 것은 필요없다고 생각합니다. 대체로 그 두 행위는 연결할 수 없는 것입니다. 그에 대해서 말해봅시다. 가령 이곳에서 저곳으로 가는 데는 시간이 걸립니다. 그러나 내적인 일에 있어서도 시간이 필요할까요? 만일 우리가 시간의 본질을 이해한다면, 외적 세계의 시차 문제를 처리할 수 있을 것입니다. 그리고 내적인 마음의 상태까지 그것이 간섭하지 못하게 할 수 있습니다. 따라서 나는 외적인 행동에 관해서는 뒤로 미루고 싶습니다. 외적인 행동으로 옮기는 데는 시간이 필요하기 때문입니다. 이에 반해서 내적인 마음의 지각, 결의, 행동 같은 경우에 시간이 걸리는가 하는 것을 찾아봅시다. 이 중에서 '결의'라는 것을 생각할 필요가 있을까요? 결의는 짧은 시간, 즉 순간적으로 이루어지는 것입니다. '나는 결의한다'라고 할 때에는 확실히 시간적 요소가 포함됩니다. 왜냐하면 결의는 시간이 필요한 의지와 욕구를 기초로 해서 이루어지기 때문입니다. 그래서 나는 이 자리에서 결의를 문제로 삼을 것이냐 아니냐에 대해서 묻고 있는 것입니다. 대체로 결의 자체가 '시간이 걸려야 한다'고 말하는 우리의 주어진 조건의 일부가 아닐까요?

그러면 결의가 개입되지 않은 지각과 행위는 없을까요? 가령 내가 공포를 자각하고 있다――사고에 의하여 과거의 기억이나 경험에서 생긴 공포, 또한 어제의 공포가 오늘까지 지속된 공포, 이런 공포의 본성과 구조 전체를 이해했다고 합시다. 그렇게 되면 결의하겠다는 생각이 없이도 그것의 관찰 자체가 그로부터 해방되는 행위로 연결되게 됩니다. 이런 일이 가능할까요? 이 문제를 단순히 긍정하면서 "나도 그런 경험이 있다" 또는 "누군가도 그렇게 했다"고 말하는 것은 여기에서는 쓸데없는 짓입니다. 참으로 공포는 이런 방법으로 소멸할까요? 우리에게는 표면적으로 말할 수 있는 공포——세계에서 일어나고 있는 공포가 있습니다. 이 세상은 호랑이로 가득차 있습니다. 이 호랑이들은 우리의 분신이기도 합니다만 파괴적으로 활동합니다. 그래서 호랑이의 일부인 나와 다른 부분 사이에서 투쟁이 일어납니다.

또한 우리 사이에는 사고가 가져다주는 내적인 공포——심리적인 불안정이라는 것이 있습니다. 사고가 쾌락을 길러주며 공포도 가져온다는 것을 우리는 알고 있습니다. 또한 우리가 뱀이나 절벽이나 깊은 계곡을 보았을 때 위험을 느끼는 공포도 있습니다. 그러나 이것을 관찰함으로써 (결의를 하겠다는 생각은 하지 않고) 그것을 종식시키는 것입니다.

질문: 때로는 공포를 자각할 수 있지만, 그 공포는 지속되지 않을까요?

크리슈나무르티: 그 문제는 주의해야 합니다. 첫째로 나는 공포의 제거를 원하는 것이 아닙니다. 나는 그것을 표현하고 이해하여 마음 속에서 흐르는 대로, 물결치는 대로 맡겨두려 합니다. 나는 공포를 이해하지 못하고 있습니다. 그것을 두려워하고 있다는 것만 알고 있습니다. 그래서 나는 마음의 어느 수준에서 어느 정도로 두려워하고 있는가, 의식면에서 두려워하고 있는가, 존재의 심층인 근원(미지의 잠재 부분)에서 두려워하고 있는가 하는 것을 탐구하려고 합니다. 그것을 끄집어내어 밝혀두고 싶습니다. 어떻게 하면 좋을까요? 시간이

걸려서는 안된다는 것은 알겠지요? 그리고 나라는 전존재로부터 공포가 완전히 제거되어야만 합니다.

질문: 비록 이 세상에 호랑이가 몇천 마리 있다고 해도 땅에 앉아 있으면 보이지 않습니다. 그러나 만일 언덕 위에 앉아 있다면, 사태를 알 수 있고 문제를 다룰 수 있을 것입니다.

크리슈나무르티: '만일'이라는 표현은 좋지 않습니다. '내가 만일 날 수 있다면 아름다운 세상을 볼 수 있을 것이다'라고 말해보아도 실제로 나는 날 수 없으며 여기에 있습니다. 그러므로 그런 개념적인 질문은——우리는 간단히 그것을 깨닫지 못하고 있지만——전혀 의미가 없습니다. 나는 무엇인가를 구하고 있습니다. 그래서 사람들은 여러 가지 이론을 제공해줍니다. 그런데 여기에 문제가 있습니다——우리는 모두 어떤 종류든지 공포를 가지고 있습니다. 잠재적인 심층부의 공포와 표층부의 공포(세계에 존재하는 공포)가 있습니다. 후자는 알기 쉬운 공포로서 실직, 가족의 사고 같은 것입니다. 전자는 마음의 심층에 잠재하는 공포로서 심각한 것입니다. 이런 공포를 어떻게 하면 즉시 밝혀낼 수 있을까요? 여러분은 어떻게 생각하십니까?

질문: 당신은 마음속에 있는 야수를 전부 몰아내야 한다고 생각합니까, 그렇지 않으면 야수가 생길 때마다 몰아내는 것이 좋다고 생각합니까?

크리슈나무르티: 지금 이 분은 마음의 야수가 다시는 생기지도 않도록 하기 위해서는 어떤 시기에 한꺼번에 몰아내는 것이 좋으냐고 묻고 있습니다. 나도 그렇게 하는 것이 좋다고 생각합니다. 왜냐하

면 야수를 몇 번에 걸쳐 몰아내서는 안되기 때문입니다——그러나 여러 학파와 성자, 종교가, 심리학자들은 "마음의 악마를 하나씩 제거하시오"하고 가르치고 있습니다. 이런 가르침에는 찬성할 수 없습니다. 나는 마음의 야수를 한꺼번에 축출해서 두 번 다시 재해가 일어나지 않도록 할 수 있는 방법을 찾고 싶습니다. 만일 야수가 다시 찾아온다고 해도 두 번 다시 받아들이지 않는 방법을 말입니다. 알겠습니까?

질문: 그 야수의 이름을 밝히는 것이 좋지 않겠습니까? 그것은 사고가 아닙니다. 사고가 방해하려고 다시 찾아와도 사람이 그 처리 방법을 알고 있으면 걱정없다는 것이지요?

크리슈나무르티: 그 방법은 아직 판명되지 않았습니다. 생각해보도록 합시다. 여러분은 대단히 열심이군요!

질문: 이것은 우리의 삶의 문제이므로 열중하게 되는 것은 당연하지요.

크리슈나무르티: 해답을 얻는 데 열심이다…… (라고 말했습니다). 물론 우리는 열심이어야 합니다. 이 문제는 어려운 것입니다. 말만으로는 안됩니다. 주의력이 깊어야 합니다.

질문: 왜 실제로 지금 당장 지각해보려고 하지 않습니까?

크리슈나무르티: 나는 그렇게 하라고 제안하고 있는 것입니다.

질문: 내가 당신을 보았다면 어떻게 될까요? 처음에 당신의 모습

을 파악합니다. 나를 보아주십시오. 당신에게도 나의 시각적 모습이 생깁니다. 그렇지요? 그 다음에는 어떻게 됩니까? 이 모습을 둘러싸고 사고가 일어납니다……

크리슈나무르티: 아까 부인이 말한 것과 똑같습니다. 사고가 그 야수입니다. 그 야수에게 초점을 맞춥시다. 그러나 그 야수를 사고라든지 자아, '나', 공포, 탐욕, 선망 같은 것이라고 말하지는 마십시오. 분명히 그렇기는 합니다만, 이 야수는 서서히 쫓아낼 수는 없으며 그렇게 하면 또다시 모습을 바꾸어서 등장하게 됩니다. 그렇게 몇 번이고 반복하는 방법은 현명치 못한 짓입니다. 따라서 나는 두 번 다시 일어나지 않도록 완전히 쫓아버릴 수 있는 방법을 발견하고 싶습니다.

질문: 나의 마음속에서는 각각 다른 기능이 여러 가지 속도로 활동하고 있습니다. 그 중의 한 기능이 다른 기능을 추구해보아도 소용이 없습니다. 만일 마음의 기능의 하나인 정서가 다른 기능인 이념을 추구한다고 해도 아무 소용이 없습니다. 모든 기능을 총합적으로 관찰하지 않으면 안된다고 생각합니다.

크리슈나무르티: 당신은 여러 가지 말로 표현하고 있지만 모두 같은 것입니다.

질문: 아까 도중에서 중단했지만 그때 당신은 공포를 제거하려고 하지 않는다고 했지요?

크리슈나무르티: 내가 말한 것은, 첫째로 나는 그 야수의 제거를 바라지 않는다는 것입니다. 그것을 쫓아내려고 하지도 않습니다. 만

반의 준비를 하고 그런 일을 시작하기 전에, 나는 도대체 누가 그 야수를 쫓아낼 것인가를 알고 싶습니다. 그 야수를 쫓아내려다가 오히려 더 큰 호랑이를 불러들이게 될지도 모릅니다. 그래서 나는 아무것도 쫓아내고 싶지 않습니다. 이것이 중요한 점입니다!

 질문: 야수를 쫓아내는 일은 동시에 자신에 대한 사형선고가 될지도 모르겠군요.

 크리슈나무르티: 그것은 알 수 없습니다. 천천히 나아갑시다. 내가 설명을 하겠습니다. 나는 아까 마음의 야수를 쫓아내는 일을 하기 전에, 그 일을 해주는 기관이 무엇인가를 알고 싶다고 했습니다. 호랑이를 잡는다고 큰 호랑이를 사용해서 작은 호랑이를 쫓아낸다면 아무 소용도 없습니다. 그래서 나는 "잠깐 기다려주십시오. 호랑이의 추방은 바라지 않습니다"라고 말했습니다. 나의 마음의 변화를 알겠습니까? 추방이 아니라 관찰하고 싶습니다. 큰 호랑이가 작은 호랑이를 축출하는 일이 없도록 명확하게 해놓고 싶습니다. 왜냐하면 소악(小惡)이 죽고 대악(大惡)이 판을 치는 일이 실제로 이 세계에서 행해지고 있기 때문입니다――대국의 독재자가 소국의 독재자를 몰아내는 것과 같은 것입니다.

 따라서 지금 나는 아무것도 추방해서는 안된다는 자각에 도달했습니다. (알겠습니까?) 추방, 극복, 지배라는 원칙 그 자체를 추방해야 한다는 것입니다. '작은 호랑이를 추방해야 한다'고 결정을 내린 사람이 얼마 안 가서 큰 호랑이가 되어 판을 치게 될지도 모르기 때문입니다. 나는 추방을 결정하고 명령을 내리는 모든 행위를 완전히 없애야 한다고 생각합니다. 그때서야 비로소 참으로 볼 수 있습니다. 그래서 나는 문자 그대로 나 자신에게 말합니다. '아무것도 추방하지 말자'고 말입니다. 이와 같이 해서 나는 호랑이를 가지고 호랑이를 잡으려고 하는 시간이라는 무거운 짐으로부터 해방됩니다. 그리고 나는 '조급하게 애쓰지는 말자. 추방하지도 말고 결의하며 행동하지도 말고 우선 관찰하자'고 말합니다.

나는 관찰하고 있습니다. 자아가 관찰하지 않습니다. 정신과 두뇌가 관찰하고 있습니다. 여러 가지 호랑이가 보입니다. 부부도 아이들도 보입니다. 이 밖에 마음의 심층에서도 무엇인가가 보입니다. 나는 이런 것들도 밝혀보고 싶습니다. 어떤 실천이나 수업을 하면 그렇게 될 수 있을까요? 어떤 방법이 있다고 해도 그것은 화를 내게 하거나 달래주거나 하는 일을 되풀이하는 것뿐이 아닐까요? 그곳에 있는 모든 호랑이들을 둘러보고(크고 작은 호랑이와 갓난 호랑이까지 포함해서) 그 모두를 완전히 알 수 있는 방법은 없을까요? 그렇게 할 수 없다면 나의 인생은 여전히 낡은 관습――부르주아적인 생활, 하찮고 모순된 속임수 투성이의 관습――을 되풀이하게 될 뿐일 것입니다. 여러분이 보고 듣는 방법을 알게 되었다면, 오늘 아침의 이야기는 끝난 것입니다.

여러분은 매일 아침 제자들에게 강의를 하던 어떤 선생의 이야기를 알고 있습니까? 어느 날 이 선생이 강단으로 올라가려고 할 때 한 마리의 새가 날아오더니 바로 옆에 있는 창문에 앉아 지저귀기 시작했습니다. 선생은 그대로 내버려두었으며 새는 잠깐 앉아 있다가 날아가버렸습니다. 그때 선생은 제자들을 보고 "오늘 아침 강의는 이것으로 끝"이라고 말했답니다.

1969년 8월 7일 스위스 자넨

제20장   미지의 세계로 들어가는 것

**억압. 평정에서 생기는 행위. 자기를
향한 여행──잘못된 여행과 예상된
'미지'.**

크리슈나무르티: 우리는 사람이 마음속에 갖고 있는 여러 가지 야수들을 처치하는 방법을 찾아보았습니다. 왜냐하면 우리는, 아니 적어도 나는 미지의 세계로 들어가볼 필요가 있다는 것을 알고 있기 때문입니다. 결국은 우수한 수학자나 물리학자나 예술가까지도 모두 이 미지의 세계를 탐구해야 합니다. 그리고 자신의 단순한 정서나 상상에 빠져서는 안됩니다. 또한 일반적인 우리도 각각 일상적인 모든 문제에 관심을 갖고 깊이 이해하면서 살아가지 않으면 안됩니다. 우리도 이 미지의 세계로 들어가야 합니다. 그러나 스스로 야수를 만들어놓고 그것을 축출하려고 하는 등 정신 자체가 말썽거리나 모순을 안고 있기 때문에 아마도 그런 일은 할 수 없을 것입니다. 특별히 뛰어난 지능이나 통찰력이 없는 보통 사람들은 하찮고 자질구레한 일상 생활을 보내게 되는데, 그런 우리가 이런 문제를 어떻게 다루어야 할까요? 이것이야말로 우리가 생각해야 할 일인 것입니다.

　사람들은 새로운 발명도 하고 이론도 발견하는 동시에 새로운 압력과 정치적 상황을 만들어내면서 자신들도 달라져갑니다. 이런 일은 분명히 질의 변화를 가져옵니다. 그러나 우리는 그런 것보다도 인간존재에 있어 근본적이고 기본적인 변혁에 관해서 이야기를 하고 있는 것입니다. 그리고 그런 대변혁은 서서히 초래되는 것인가 혹은 즉시 일어나는 것인가 하는 문제를 다루고 있는 것입니다. 어제는 변혁이 서서히 이루어지는 것에 대해서 생각해보았습니다. 그 경우에는 멀리 있는 목표를 향해 시간을 들여가며 노력하는 의지가 필요합니다. 그러나 이것은 인간이 몇천 년을 두고 시도해보았지만, 끝내 근본적인 변혁에 도달하지 못하고 만 것입니다. 그러므로 이번에는 우리가, 즉 이 세계가(세계와 우리는 하나이며 불가분의 것이므로) 스스로 만들어낸 고난, 증오, 적대, 비통 같은 모든 것을 단번에 제거해버릴 수는 없을까 하는 것을 검토해볼 필요가 있습니다. 인간의 비통은 누구나가 맛보는 일입니다. 우리는 이 비통의 전체 구조를 관찰함으로써 즉시 축출해버릴 수는 없을까요?

나는 사람이 올바르게 관찰할 수 있을 때에만 그것이 가능하다고 말했습니다. 인간의 마음이 날카롭게 관찰할 때는 그 관찰 자체가 비통을 종식시키는 행동이 됩니다. 우리는 또한 행위란 무엇인가 하는 문제도 다루었습니다. 그리고 자유롭고 자연적이며 의지에 좌우되지 않는 행위라는 것이 있을까 하는 것도 찾아보았습니다. 일반적으로 행위란 우리의 기억이나 이상, 모순, 마음의 상처, 비통 같은 것에 기초를 두고 있는 것일까요? 행위란 항상 이상이나 원리 또는 기성의 질서에 스스로를 합치시키려고 하는 것일까요? 나는 그런 행위는 참된 행위가 아니라고 했었습니다. 왜냐하면 그런 방법으로는 '당위'와 '존재' 사이의 모순을 증대시킬 것이 뻔하기 때문입니다. 사람이 이상을 설정할 때는 존재와 당위 사이에 거리가 있게 됩니다. 따라서 그 '당위'에 도달하는 데 몇천 년이 걸려야 하며, 완전한 유토피아에 도달하려면 몇 세대이고 다시 태어나지 않으면 안됩니다. 나는 또한 사람은 어제에서 오늘로 인계되며, 그 어제는 다시 몇천 년 전, 아니 바로 직전과 연결되어 있고, 보통 행위라고 하는 것은 과거와 현재와 미래(당위)라는 구분에 기초를 두고 있다고도 말했습니다. 이런 생각은 모순, 갈등, 비참을 초래합니다. 그것은 결

제20장 미지의 세계로 들어가는 것

코 참된 행위가 아닙니다. 지각하는 것이야말로 참된 행위인 것입니다. 지각 자체가 바로 행위인 것입니다. 실제적 위험을 목격했을 때 즉시 행동하듯이 말입니다. 우리는 어제 이런 문제를 다루었습니다.

인간에게는 커다란 위험이나 시련 그리고 비통의 시기가 있습니다. 그때 마음은 순간적으로 정적해지면서 충격을 받습니다. 여러분에게도 그런 경험이 있을지 모르겠습니다. 여러분이 아침 햇살이나 저녁놀에 밝게 빛나고 있는 산봉우리를 보게 되었을 때 신령, 지대(至大), 신성, 고고(孤高)의 감정에 싸여서 마음은 그런 것을 받아들이지 못하게 됩니다. 그럴 때 마음은 완전히 정적해지지만 얼마 후에 충격이 끝나면, 마음은 또다시 그전의 조건지어짐에 따라 반응하기 시작합니다. 그리고 독자적이며 개인적인 문제가 또다시 시작됩니다. 따라서 이때의 마음의 평정은 일시적인 것이며 그것은 절대적인 정적과는 연결되지 않습니다. 그 정적은 일시적인 충격을 받고 일어난 것에 불과하기 때문입니다. 이런 일은 커다란 충격을 받으면 누구에게서나 일어납니다. 그것은 외적 사건의 충격으로 일어나기도 하지만 인위적인 내적 방법, 예를 들어 선(禪)의 일파가 하는 것과 같이 일련의 알 수 없는 문답으로 생기는 수도 있습니다. 어떤 실천요강을 가지고 상상적 상태를 만들어내서 사람의 마음을 정적하게 하는 것이지만, 이런 것은 속임수이며 미숙한 짓이라고 말하지 않을 수 없습니다. 우리는 지각 자체가 행위로 연결되어야 하는 마음의 지각에 관해서 말하고 있는 것입니다. 바르게 지각하기 위해서는 마음이 완전히 정적해져야 합니다. 그렇지 않으면 보아도 아무것도 볼 수 없습니다. 남의 말을 들을 때에는 마음이 정적한 상태에서 늘어야 합니다. 쓸데없는 사고를 한다든지 듣고 있는 것을 해석하려고 한다든지 조금이라도 반감을 가지고 있다든지 해서는 실제의 모습을 지각하며 들을 수 없습니다.

따라서 관찰하며 경청하기 위해서는 마음은 정적한 상태에 도달해 있어야 합니다. 그런 정적은 마음이 충격을 받았을 때나 어떤 이념에 몰두했을 때에도 생길 수 있습니다. 아이들이 장난감에 정신이 팔렸을 때에는 조용하게 놉니다. 그 장난감이 아이의 마음을 빼앗았다고나 할까요? 아무튼 아이는 정적해집니다. 마약을 먹는다든지 인위적인 수업을 해도 어떤 커다란 것에 마음을 빼앗긴 것 같은 느낌이 일어납니다. 그것은 그림을 감상한다든지 이미지를 깊이 생각한다든지 '유토피아'에 몰두해도 그렇게 될 수 있습니다. 그러나 진정으로 정적한 마음은 오로지 모순, 전도, 주어진 조건, 공포, 왜곡 같은 것을 이해할 때에만 일어나는 것입니다. 그래서 우리는 이들 공포나 비참, 혼란 같은 것을 단번에 불식하고, 마음이 정적한 상태로 관찰하며 통찰할 수 있는 길을 찾고 있는 것입니다.

사람은 실제로 그런 일을 할 수 있을까요? 여러분은 실제로 정적한 마음을 가지고 자신을 관찰할 수 있습니까? 마음이 적극적일 때는 보는 것을 왜곡하게 됩니다. '이것이 좋다', '저것은 싫다' 하며 해석을 하거나 의미부여를 해버립니다. 적극적인 마음은 흥분해서 감정적으로 되기 때문에 바른 관찰을 할 수 없습니다.

그래서 우리는 보통 사람이 바른 관찰을 할 수 있겠는가 하고 묻고 있는 것입니다. 그것이 무엇이든지 자신을 바르게 관찰할 수 있을까요? '공포'라든지 '비통'이라든지 하는 말에 빠지게 되면 '실제로 존재하는 것'이 보이지 않게 됩니다. 말의 함정에 빠져 있으면서 올바른 관찰을 할 수 있을까요? 그와 동시에 시간이라는 관념이 개입해서 간섭——'달성한다', '처리한다'는 의미로——하는 것을 허용하지 않고, 그저 조용하고 예민하게 주의를 집중시켜서 관찰할 수 있을까요? 예민한 주의집중이 있어야만 비로소 숨어 있는 길을, 그리고 마음이 발견하지 못한 구석구석까지 볼 수 있게 됩니다. 거기서는 아무런 분석도 행해지지 않으며 단지 지각만이 존재합니다. 왜냐하면 분석에는 시간 개념이 포함되어 있을 뿐만 아니라 분석자와 분석 대상이라는 분열이 일어나게 되기 때문입니다. 그런데 이 분석자와 분석물은 다른 것일까요? 다른 것이 아니라면 분석 자체는 무의미한 것입니다. 그러므로 사람은 이것을 자각하고 모든 것(시간, 분석, 저항, 달성, 극복)을 버려야 합니다. 왜냐하면 그런 문을 통해서 비통을 종식시킬 수 없기 때문입니다.

이상과 같은 말을 들었다고 해서 사람이 실제로 그렇게 할 수 있을까요? 이것은 극히 심각한 문제입니다. 이렇게 하면 된다는 '방법'이 있는 것도 아닙니다. 어떻게 하라고 가르쳐주며 필요한 힘을 제공해주는 선생이 있는 것도 아닙니다. 관찰하는 데는 커다란 에너지가 필요합니다. 정적한 마음은 낭비가 없기 때문에 에너지를 저축할 수 있습니다. 그렇지 않으면 마음이 아직 정적하지 못하다는 증거입니다. 사람은 전력을 다해서 자기를 완전히 응시하며 그 결과로서 관찰 자체가 행위로 되면서 모든 것을 종식시킬 수 있을까요?

질문: 그 질문 자제가 불가능한 것이 아닐까요?

크리슈나무르티: 그럴까요? 불가능한 것일까요? 불가능한 일이라면 여러분은 왜 이 자리에 이렇게 앉아 있습니까? 강연자의 목소리만 들으며 그 말은 흐르는 대로 내버려두고 언덕이나 산, 목장으로 둘러싸인 아름다운 이곳에서 휴일의 한때를 보내기 위해서입니까? 왜 당신은 해보지 않습니까? 곤란하기 때문입니까? 총명하지 않으면 안되는 문제일까요? 아니면 아직도 지신의 인생에서 실제로 자기를 관찰해본 일이 없기 때문에 불가능하다고 생각하는 것입니까? 집에 불이 났을 때 인간은 무엇인가를 해야만 합니다! 설마 '그것은 불가능하다. 나는 믿지 못하겠다. 그것은 해보아도 소용이 없다' 하며 가만히 앉아서 다 타버리도록 내버려두지는 않겠지요? 당신은 현실과의 관계에 있어서 무엇인가를 해야 합니다. 자신이 생각하는 '당

위'와의 관계에서가 아니라 현실과의 관계에서 행동해야 합니다. 그 현실이란 집에 불이 났다는 것입니다. 당신은 소방차가 달려오기 전에 불을 끄지는 못한다고 해도 그 사이에——실제로는 '그 사이'라는 것은 없습니다만——그 화재라는 현실과의 관계에서 행동할 수밖에 없는 것입니다.

그러므로 당신이 그것을 불가능한 문제라고 말했을 때, 그리고 어떻게도 할 수 없는 불가능한 문제라고 말했을 때——당신은 집에 불이 난 것을 자각하지 못하고 있는 것입니다. 그러면 왜 불타고 있다는 것을 깨닫지 못하고 있을까요? 집은 세계를 말하는 것이며, 즉 그것은 당신의 것입니다. 불만과 그 밖의 여러 가지 일이 안팎에서 일어나고 있는 바로 당신의 일입니다. 당신이 이런 것을 깨닫지 못한다면 그것은 무엇 때문일까요? 그것은 현명하지 못하거나 많은 책을 읽지 않았거나 무엇이 마음속에서 진행되고 있는지를 알 만한 감수성이 없기 때문일까요? 당신은 배고픈 것을 깨달을 수 있으며 타인의 모욕을 깨달을 수 있고, 누가 아부하든지 성적 만족을 위해 채워주었을 때에는 그것을 알 수 있습니다. 그럼에도 불구하고 당신은 이 자리에서 "나는 자각할 수 없다"고 말합니다. 그러면 어떻게 해야 할까요? 누군가 다른 사람이 계몽을 해주고 격려해주기를 기대해야 할까요?

질문: 당신은 자기의 사상이나 욕망을 관찰함으로써 변혁이 이루어져야 하며, 그것도 즉시 이루어져야 한다고 말했습니다. 나도 한때 그렇게 해보았지만 아무런 변화도 없었습니다. 만일 당신 말대로 하면 그대로 영원히 영속되는 상태가 됩니까, 그렇지 않으면 매일 규칙적으로 관찰해야 하는 것입니까?

크리슈나무르티: 행동과 연결되는 지각을 단번에 해버릴 것이냐,

제20장 미지의 세계로 들어가는 것   325

매일 해야 할 것이냐 하는 뜻이지요? 당신은 어떻게 생각합니까?

질문: 음악 같은 것을 들은 후에야 할 수 있는 것이라고 생각합니다.

크리슈나무르티: 그러면 음악이 마약 같은 필수품으로 되어버립니다. 그 차이는 음악이 마약보다 고급이라는 것뿐입니다. 문제는 '매일 매시간 관찰하고 있을 것인가 또는 어느 날 완전히 관찰해버리고 모든 문제를 종식시킬 것인가?' 하는 것입니다. 그러나 단번에 완전히 관찰했다고 해서 남은 시간을 잠자는 것처럼 해도 좋을까요? 알겠습니까? 즉 사람은 날마다 관찰해야 하며 둔해져서는 안됩니다. 당신은 자신이 받은 멸시, 아첨, 노여움, 절망뿐만 아니라 자신의 안팎에서 진행되고 있는 모든 사태를 자각하지 않으면 안됩니다. 우리는 "나는 완전히 깨달았다. 어떤 일이 일어나도 나는 무너지지 않는다"라고는 말할 수 없습니다.

질문: 모욕을 받은 순간 그것을 지각하고 사태를 이해했을 때, 당신은 격렬한 반응을 억눌러버리는 것이 아닙니까? 당신이 말하는 지각이란 실제로 일어나는 반응의 억압에 불과한 것이 아닐까요? 지각한 것에 그대로 반응하는 것이 아니므로 그런 지각은 반응의 억압에 불과한 것인지도 모릅니다.

크리슈나무르티: 그 문제에 대해서는 상당히 상세하게 논하지 않았던가요? 가령 내가 혐오의 반응을 가지고 있다고 합시다. 당신이 싫다고 생각하며 그 반응을 관찰합니다. 그리고 그 기분이 전개되면서 내가 가지고 있는 주어진 조건이나 문화에 관한 것을 밝혀갑니다. 나는 주의 깊게 그것을 관찰합니다——각성된 마음으로 어디까지나 관찰만 계속 합니다. 차례차례로 여러 가지 일이 전개되는 것

을 관찰합니다. 따라서 억압이라는 문제는 없게 됩니다. 왜냐하면 나는 일어나고 있는 일의 전체를 관찰하는 데에만 관심이 있으며 자신의 반응을 어떻게 초월할 것인가 하는 데는 아무런 관심도 없기 때문입니다. 나의 마음은 자아나 자기의 전구조를 관찰해서 지각할 수 있는가 하는 데 관심이 있습니다. 그런데 어떻게 거기에 어떠한 형태의 억압이 존재할 수 있겠습니까?

질문: 나는 때때로 마음의 정적을 느낄 때가 있습니다. 그러나 그러한 정적 속에서 행동이 일어날 수 있을까요?

크리슈나무르티: 당신은 '그 마음의 정적이 어떻게 지속되며 유지될 수 있는가?'를 묻고 있는 것입니까?

질문: 그 마음을 가지고 일상 생활을 할 수 있습니까?

크리슈나무르티: 그 정적에서 일상적인 행위가 일어날 수 있을까요? 여러분은 나의 대답을 기다리고 있습니다. 내가 강연자로서의 명예를 가지고 있다는 것입니까? 내가 강단에 서 있다고 해도 그것은 권위가 아닙니다. 문제는 다음과 같습니다. '대단히 정적한 마음은 일상 생활에서도 활동할 수 있는가?' 여러분이 일상 생활과 마음의 정적을, 또 유토피아와 이상을 구별한다면 그 양자가 합치되는 일은 없을 것입니다. 이 두 가지를 갈라놓아도 좋을까요? 이쪽은 속세, 즉 일상 생활이고 저쪽은 내가 경험한 마음의 정적(그곳으로 나의 인생이 향하고 있다고 느꼈다)이라는 식으로 말해도 좋을까요? 그 마음의 정적은 일상 생활로 전화(轉化)시킬 수 있을까요? 아닙니다. 그렇게 할 수 없습니다. 그러나 이 양자가 분리되어 있지 않다면, 그것은 바로 우리의 왼손과 오른손같이 이 양자 사이에는, 즉 정적과 일

상 생활 사이에는 조화가 이루어지고 통일이 되어서 '나는 정적 속에서 행동할 수 있습니까?'라는 질문도 더 이상 없게 될 것입니다.

질문: 당신은 예민한 의식의 집중이라든지 주의 깊은 관찰에 대해서 말하고 있습니다. 따라서 주로 사람이 갖추고 있는 강한 집중력의 정도에 따라 그것(응시)이 가능하다고 말할 수 있지 않을까요?

크리슈나무르티: 사람은 본질적으로 강한 주의력과 깊은 통찰력을 갖추고 있다는 말입니까?

질문: 사람은 눈앞의 일에만 현혹되지 않고 정열을 가지고 문제에 직면하는 방법이 제일 필요하다고 생각합니다.

크리슈나무르티: 그것은 이미 갖추고 있는 것입니다. 그렇지 않습니까?

질문: 그렇기도 하고 그렇지 않기도 합니다.

크리슈나무르티: 왜 그렇게 여러 가지로 생각합니까? 아무것도 모르는 그대로 배를 타고 나가서 살펴볼 수는 없습니까? 자기를 향해서 말입니다. 선이란 무엇인가, 악이란 무엇인가, 옳고 그른 것은 무엇인가, 있어야 할 모습은 또 어떤 것이며 그것이 이래야 한다……라는 지식을 갖지 말고 그대로 가볍게 배를 타고 나가보는 것입니다. 그러나 이것은 상당히 어려운 일입니다——짐을 싣지 않고 마음의 여행을 하는 것이며 배가 나아감에 따라 우리는 발견하게 되는 것입니다. 출발도 하기 전부터 '이럴 리가 없다', '그래야 한다' 따위의 말은 하지 말아야 합니다. 그러나 잘 모르겠지만, 이것

은 지극히 어려운 일이 아닐까요? 여러분, 여행길에서는 도와주는 사람이 없습니다. 나도 도움이 안됩니다. 믿을 만한 사람도 찾아볼 수 없습니다. 여러분도 도울 수 없을 것입니다. 권위있는 사람이 있어서 '이런 것이다. 이렇게 해야 한다. 이 방향으로 가라. 그쪽으로 가면 함정이 있다' 하며 여러분을 위하여 목표를 정해주는 일도 없습니다. 여러분은 자기 혼자서 걸어가야 합니다. 그렇게 할 수 있겠습니까? "무서워서 할 수 없어요" 하는 사람은 그 공포를 제거하고 그 속으로 들어가서 완전히 이해해야 합니다. 여행길에서 일어날 일도 잊어버리고, 또 권위에 관한 것도 잊어버리고 공포라는 문제 전체를 검토해야 합니다. 공포가 믿을 만한 사람이 없어서 생기는 것인지, 무엇을 해야 할지를 알려주는 사람이 없기 때문에 생기는 것인지, 잘못을 저지르는 것이 두렵기 때문에 생기는 것인지를 검토해야 합니다. 실수를 저지른다 해도 나쁠 것은 없지 않겠습니까? 그 잘못을 관찰하고 거기에서 즉시 뛰쳐나오면 되니까 말입니다.

전진해가면서 발견해나간다──여기에서 비범한 창조성이 발휘되는 것입니다. 그림을 그리거나 책을 써내거나 연극을 연출하거나 돈벌이를 하는 것 이상으로 창조성이 발휘되는 것입니다. 거기에는 커다란 환희, 커다란……

질문: 커다란 마음의 고조 말입니까?

크리슈나무르티: 말은 그만둡시다.

질문: 만일 일상 생활이 '관찰자'의 입장을 도입하지 않고 이루어지게 되면, 마음의 정적이 혼란해지지 않을 것입니다.

크리슈나무르티: 그것이야말로 문제의 모두입니다. 그런데 보통

마음속에 관찰자가 생겨서 현혹시키며 문제를 일으킵니다. 우리는 아무것도 모르는 채 뱃길에 올라 도중에 자기 주위에서 일어나는 여러 가지 일——성적 욕구, 갈망, 의도——을 관찰하면서 나아갈 수는 없을까요? 이것은 달나라 여행보다도 위대하고 대단한 모험입니다.

질문: 그런데 이것이 문제입니다. 달의 탐험가들은 달여행을 떠날 때 그 방향을 알고 있습니다. 이에 비하여 마음의 여로에는 방향이 없습니다.

크리슈나무르티: 지금 이 분은 달여행은 객관적인 계획으로서 가는 방향을 알고 있지만, 여기서 다루어지고 있는 마음의 여행은 가는 방향을 모르고 있다고 말했습니다. 그러므로 불안전하고 두렵습니다. 만일 여러분이 가는 방향을 알고 있다면, 미지의 세계로 들어가는 것이 아닐 것입니다. 따라서 그와 같이 해서는 영원한 것을 실제로 발견할 수는 없을 것입니다.

질문: 지도를 받지 않고도 전면적이고 직접적인 지각을 할 수 있을까요?

크리슈나무르티: 그것은 이미 이야기한 것입니다.

질문: 먼저의 질문이 아직 끝나지 않았습니다. 그것은 우리가 그 행선지를 모르기 때문에 여전히 쾌락에 집착하며 미지의 세계를 진심으로 알려고 하지 않는다는 것입니다.

크리슈나무르티: 그렇습니다. 우리는 아직도 쾌락에 집착하고 있습니다. 이미 알고 있는 사물에만 집착하려고 합니다. 그리고 이런

것들을 배에 가득히 싣고 떠나려고 합니다. 여러분은 등산을 해보았습니까? 등의 짐이 많으면 많을수록 등산은 어려워집니다. 낮은 산에 오를 때에도 그렇습니다. 나는 등산의 경험이 많지 않아 무거운 짐을 지고 올라가면 얼마나 힘이 드는지 잘 모르겠지만, 등산을 하려면 우선 경쾌해야 합니다. 우리는 알고 있는 모든 것을 함께 운반하려고 합니다――경멸, 반항, 우둔, 환희, 마음의 고조와 같은 모든 것을 말입니다. 이와 같이 '모든 것을 거느리고 여행을 한다'면 엉뚱한 곳에 이르게 될 것입니다. 그런 여행은 공상속에서나 이루어지는 것이지 진실한 것은 아닙니다. 즉 많은 것을 운반하는 여행의 행선지는 미지의 세계가 아니라 이미 알고 있는 세계인 것입니다. 그곳에는 똑같은 쾌락, 환희, 절망, 비참이 기다리고 있습니다. 그런 행선지는 미지의 세계가 아닌, 바로 자신의 현상인 것입니다. 여러분은 "이런저런 사물을 이미 알고 있는 세계로 운반하게 되면 거기에 어떤 것이 보태지지 않을까, 또는 다른 쾌락이나 환희가 추가되지 않을까?" 하고 말하겠습니까, 그렇지 않으면 그런 여행이라면 위험이 따르니까 "이미 알고 있는 세계로의 여행은 이제 그만두자" 하고 말하겠습니까?

1969년 8월 8일 스위스 자넨

옮긴이 | 권동수
일본 도쿄대학교 법정대학 법과 졸업.
전북 군산대학교 강사 역임.
아시아 재단 근무.
역서 : 《자기로부터의 혁명②》, 《자기로부터의 혁명③》

자기로부터의 혁명 ③

발행일 초판 1쇄 발행 | 1983년 11월 20일
        2판 1쇄 발행 | 1992년 3월 30일
        2판 15쇄 발행 | 2024년 2월 5일

지은이 | 크리슈나무르티　　**옮긴이** | 권동수
펴낸이 | 윤형두　　　　　　　**펴낸곳** | 범우사
편 집 | 김지선　　　　　　　**인쇄처** | 상지사

등록번호 | 제406-2003-000048호 (1966년 8월 3일)
　　　　　 (10881) 경기도 파주시 광인사길 9-13 (문발동 525-2)
대표전화 | 031-955-6900　　**팩 스** | 031-955-6905
홈페이지 | www.bumwoosa.co.kr　**이메일** | bumwoosa1966@naver.com

ISBN 978-89-08-02025-×　04150
　　　978-89-08-02000-4　(세트)

* 책값은 뒤표지에 있습니다.
* 잘못된 책은 바꾸어드립니다.

산과 바다와 여행길에 범우문고

2,800 ~ 3,900원

범우문고는 환경보호를 위해 재생지를 사용하고 있습니다.

▶ 전국 서점에서 낱권으로 판매합니다
▶ 계속 출간됩니다

* 범우문고가 받은 상
제1회 독서대상(1978), 한국출판문화상(1981), 국립중앙도서관 추천도서(1982), 출판협회 청소년도서(1985), 새마을문고용 선정도서(1985), 중고교생 독서권장도서(1985), 사랑의 책보내기 선정도서(1986), 문화공보부 추천도서(1989), 서울시립 남산도서관 권장도서(1990), 교보문고 선정 독서권장도서(1994), 한우리독서운동본부 권장도서(1996), 문화관광부 추천도서(1998), 문화관광부 책읽기운동 추천도서(2002)

1 수필 피천득
2 무소유 법정
3 바다의 침묵(외) 베르코르/조규철·이정림
4 살며 생각하며 미우라 아야코/진웅기
5 오, 고독이여 F.니체/최혁순
6 어린 왕자 A.생 텍쥐페리/이정림
7 톨스토이 인생론 L.톨스토이/박형규
8 이 조용한 시간에 김우종
9 시지프의 신화 A.카뮈/이정림
10 목마른 계절 전혜린
11 젊은이여 인생을… A.모르아/방곤
12 채근담 홍자성/최현
13 무진기행 김승옥
14 공자의 생애 최현 엮음
15 고독한 당신을 위하여 L.린저/곽복록
16 김소월 시집 김소월
17 장자 장자/허세욱
18 예언자 K.지브란/유제하
19 윤동주 시집 윤동주
20 명정 40년 변영로
21 산사에 심은 뜻은 이청담
22 날개 이상
23 메밀꽃 필 무렵 이효석
24 애정은 기도처럼 이영도
25 이브의 천형 김남조
26 탈무드 M.토케이어/정진태
27 노자도덕경 노자/황병국
28 갈매기의 꿈 R.바크/김진욱
29 우정론 A.보나르/이정림
30 명상록 M.아우렐리우스/최현
31 젊은 여성을 위한 인생론 펄벅/김진욱
32 B사감과 러브레터 현진건
33 조병화 시집 조병화
34 느티의 일월 모윤숙
35 로렌스의 성과 사랑 D.H.로렌스/이성호
36 박인환 시집 박인환
37 모래톱 이야기 김정한
38 창문 김태길
39 방랑 H.헤세/홍경호
40 손자병법 손무/황병국
41 소설·알렉산드리아 이병주
42 전락 A.카뮈/이정림
43 사노라면 잊을 날이 윤형두
44 김삿갓 시집 김병연/황병국
45 소크라테스의 변명(외) 플라톤/최현
46 서정주 시집 서정주
47 사람은 무엇으로 사는가 L.톨스토이/김진욱
48 불가능은 없다 R.슐러/박호순
49 바다의 선물 A.린드버그/신상웅
50 잠 못 이루는 밤을 위하여 C.힐티/홍경호
51 딸깍발이 이희승
52 몽테뉴 수상록 M.몽테뉴/손석린
53 박재삼 시집 박재삼
54 노인과 바다 E.헤밍웨이/김회진
55 향연·뤼시스 플라톤/최현
56 젊은 시인에게 보내는 편지 R.릴케/홍경호
57 피천득 시집 피천득
58 아버지의 뒷모습(외) 주자청(외)/허세욱(외)
59 현대의 신 N.쿠치카(편)/진철승
60 별·마지막 수업 A.도데/정봉구
61 인생의 선용 J.러보크/한영환
62 브람스를 좋아하세요… F.사강/이정림
63 이동주 시집 이동주
64 고독한 산보자의 꿈 J.루소/염기용
65 파이돈 플라톤/최현
66 백장미의 수기 I.숄/홍경호
67 소년 시절 H.헤세/홍경호
68 어떤 사람이기에 김동길
69 가난한 밤의 산책 C.힐티/송영택
70 근원수필 김용준
71 이방인 A.카뮈/이정림
72 롱펠로 시집 H.롱펠로/윤삼하
73 명사십리 한용운
74 왼손잡이 여인 P.한트케/홍경호
75 시민의 반항 H.소로/황문수
76 민중조선사 전석담
77 동문서답 조지훈
78 프로타고라스 플라톤/최현
79 표본실의 청개구리 염상섭
80 문주반생기 양주동
81 신조선혁명론 박열/서석연
82 조선과 예술 야나기 무네요시/박재삼
83 조국혁명론 모택동(외)/박광종 엮음
84 탈출기 최서해
85 바보네 가게 박연구
86 도왜실기 김구/엄항섭 엮음
87 슬픔이여 안녕 F.사강/이정림·방곤
88 공산당 선언 K.마르크스·F.엥겔스/서석연
89 조선문학사 이명선
90 권태 이상
91 내 마음속의 그들 한승헌
92 노동자강령 F.라살레/서석연
93 장씨 일가 유주현
94 백설부 김진섭
95 에코스파즘 A.토플러/김진욱
96 가난한 농민에게 바란다 N.레닌/이정일
97 고리키 단편선 M.고리키/김영국
98 러시아의 조선침략사 송정환
99 기재기이 신광한/박헌순

#	제목 저자/역자	#	제목 저자/역자	#	제목 저자/역자
100	홍경래전 이명선	156	무병장생 건강법 배기성 엮음	211	조선해학 파수록 부묵자/박원
101	인간만사 새옹지마 리영희	157	조선위인전 신채호	212	용재총화 성현/정종진
102	청춘을 불사르고 김일엽	158	정감록비결 편집부 엮음	213	한국의 가을 박대인
103	모범경작생(외) 박영준	159	유태인 상술 후지다 덴/진웅기	214	남원의 향기 최승범
104	방망이 깎던 노인 윤오영	160	동물농장 조지 오웰/김회진	215	다듬이 소리 채만식
105	찰스 램 수필선 C.램/양병석	161	신록 예찬 이양하	216	부모 은중경 안춘근
106	구도자 고은	162	진도 아리랑 박병훈·김연갑	217	거룩한 본능 김규련
107	표해록 장한철/정병욱	163	책이 좋아 책하고 사네 윤형두	218	연주회 다음 날 우치다 핫켄/문희정
108	월광곡 홍난파	164	속담에세이 박연구	219	갑사로 가는 길 이상보
109	무서록 이태준	165	중국의 신화(후편) 장기근	220	공상에서 과학으로 엥겔스/박광순
110	나생문(외) 아쿠타가와 류노스케/진웅기	166	중국인의 에로스 장기근	221	인도기행 H. 헤세/박환덕
111	해변의 시 김동석	167	귀여운 여인(외) A.체호프/박형규	222	신화 이주홍
112	발자크와 스탕달의 예술논쟁 김진욱	168	아리스토파네스 희곡선 아리스토파네스/최현	223	게르마니아 타키투스/박광순
113	파한집 이인로/이상보	169	세네카 희곡선 세네카/최 현	224	김강사와 T교수 유진오
114	역사소품 곽말약/김승일	170	테렌티우스 희곡선 테렌티우스/최 현	225	금강산 애화기 곽말약/김승일
115	체스·아내의 불안 S.츠바이크/오영옥	171	외투·코 고골리/김영국	226	십자가의 증언 강원룡
116	복덕방 이태준	172	카르멘 메리메/김진욱	227	아네모네의 마담 주요섭
117	실천론(외) 모택동/김승일	173	방법서설 데카르트/김진욱	228	병풍에 그린 닭이 계용묵
118	순오지 홍만종/전규태	174	페이터의 산문 페이터/이성호	229	조선책략 황준헌/김승일
119	직업으로서의 학문·정치 M.베버/김진욱(외)	175	이해사회학의 카테고리 막스 베버/김진욱	230	시간의 빈터에서 김열규
120	요재지이 포송령/진기환	176	러셀의 수상록 러셀/이성규	231	밖에서 본 자화상 한완상
121	한설야 단편선 한설야	177	속악유희 최영년/황순구	232	잃어버린 동화 박문하
122	쇼펜하우어 수상록 쇼펜하우어/최혁순	178	권리를 위한 투쟁 R. 예링/심윤종	233	붉은 고양이 루이제 린저/홍경호
123	유태인의 성공법 M.토케이어/진웅기	179	돌과의 문답 이규보/장덕순	234	봄은 어느 곳에 심훈(외)
124	레디메이드 인생 채만식	180	성황당(외) 정비석	235	청춘예찬 민태원
125	인물 삼국지 모리야 히로시/김승일	181	양쯔강(외) 펄 벅/김병걸	236	낙엽을 태우면서 이효석
126	한글 명심보감 장기근 옮김	182	봄의 수상(외) 조지 기싱/이창배	237	알랭어록 알랭/정봉구
127	조선문화사서설 모리스 쿠랑/김수경	183	아미엘 일기 아미엘/민희식	238	기다리는 마음 송규호
128	역옹패설 이제현/이상보	184	예언자의 집에서 토마스 만/박환덕	239	난중일기 이순신/이민수
129	문장강화 이태준	185	모자철학 가드너/이창배	240	동양의 달 차주환
130	중용·대학 차주환	186	짝 잃은 거위를 곡하노라 오상순	241	경세종(외) 김필수(외)
131	조선미술사연구 윤희순	187	무하선생 방랑기 김상용	242	독서와 인생 미키 기요시/최현
132	옥중기 오스카 와일드/임헌영	188	어느 시인의 고백 릴케/송영택	243	콜롬바 메리메/송대조
133	유태인식 돈벌이 후지다 덴/지방훈	189	한국의 멋 윤태림	244	목축기 안수길
134	가난한 날의 행복 김소운	190	자연과 인생 도쿠토미 로카/진웅기	245	허허선생 남정현
135	세계의 기적 박광순	191	태양의 계절 이시하라 신타로/고평국	246	비늘 윤흥길
136	이퇴계의 활인심방 정숙	192	애서광 이야기 구스타브 플로베르/이민정	247	미켈란젤로의 생애 로맹 롤랑/이정림
137	카네기 처세술 데일 카네기/전인식	193	명심보감의 명구 191 이응백	248	산딸기 노천명
138	요로원야화기 김승일	194	아큐정전 루쉰/허세욱	249	상식론 토머스 페인/박광순
139	푸슈킨 신문 소설집 푸슈킨/김영국	195	촛불 신석정	250	베토벤의 생애 로맹 롤랑/이정림
140	삼국지의 지혜 황의백	196	인간제대 추식	251	얼굴 조경희
141	슬견설 이규보/장덕순	197	고향산수 마해송	252	장사의 꿈 황석영
142	보리 한흑구	198	아랑의 정조 박종화	253	임금 노동과 자본 카를 마르크스/박광순
143	에머슨 수상록 에머슨/윤삼하	199	지사종 조선작	254	붉은 산 김동인
144	이사도라 덩컨의 무용에세이 I.덩컨/최혁순	200	홍동백서 이어령	255	낙동강 조명희
145	북학의 박제가/김승일	201	유령의 집 최인호	256	호반·대학시절 T.슈토름/홍경호
146	두뇌혁명 T.R블랙슬리/최현	202	목련초 오정희	257	맥 김남천
147	베이컨 수상록 베이컨/최혁순	203	친구 송영	258	지하촌 강경애
148	동백꽃 김유정	204	쫓겨난 아담 유치환	259	설국 가와바타 야스나리/김진욱
149	하루 24시간 어떻게 살 것인가 A.베넷/이은순	205	카마수트라 바스야야니/송미영	260	생명의 계단 김교신
150	평민한문학사 허경신	206	한 가닥 공상 밀른/공덕룡	261	법창으로 보는 세계명작 한승헌
151	정선아리랑 김병하·김연갑 공편	207	사랑의 샘가에서 우치무라 간조/최현	262	톨스토이의 생애 로맹 롤랑/이정림
152	독서요법 황의백 엮음	208	황무지 공원에서 유달영	263	자본론 레닌/김승일
153	나는 왜 기독교인이 아닌가 B.러셀/이재황	209	산정무한 정비석		
154	조선사 연구(草) 신채호	210	조선해학 어수록 장한종/박훤		
155	중국의 신화 장기근				

www.bumwoosa.co.kr TEL 031)955-6900 범우사

범우학술·평론·예술

방송의 현실과 이론 김한철	텔레비전과 페미니즘 김선남·김흥규
독서의 기술 모티머 J./민병덕 옮김	아동문학교육론 B. 화이트헤드
한자 디자인 한편집센터 엮음	한국의 청동기문화 국립중앙박물관
한국 정치론 장을병	겸재정선 진경산수화 최완수
여론 선전론 이상철	한국 서지의 전개과정 안춘근
전환기의 한국정치 장을병	독일 현대작가와 문학이론 박환덕(외)
사뮤엘슨 경제학 해설 김유송	정도 600년 서울지도 허영환
현대 화학의 세계 일본화학회 엮음	신선사상과 도교 도광순(한국도교학회)
신저작권법 축조개설 허희성	언론학 원론 한국언론학회 편
방송저널리즘 신현응	한국방송사 이범경
독서와 출판문화론 이정춘·이종국 편저	카프카문학연구 박환덕
잡지출판론 안춘근	한국민족운동사 김창수
인쇄커뮤니케이션 입문 오경호 편저	비교텔레콤論 질힐/금동호 옮김
출판물 유통론 윤형두	북한산 역사지리 김윤우
통합적 마케팅 커뮤니케이션 김광수(외) 옮김	한국회화소사 이동주
'83~'97출판학 연구 한국출판학회	출판학원론 범우사 편집부
자아커뮤니케이션 최창섭	한국과거제도사 연구 조좌호
현대신문방송보도론 팽원순	독문학과 현대성 정규학교수간행위원회편
국제출판개발론 미노와/안춘근 옮김	겸제진경산수 최완수
민족문학의 모색 윤병로	한국미술사대요 김용준
변혁운동과 문학 임헌영	한국목활자본 천혜봉
조선사회경제사 백남운	한국금속활자본 천혜봉
한국정치의 이해 장을병	한국기독교 청년운동사 전택부
조선경제사 탐구 전석담(외)	한시로 엮은 한국사 기행 심경호
한국전적인쇄사 천혜봉	출판물 판매기술 윤형두
한국서지학원론 안춘근	우루과이라운드와 한국의 미래 허신행
현대매스커뮤니케이션의 제문제 이강수	기사 취재에서 작성까지 김숙현
한국상고사연구 김정학	세계의 문자 세계문자연구회/김승일 옮김
중국현대문학발전사 황수기	불조직지심체요절 백운선사/박문열 옮김
광복전후사의 재인식 I, II 이현희	임시정부와 이시영 이은우
한국의 고지도 이 찬	매스미디어와 여성 김선남
하나되는 한국사 고준환	눈으로 보는 책의 역사 안춘근·윤형두 편저
조선후기의 활자와 책 윤병태	현대노어학 개론 조남신
신한국사의 탐구 김용덕	교양 언론학 강좌 최창섭(외)
독립운동사의 제문제 윤병석(외)	통합 데이타베이스 마케팅 시스템 김정수
한국현실 한국사회학 한완상	문화간 커뮤니케이션의 이해 최윤희·김숙현

 범우사

경기도 파주시 교하읍 문발리 525-2 출판문화정보산업단지 전화 031-955-6900~4
http://www.bumwoosa.co.kr 이메일 : bumwoosa@chol.com

서울대 선정도서인 나관중의 '원본 삼국지'

범우비평판세계문학 41-❶❷❸❹❺
나관중 / 중국문학가 황병국 옮김

新개정판

원작의 순수함과 박진감이 그대로 담긴 '원본 삼국지'!

원작에 가장 충실하게 번역되어 독자로 하여금 읽는 즐거움을 느끼게 합니다.
이 책은 편역하거나 윤문한 삼국지가 아니라 중국 삼민서국과 문원서국
판을 대본으로 하여 원전에 가장 충실하게 옮긴 '원본 삼국지' 입니다.
한시(漢詩) 원문, 주요 전도(戰圖), 출사표(出師表) 등
각종 부록을 대거 수록한 신개정판.

·작품 해설: 장기근 (서울대 명예교수, 한문학 박사) / 전5권 / 각 500쪽 내외 / 크라운변형판 / 각권 값 10,000원

제갈량

* 중·고등학생이 읽는 사르비아 〈삼국지〉
1985년 중·고등학생 독서권장도서 (서울시립남산도서관 선정)
최현 옮김 / 사르비아총서 502·503·504 / 각권 6,000원

* 초등학생이 보면서 읽는 〈소년 삼국지〉
나관중 / 곽하신 엮음 / 피닉스문고 8·9 / 각권 3,000원

 범우사   경기도 파주시 교하읍 문발리 525-2 출판문화정보산업단지 전화 031-955-6900~4
http://www.bumwoosa.co.kr 이메일: bumwoosa@chol.com